中唐诗僧研究

杨芬霞 著

中国社会科学出版社

图书在版编目(CIP)数据

中唐诗僧研究 / 杨芬霞著. —北京：中国社会科学出版社，2019.1
ISBN 978 – 7 – 5161 – 2623 – 3

Ⅰ.①中… Ⅱ.①杨… Ⅲ.①僧侣—人物研究—中国—唐代 ②唐诗—诗歌研究 Ⅳ.①B949.92②I207.22

中国版本图书馆 CIP 数据核字（2013）第 097171 号

出 版 人	赵剑英
责任编辑	冯　斌
责任校对	韩海超
责任印制	戴　宽

出　　　版	中国社会科学出版社
社　　　址	北京鼓楼西大街甲 158 号
邮　　　编	100720
网　　　址	http://www.csspw.cn
发 行 部	010 – 84083685
门 市 部	010 – 84029450
经　　　销	新华书店及其他书店

印　　　刷	北京明恒达印务有限公司
装　　　订	廊坊市广阳区广增装订厂
版　　　次	2019 年 1 月第 1 版
印　　　次	2019 年 1 月第 1 次印刷

开　　　本	710×1000 1/16
印　　　张	15.75
插　　　页	2
字　　　数	273 千字
定　　　价	56.00 元

凡购买中国社会科学出版社图书，如有质量问题请与本社营销中心联系调换
电话：010 – 84083683
版权所有　侵权必究

目　　录

绪　　论 …………………………………………………………（1）

第一章　中唐诗僧研究总论 ……………………………………（12）
　第一节　佛教与诗歌的初始因缘 ………………………………（13）
　第二节　诗僧酝酿期的诗歌创作 ………………………………（14）
　　一　诗僧的酝酿期 ……………………………………………（14）
　　二　中唐以前其他诗僧的创作 ………………………………（20）
　第三节　中唐诗僧群体的诞生 …………………………………（23）
　　一　中唐诗僧群体的产生 ……………………………………（23）
　　二　诗僧群体的行为方式和性格特征 ………………………（25）
　　三　诗僧的思想 ………………………………………………（28）
　第四节　诗僧的成因 ……………………………………………（32）
　　一　政治环境与宗教政策 ……………………………………（32）
　　二　南方经济的繁荣为诗僧产生提供了物质条件 …………（35）
　　三　地域文化因素 ……………………………………………（38）
　　四　佛教的兴盛和诗歌繁荣 …………………………………（40）
　第五节　诗僧群体的创作风格概况 ……………………………（45）
　　一　清雅派 ……………………………………………………（45）
　　二　通俗派 ……………………………………………………（52）

第二章　寒山和拾得、丰干诗 …………………………………（60）
　第一节　寒山、拾得、丰干的身世和思想 ……………………（60）
　　一　迷离的身世 ………………………………………………（60）

二　思想 …………………………………………………… (67)
　第二节　寒山、拾得的俗体诗 ………………………………… (71)
　　一　俗体诗中所反映的社会现象 ………………………… (72)
　　二　世俗诗的道德走向 …………………………………… (76)
　　三　采用民间白话语言 …………………………………… (79)
　第三节　寒山的清雅诗 ………………………………………… (81)
　　一　世情诗 ………………………………………………… (81)
　　二　隐逸诗 ………………………………………………… (83)
　　三　山居风景诗 …………………………………………… (85)
　　四　禅悟禅境诗 …………………………………………… (86)
　第四节　拾得、丰干的诗 ……………………………………… (90)
　第五节　寒山、拾得、丰干诗歌的传播 ………………………… (94)
　　一　寒山诗在文坛、禅林中的影响 ……………………… (94)
　　二　寒山诗在域外的传播 ………………………………… (101)

第三章　皎然的诗歌创作 ……………………………………… (104)
　第一节　皎然生平与思想 ……………………………………… (104)
　　一　皎然的生平 …………………………………………… (104)
　　二　皎然的宗系思想 ……………………………………… (109)
　第二节　皎然与浙西诗人群 …………………………………… (116)
　　一　皎然大历八年之前的交游 …………………………… (116)
　　二　大历八年至大历十二年，浙西诗会期间皎然的交游 …… (120)
　　三　诗会余响 ……………………………………………… (127)
　第三节　《诗式》研究 …………………………………………… (129)
　　一　文章宗旨 ……………………………………………… (129)
　　二　五格与诗评 …………………………………………… (133)
　　三　复古通变与陈子昂 …………………………………… (136)
　　四　皎然对唐诗的接受 …………………………………… (139)
　第四节　皎然的诗境与禅境 …………………………………… (151)
　　一　境——禅与诗沟通的中介 …………………………… (151)
　　二　诗境与禅境 …………………………………………… (155)

第四章 大历时期其他诗僧 …………………………………(165)

第一节 大历诗僧导其源者——灵一 …………………………(165)
一 生平思想 …………………………………………………(165)
二 交游活动 …………………………………………………(167)
三 诗歌创作 …………………………………………………(170)

第二节 护国、清江和法振的诗歌创作 …………………………(173)
一 护国 ………………………………………………………(174)
二 清江 ………………………………………………………(175)
三 法振 ………………………………………………………(179)
四 其他诗僧 …………………………………………………(181)

第三节 大历最后诗僧——灵澈 …………………………………(184)
一 生平思想 …………………………………………………(184)
二 诗歌创作 …………………………………………………(189)

第五章 贞元、元和和长庆时期诗僧 ………………………(193)

第一节 供奉僧广宣 …………………………………………………(193)
一 生平经历 …………………………………………………(193)
二 交游活动 …………………………………………………(195)
三 诗歌 ………………………………………………………(199)
四 其他诗僧 …………………………………………………(201)

第二节 元和诗僧——无可 …………………………………………(203)
一 生平思想 …………………………………………………(203)
二 交游活动 …………………………………………………(210)
三 诗歌创作 …………………………………………………(225)
四 无可的评价与影响 ………………………………………(231)

结 语 ……………………………………………………………(234)

参考文献 ………………………………………………………(236)

后 记 ……………………………………………………………(245)

绪　　论

中国诗学与禅宗邂逅，两相辉映，激射出生命的灵动与感悟。中国诗歌因佛禅幽邃智慧、冥然自在、瑰美文藻而丰富，佛禅因诗而获得了灵动自然的表达。诗僧和僧诗是佛禅文化与中国诗歌相融合的产物，是迥异于中国传统诗教文化的诗禅文化最直接的表现。中唐诗僧研究是中国文化史上宗教与文学相互交涉的一个有待深入开拓的课题，对研究中唐文学与佛教史具有重要意义。

一　中唐诗僧的群体崛起

诗僧，顾名思义，即为作诗的僧人。但这个概念却不足概括诗僧的本质，"诗"放在代表其身份的名词"僧"之前，显示"诗"是其身份的重要表征，其必是指在诗歌创作上投入了极大的精力，甚至以诗名世的僧人。孙昌武先生称之为"披着袈裟的诗人"[①]。僧人作诗作为一种文化现象，东晋已经出现。东晋名僧支遁、慧远均能诗，且有诗传世。但是，那时僧人作诗只是个别现象，是余事，远未普及，这种现象一直延续到中唐之前，是诗僧出现的酝酿期。而"诗僧"的出现是在中唐。真正意义上的、作为一个特殊的创作群体而出现，是在中唐。皎然在《酬别襄阳诗僧少微》中首次提出了"诗僧"这个名称。"诗僧"一出现就引起共鸣，多次被使用。白居易甚至认为自己前世就是"诗僧"[②]，诗僧群体性出现现象在当时就引起关注。刘禹锡在《秋日过鸿

[①] 孙昌武：《唐代文学与佛教》，陕西人民出版社1985年版，第126页。
[②] 白居易在《爱咏诗》中云："辞章讽咏成千首，心行饭依向一乘。坐倚绳床闲自念，前世应是一诗僧。"参见白居易《白居易集》卷二十三，中华书局1979年版，第517页。

举法师院便送归江陵诗序》中说:"自近古而降,释子以诗闻于世者相踵焉。"① 据统计,《全唐诗》中籍里明确的诗僧有115位,占所录2200名诗人的1/20,其中53人在元辛文房的《唐才子传》有传,约占辛书总人数的1/7;从僧诗数量来看,《全唐诗》中收僧诗2800余首(不包括王梵志诗歌),约占《全唐诗》48900余首诗的1/17。就中唐而言,有名字的诗僧686人。② 中唐诗僧不仅数量激增,而且唐代有名的诗僧多出自中唐。出现了如灵一、护国、清江、法振、寒山、拾得、丰干、皎然、灵澈、道标、无可、广宣等名诗僧,并形成了以皎然、灵澈为核心的江南诗僧群体。他们已经与以前的僧人有很大的不同,虽寄身伽蓝,却以诗名世。诗歌像一根红线连接着诗僧和世俗社会,他们与世俗文人士大夫的关系密切,形成亦佛亦俗、亦僧亦士的双重人格结构。他们的诗歌既在诗意上体悟着某种佛禅义理,也在审美上抒写着某种人生意趣和世俗情怀,形成闲逸清幽的风格。诗僧至此才开始受到社会广泛关注,具备了相当影响力。中唐诗人刘禹锡首先注意到这种现象,并且对"相踵"出现的著名诗僧进行简单的梳理,对他们的艺术成就进行了简要的点评。此后,张为《诗人主客图》、叶梦得《石林诗话》、严羽《沧浪诗话》、计有功《唐诗纪事》、尤袤《全唐诗话》、胡震亨《唐音癸签》等,均对中唐诗僧群体现象和僧诗进行了归纳和评论。关于中唐诗僧的生平行迹,新旧《唐书》、《宋高僧传》、《景德传灯录》、《祖堂集》、《五灯会元》、《唐才子传》、《太平广记》等文献均有记载;《唐人选唐诗十种》、《唐三高僧诗集》、《唐四僧诗》、20世纪初出土的敦煌文献、《全唐诗》、今人陈尚君所编《全唐诗补编》等则较好地保存了唐代僧诗。这些资料都为进一步研究中唐诗僧提供了可行性。可以说,诗僧的整体行为特征,僧诗的一些主要品格在中唐基本定型,晚唐诗僧齐己、贯休等继承了中唐诗僧的某些特质,也带上鲜明的时代印迹。

二 目前研究的现状

唐代诗僧作为一个庞大的创作群体,长期以来一直受到人们的冷落

---

① (唐)刘禹锡著,卞孝萱校订:《刘禹锡集》卷二十九,中华书局1990年版,第394页。
② 张弓:《汉唐佛寺文化史》,中国社会科学出版社1997年版,第799页。

和忽视。他们的诗歌也长期处于被误读状态——或者被看做偈颂，或者以儒家诗教观品评而置于下品地位，排在历代诗歌卷帙之末，或者完全被漠视不予收录、不予评论。现代以来，中国文学史对唐代诗僧，或者只言个别，或者未提及。[①] 这不是简单的研究视野的问题，有学科的、时代的、政治的因素。其实不必说诗僧，就连佛教文学、中国文学与佛教研究都非常薄弱。前辈学者如胡适、陈寅恪、梁启超、郑振铎、钱钟书、季羡林、金克木等，都从事过一些筚路蓝缕的开创性研究。如声律论与佛经转读的关系、佛经故事对南北朝小说的影响、敦煌变文中的佛教影响、佛经翻译文体对古代诗文的影响等。然而这种研究都较少涉及佛教与文学最直接的结合者诗僧，且这些研究以单篇论文居多。即使如此，这种有待开拓的研究也没有被继续下去。

1950年到1980年，国内无论是大陆还是台湾，都很少有学者研究此领域。对唐代诗僧的研究，发轫于日本学者市原亨吉的《论中唐初期的江左诗僧》（《东方学报》1958年，总第28期）。最早的一本专著《中国佛教文学》是日本学者加地哲定写的，日文版1965年出版，1980年才经翻译在我国大陆出版。该书从佛教传入中国写起，简述了佛教文学发展的历史。专设一章谈禅诗，但并未论及真正的诗僧。1978年，平野显照出版了日文本《唐代文学与佛教》，1986年中文译本在台湾出版。译者张桐生女士在出版前言中，对本应由本国学者研究的课题却要翻译外国著述来开拓国人学术视野表示遗憾。

国内佛教与文学研究首先出现在台湾。1967年，台湾中兴大学中文系教授杜松柏出版了《禅学与唐宋诗学》，他把禅诗分为"以诗寓禅"的禅师之作及"以禅入诗"的诗人之作，分析其内容旨趣，从历史脉络中，寻找禅与诗合流的理由与轨迹，以及禅宗宗派与诗学宗派的关系。1980年杜松柏又出版了《禅与诗》。1984年，许清云《皎然诗

[①] 关于唐代诗僧，刘大杰《中国文学发展史》、钱基博《中国文学史》、游国恩《中国文学史》、章培恒和骆玉明《中国文学史》均未提及。胡适《白话文学史》谈到王梵志和寒山身世及诗歌，郑振铎《插图本中国文学史》在杜甫一章中简略提到皎然其人其事。袁行霈《中国文学史》在第四卷隋唐五代文学绪论中用统计数据说明唐代诗僧群体庞大，肯定诗僧对唐代文学的直接影响，特别提到王梵志、寒山诗在僧诗中较为重要。但具体章节中也未涉及。郭预衡《中国古代文学史》在第三编十二章论述唐代的僧诗和敦煌文学，选取唐代几位诗僧加以论述，中唐只取皎然且重点论述其诗论。

式辑校新编》出版；1990年，姚仪敏《盛唐诗与禅》出版；1997年，萧丽华《唐代诗歌与禅学》出版，由6篇论文构成，从唐代诗歌与禅学的关系入手，其中有一篇论述晚唐诗僧齐己的诗禅世界。

大陆的研究，真正起步是20世纪80年代，随着思想上的拨乱反正，佛教、道教研究开始解禁。80年代中后期，佛教与唐代文学研究开始兴起。以孙昌武为代表的学者厚积薄发，发表了大量的著作：1985年孙昌武《唐代文学与佛教》论述了佛教对唐代文人思想、信仰、生活态度以及文学形式与技巧方面的影响，特别设立一章谈唐五代的诗僧，对诗僧特质作了比较简略的描述。1988年，他又出版《佛教与中国文学》论及汉译佛典及其文学价值、佛教与中国文人、佛教与中国文学创作、佛教与中国文学思想等几个大论题。随后，他继续就佛教与中国文学的交涉作进一步探讨和描述，又相继出版了《禅思与诗情》、《文坛佛影》、《中国佛教文化》等著作。其中"'江左'诗僧与中唐文坛"、"寒山诗与禅"等篇章，论述了诗僧与文士交往及禅宗的影响。孙昌武先生在这一领域既是开路者，又是孜孜不倦的坚守者。中华书局《文史知识》杂志于1986年第十期刊出"佛教与中国文化"专号，推动了佛教文化研究，诗僧研究也开始起步。经过学者20多年的辛勤耕耘，唐代诗僧研究已经取得了不少的成就，但是也存在着一些不足。

首先，学者着力点多集中在唐代诗僧群体性研究上，成果也较为显著。就著作而言，1992年，张锡坤、吴作桥、王树海、张石等著《禅与中国文学》出版，全书分四篇，第四篇中国诗僧艺术，论及诗僧，从宏观的角度探讨诗僧兴起的原因，以及不同朝代的僧诗的特点及著名诗僧。在唐代部分，作者认为唐代诗僧创作的繁荣期，不在初盛唐，而在中、晚唐。且诗僧中以禅僧为数最多且居主导地位。指出唐代僧诗内容更加世俗化、语言更加通俗化、形式更加多样化、写法更加文人化特点。同年，周裕锴《中国禅宗与诗歌》出版，该书从文学的角度，分析禅宗与诗歌互相对应互动的关系。蒋寅《大历诗风》也在这一年出版。设专章对大历时期重要诗僧灵一、皎然、灵澈等人的生平思想及其创作进行论述。1994年出版的覃召文著《禅月诗魂——中国诗僧纵横谈》，是第一部研究诗僧的专著，最为系统、全面。对诗僧与佛教的渊源、诗僧的品格、诗僧崛起、形成的原因、诗僧与世俗文人的互动、诗僧的内在生命、诗僧的伦常意识等方面进行了深入的探讨。从2000年开始，对诗僧群体的研究不断深化，2007年出版的王秀林《晚唐五代诗僧群体研究》、2008年出版的查明昊《转型时期的唐五代诗僧群体》，都是着眼唐代诗僧群体研究的力作。

就单篇论文而言，有程裕祯的《唐代的诗僧和僧诗》[①]、汤贵仁的《唐代僧人诗和唐代佛教的世俗化》[②]、徐庭筠的《唐五代诗僧及其诗歌》[③]、佟培基的《唐代僧诗重出甄辨》[④]、仪平策的《中国诗僧现象的文化解释》[⑤]、刘长东的《试论唐代的诗僧与僧诗》[⑥]、陆永峰的《唐代僧诗概论》[⑦]、胡大浚的《唐代诗僧与唐僧诗述略》[⑧] 等，对唐代诗僧产生的原因、世俗化倾向、诗歌风格、僧俗交往等问题都进行了论述。

另外，在个案研究中突出名家，但也存在分布不均衡的状况。

中唐诗僧的个案研究主要集中在皎然和寒山研究上。在皎然研究中，亦主要集中于其生平、文学思想和《诗式》等方面。肖占鹏《皎然交游考》[⑨]、漆邦绪《皎然生平及交游考》[⑩]、贾晋华《皎然年谱》[⑪] 经过详细考证，对皎然的生平交游作出了较为可信的勾勒。在皎然思想方面，日本学者河内昭圆《〈皎然集〉与赞宁》[⑫]、《诗僧皎然的佛教》[⑬] 等论文对皎然的生平和思想作了深入研究。在文学思想上，申建中

---

① 程裕祯：《唐代的诗僧和僧诗》，《南京大学学报》社哲版1984年第1期，第34—41页。
② 汤贵仁：《唐代僧人诗和唐代佛教的世俗化》，《唐代文学论丛》总第七辑，第190—209页。
③ 徐庭筠：《唐五代僧诗及其诗歌》，《唐代文学研究》1988年第·辑，第176—193页。
④ 佟培基：《唐代僧诗重出甄辨》，《中华文史论丛》1985年第3期，第237—256页。
⑤ 仪平策：《中国诗僧现象的文化解释》，《山东大学学报》1994年第2期，第41—47页。
⑥ 刘长东：《试论唐代的诗僧与僧诗》，《闽南佛学院学报》1997年第1期。
⑦ 陆永峰：《唐代僧诗概论》，《淮阴师范学院学报》2002年第3期，第368—377页。
⑧ 胡大浚：《唐代诗僧与唐僧诗述略》，《兰州交通大学学报》2009年第5期。
⑨ 肖占鹏：《皎然交游考》，《江海学刊》1987年第6期。
⑩ 漆邦绪：《皎然生平及交游考》，《北京社会科学》1991年第3期。
⑪ 贾晋华：《皎然年谱》，厦门大学出版社1992年版。
⑫ [日] 河内昭圆：《〈皎然集〉与赞宁》，《大谷学报》1993年第1期。
⑬ [日] 河内昭圆：《诗僧皎然的佛教》，《文艺论丛》1994年总第42期。

《中国传统诗学的一座里程碑——皎然意境说初探》①、孙昌武《论皎然〈诗式〉》②、赵昌平《从王维到皎然》③相继发表,申文论述皎然《诗式》的境界论,孙文则着重探讨皎然如何把佛教的宇宙观和认识论运用到论诗中,赵文通过研究大历十才子和江东皎然等人的创作及王维与大历诗人的交往,肯定了皎然在中唐诗歌演进中的贡献。赵盛德《论皎然的境界说》④、陈金泽、毕万忱《论皎然的诗歌艺术思想》⑤、张海明《皎然〈诗式〉与盛唐诗学思想》⑥、许连军《皎然〈诗式〉研究》⑦等,对《诗式》的意境说、取境、文势、诗评等进行了探讨。在对《诗式》的整理集注方面,1986年李壮鹰《诗式校注》、1993年周维德《诗式校注》、2002年张伯伟《全唐五代诗格汇考》先后出版。总之,皎然研究虽然在诗僧中比较热门,但是研究尚不够系统。此外,皎然的诗歌创作未得到相应的关注。

寒山是一个充满传奇色彩的人物,这不仅表现在其迷离的身世上,更体现在诗歌传播和接受上。寒山是中国古代最具世界声誉的诗人之一。自1905年(明治三十八年)起,寒山诗就在日本一版再版,并且一直受到日本学者的关注,有多位学者对其诗作了大量研究、注释及翻译工作。20世纪50年代,寒山被美国"垮掉一代"(The Beat Generation)奉为偶像,其诗一时之间风靡欧洲,被翻译成英语和法语,为众多读者所接受。寒山研究亦引起日本、法国、美国等学者的关注和参与。在国内,20世纪初,胡适《白话文学史》(1928年新月书店出版)中将寒山、王梵志、王绩三人并列为唐代三位白话大诗人。20世纪八九十年代,国内寒山研究迅速展开,至90年代寒山子已经成为热门话题,在此不一一赘述。就目前研究状况看,寒山诗的流传、结集及版本

---

① 申建中:《中国传统诗学的一座里程碑——皎然意境说初探》,《文艺理论研究》1985年第1期。
② 孙昌武:《论皎然〈诗式〉》,《文学评论》1986年第1期。
③ 赵昌平:《从王维到皎然》,《中华文史论丛》1987年第2—3期。
④ 赵盛德:《论皎然的境界说》,《广西师范大学学报》1988年第4期。
⑤ 陈金泽、毕万忱:《论皎然的诗歌艺术思想》,《社会科学战线》1991年第3期。
⑥ 张海明:《皎然〈诗式〉与盛唐诗学思想》,《文学评论》2005年第2期。
⑦ 许连军:《皎然〈诗式〉研究》,中华书局2007年版。

方面的研究比较充分，寒山诗的现代版本，国内外总数达十余种。① 研究者对寒山的生活年代、身世家庭、文化背景及个人经历等都作了深入探讨。尤其是在对寒山生活年代的探讨上，学者们从寒山诗的语言、思想、文献记载等各个方面入手，提出了数种有代表性的观点。但是由于身世资料甚少，传奇性强，寒山身世、身份等许多问题仍存在很大争议。② 在没有得到新的可靠的资料之前，这种较少回应的研究状态似乎还会保持下去。目前除了继续展开深入的资料考据工作外，还需要开辟新的研究思路才能使寒山研究走向深入。孙昌武指出："对于寒山诗这样复杂的历史现象的研究，目前的工作还只能算是开端。除了众多的资料考据工作要深入进行之外，还有大量涉及宗教史、语言学史、民俗史以及一般精神史、文化史等各个领域的复杂问题需要探讨。"③ 目前已有学者从语言学、民俗学着手对寒山诗歌和身世进行探索，开辟了寒山研究的新途径。

其他诗僧研究，主要涉及诗僧有灵澈、灵一、无可、广宣等。日本学者河内昭圆着手较早，先后发表《〈澈上人文集序〉管窥——诗僧灵澈的生涯》④、《关于诗僧灵一》。⑤ 蒋寅《大历诗僧灵一、灵澈述评》⑥、诸祖煜《灵一丛考》⑦、朱学东《经论传缁侣，文章遍墨卿——论灵一

---

① 黄山轩：《寒山诗笺注》，台湾善言文摘社1970年版；曾普信：《寒山诗解》，台湾光华书局1971年版；李谊：《禅家寒山诗注》，台湾正中书局1972年版；钱学烈：《寒山诗校注》，广东高等教育出版社1991年版；钱学烈：《寒山拾得诗校评》，天津古籍出版社1998年版；徐光大：《寒山子诗校注》，陕西人民出版社1991年版；郭鹏：《寒山诗注释》，长春出版社1995年版；项楚：《寒山诗注附拾得诗注》，中华书局2000年版。另外在美国有三个译本：阿瑟·韦利《寒山诗二十七首》1954年9月在美国《义汇》杂志（Encounter）发表，伯顿·沃森《唐诗人寒山诗一百首》，纽约丛林出版社1962年版；加里·斯奈德《寒山诗二十四首》，《常绿译坨》杂志（Evergreen Review）1956年8月发表。详见张德中《试论美国的"寒山热"》，《东南文化》1998年增刊第1期。

② 关于寒山子生活年代问题，历来有"贞观说"（627—649）、"先天说"（712—713）以及"大历说"（766—779）三种说法。

③ 钱学烈校评：《寒山拾得诗校评》序言，天津古籍出版社1998年版，第4页。

④ ［日］河内昭圆：《〈澈上人文集序〉管窥——诗僧灵澈的生涯》，《大谷大学研究年报》第26卷，1973年。

⑤ ［日］河内昭圆：《关于诗僧灵一》，《文艺论丛》1975—1976年第5、6期。

⑥ 蒋寅：《大历诗僧灵一、灵澈述评》，《宁波大学学报》1992年第1期。

⑦ 诸祖煜：《灵一丛考》，《扬州教育学院学报》1999年第1期。

在诗禅文学史上的禅地位及创作》①、李俊标《诗僧无可的诗歌创作》②、王早娟《唐代诗僧广宣诗名论析》。③ 这些研究有开创性意义，但是亦比较零散，缺少语境的个体研究，难以准确评估诗僧及僧诗的价值。

总之，从目前研究成果看，学者已经注意到中唐诗僧这一文化现象的研究价值和意义，也做了大量的基础研究工作。但是还存在着综合研究比较笼统、空泛，个体研究又比较琐细，研究方法上定性研究多，实证研究少，新的研究角度和方法开拓不够，难免陷入难出新意、重复研究的困境。

三 中唐诗僧研究思路

鉴于以上研究，笔者试图从以下几个方面对中唐诗僧研究作出全面的探索。

首先，梳理佛禅与诗歌的渊源，以佛教向诗歌渗透、禅宗与山水结合的历程为线索，探寻诗僧群体的兴起以及僧诗创作繁盛的原因。佛教与诗歌渊源有自，佛典的偈颂即是以韵文形式书写的，以便于记忆。佛教东渐，译僧翻译亦相应地采取类似诗歌的形式。僧人作诗现象出现在东晋，佛教山林化促进了佛理与山水的结合，名僧支遁、慧远等对于佛理的阐说、山居方式、与名士交往的模式，以及对诗歌表现的重视，成为唐代诗僧的楷模。就其诗歌而言，慧远的山水佛教思想直接影响弟子谢灵运山水诗的诞生。谢灵运开创的山水诗为唐代王维所继承和发展，反过来又影响到中唐诗僧的创作。中唐之前，僧人作诗现象一直存在，但只是小规模的，深受世俗文坛影响，尚未形成独特的品质。中唐诗僧群体的产生，显然是佛教的发展、时代特征和诗歌普及等因素相互作用的结果。

其次，以僧与俗、诗与禅的矛盾冲突为切入点，把握诗僧思想和行为，理清中唐僧诗发展的脉络。"诗僧"一词的出现，标志着僧人作诗自觉时代的到来。中唐诗僧专意为诗，并认真寻索诗禅二者的冲突、依

---

① 朱学东：《经论传缁侣，文章遍墨卿——论灵一在诗禅文学史上的禅地位及创作》，《湘潭大学学报》2001 年第 2 期。
② 李俊标：《诗僧无可的诗歌创作》，《中国韵文学刊》2004 年第 2 期。
③ 王早娟：《唐代诗僧广宣诗名论析》，《求索》2011 年第 8 期。

存与主次关系，最后不仅不舍诗事，更以诗禅合辙的方式从事创作并归纳融汇禅法于诗歌理论。笔者拟以此为纽结，一方面探讨中唐诗僧的心路历程，发掘这一创作群体产生的原因、他们的共同特征；另一方面，着力研究佛禅思维、世俗社会对创作主体、诗歌风格的影响，揭示僧诗的美学特质。中唐诗僧和僧诗是诗禅文化的具现。与儒家传统诗学注重人生体验和世间现实不同，禅宗注重"自性"，诗僧将之当做绝对本体引入诗歌，使诗歌从讽谏、明道、传道、体道的束缚下解脱出来，赋予创作主体更大的自由。中唐诗僧分为俗雅两派，寒山、拾得、丰干等通俗诗人在肯定自我心性的基础上，以来自民间和佛教的话语形式，以直白浅露、深刺浅喻的民间叙事风格，拆解儒家诗学传统和文人创作规范，有意破坏长期以来主流意识形态所形成的各种秩序，对主流社会的价值观念亦形成巨大的冲击力量。这实质上是在诗律日益精致，诗歌意境趋向成熟的情境之下，诗歌自身挑战权威向民间回归的一种努力。而以皎然为代表的清雅诗派则是从另一个角度维护诗歌的自在本质。皎然在《诗式》中以抨击陈子昂等复古派"复多变少"、抬高六朝尤其是齐梁诗歌的创变之功，来维护诗歌独立于意识形态的自觉特质。中唐诗僧在创作实践中，把对禅的领悟与对眼前景物，即山水体验结合在一起，以自然之美契合佛禅的静默空灵之境，为诗僧在诗歌表情达意方面提供了更多经验，推动了诗歌创作在展示个人心灵、体味佛理方面的进步。

再次，中唐诗僧与中唐文坛联系密切，僧俗交往肇始于东晋，为中唐诗僧所继承。所不同的是交往内容从东晋偏重于佛教义理的研讨演变成为诗艺的切磋。中唐僧俗间的交流既表现为诗僧与文人士大夫个体间往来酬答活动，亦表现出群体性诗会形式。"安史之乱"后，大批文人士大夫南奔，无疑增加了僧俗诗歌的交流规模和密度，浙东和浙西人规模的诗歌联唱活动即是一例。僧俗的诗歌交流亦表现出双向互动态势，既有僧人向文士请益学习，如灵澈曾从严维学诗；亦有诗僧向文士传授诗法，如刘禹锡、孟郊、李端等都曾随皎然学诗。僧俗间密切的交往必然使诗僧的创作和诗歌的发展紧密地联系在一起。僧诗风格不可避免地沾染上时代的印迹。诗僧和僧诗成为诗歌传播、诗风延续的重要途径。诗僧皎然对于大历诗风的反思反正，对于元和诗坛的开启；无可对姚贾诗派的创作与传播，发挥着重要作用。注重诗僧和文人的交往互动，才能完整地描述中唐诗歌的嬗变,才能揭示出诗僧创作的风格特征。研究中唐诗歌,如果忽略诗僧这一重要环节,必然会影响到对文学发展态势的完整性、丰富性的认识;同样,研究诗僧创作如果忽略僧俗间的密切互动关系,必然使诗僧研究陷入狭小的圈子从而降低研究的价值。

另外,在研究方法上,以历史唯物主义为指导,用现代意识、现代精神和现代价值去把握研究对象诗僧及僧诗,利用考据、笺注、年谱、辑佚等传统的研究方式勾勒、评析诗僧的生平及其诗歌创作,再用文化研究、文本分析、心理分析、定量分析、文化传播等一些新方法,从新角度、新视点切入诗僧群体研究,在中国文化的大背景下,在与异质文化的交互中去理解、去研究。在研究中,坚持立足文学本位,以中唐诗僧和僧诗为本,于佛禅文化的自身演进发展中,僧俗交往以及带有地域特征的诗歌流派中,把握诗僧这一现象产生的契机,僧诗的诗禅交汇特质以及创作中的世俗化倾向,理清诗僧对当时文学发展的影响。通过对寒山、皎然、灵一、灵澈、无可等主要诗僧和僧诗的个案分析来透视诗禅文化冲突与调和的不同侧面,诗僧的心路历程以及诗歌的特质和影响。诗僧是诗禅合辙的文化侧影。自佛经传入后,中国文化、文学、思想、社会、习俗都有进一步融合佛教的痕迹。在诗歌方面以禅入诗,以禅喻诗以及诗僧群体的出现等现象,都与佛教在中国的传播与接受有关。综合传统与现代的研究方法,从新的角度切入研究,是揭示、研究诗僧这一诗禅交汇所形成的文化现象的最佳途径。

四 中唐诗僧研究范围

关于中晚唐之界定,文学界、史学界有不同观点。但也有学者认为,研究诗僧,"可从佛教史的角度来看,直接促使佛教发生巨大变化的,则是会昌年间的毁佛运动,作为僧人的诗僧,自然和这场运动有着千丝万缕的联系"[①]。中唐以武宗会昌元年为下限,笔者赞同这种意见。会昌法难使除禅宗外的佛教各教派受到重挫,拆毁寺院、佛堂,勒令僧尼还俗,销毁佛教典籍等极端举措,使经过几百年的传播到唐代发展到极盛的佛教八宗中那些义理深邃的宗派没了精神食粮,后继乏力。华严

---

① 王秀林:《晚唐五代诗僧群体研究》,中华书局2008年版,第18页。

宗、律宗融入禅宗思想中。传承不旺的三论宗、法相宗法难后寂灭不闻。天台宗之前传入日本、朝鲜的典籍回流，在南宋才有传承。净土宗思想虽留存，但宗派组织却被禅宗合并。过分依赖典籍、法器和宗教仪式的密宗渐趋式微，法脉几断。唯有修行便捷，不讲义理、无求于经典的禅宗得到大发展。这必然对晚唐诗僧的思想和行为产生深刻的影响，使其表现出与中唐诗僧有别的行为和创作特质。如诗僧依附性更强，广事干谒，攀附公卿；动荡的社会使诗僧的生活更为世俗、开放，创作题材更广泛。

总之，中唐诗僧作为佛禅与诗歌融合的产物，与中唐时期佛禅文化、士风、诗歌风貌有着密不可分的关系。我们不能忽视中唐诗僧所开创的诗禅文化的存在，如覃召文所说："它虽说入于空灵但仍出于实际，虽说发生在过去、发生在那个充盈着彼岸智慧的迷幻世界里，但它毕竟又联结着此岸世俗社会，贯通着历史传统，折射着现实精神。因此，这种存在就有着它不可抹杀的文化、文学价值，值得我们今天去深入思考、认真研究。"[1]

---

[1] 覃召文：《禅月诗魂——中国诗僧纵横谈》引言，生活·读书·新知三联书店1994年版，第2页。

第一章　中唐诗僧研究总论

中唐，两栖于佛门和诗坛、却更专注于诗歌创作的诗僧大量出现。寒山、拾得、灵一、皎然、灵澈等名噪一时，成为诗坛一个惹人注目的群体。他们虽然登坛受戒，寄身伽蓝，却致力于诗歌创作，以诗名世。他们的诗歌突破了佛门诗歌单纯的传教说理功能和"余事"的观念，无论在禅门还是诗界都获得了相对独立的地位。

作为一个有着僧侣和诗人双重身份的创作群体，诗僧把诗歌与佛禅融合为一体，并将其提升到禅的境界上作心灵的观照、参悟，这种独特的体悟方式使得诗僧在创作过程中，不但获得了一种迥异于传统诗教文化的新视角，而且易于进入一种冥然自在、超然忘我的审美境界。相较晋宋山水诗"以形媚道"、物我两隔，唐代僧诗中山情水态与禅意已相互渗透交融，表现出清逸雅致、静谧空灵的意境。

诗僧虽为弃世的方外之人，却不能忘怀世情，诗歌像一根红线联结着诗僧与此岸世俗社会。如鲁迅所说："既然是超出于世，则当然连诗文也没有。诗文也是人事，既有诗，就可以知道于世未能忘情。"[①] 诗僧依靠出家维护自己的人格独立和精神自由，但却又去追随仕宦文人，甚至企慕荣名利禄。他们弃世，却对现实生活表现出强烈干预意识和批判精神。入世与出世、名教与自然的矛盾使中唐诗僧人格表现出矛盾的双重性。他们始终都在俗世与禅隐之间徘徊，诗歌创作亦向世俗文人靠拢，带上浓郁的时代风格和世俗化倾向。然而，作为僧侣所具有的佛学修养和持守，又为诗僧体察世俗生活、体悟现实人生，提供了独特视角，亦可借此获得不同于世俗文人的感受。

[①] 鲁迅：《魏晋风度及其他》，上海古籍出版社2000年版，第198页。

第一节　佛教与诗歌的初始因缘

佛教与诗歌有着很深的因缘关系。佛典作为一种宗教宣传品，在内容和表现形式上都富于文学色彩。印度早期佛教的传播全凭口述，使用的是韵文形式，散文形式是后来才有的。在以体例划分的佛典"十二分教"（也称"十二部经"）中，有一类韵文形式"佛偈"，梵文叫做"伽陀"或"偈陀"，是佛经中的赞颂词，① 中国僧徒也称其为"偈颂"、"诗偈"。"伽陀"是古印度的诗歌，在梵文中，"伽陀"的体制很严密，讲究音节格律，与散文形式"长行"一起，成为构筑起佛经文体的两大支柱。《出三藏记集》卷七引《法句经序》云："偈者结语，犹诗颂也，是佛见事而作，非一时语，各有本末，布在众经。"佛典中以偈颂形式出现的韵文有两类，除了宣扬佛理的独立韵文"伽陀"，还有一类叫做"祇夜"，又称"竭夜"、"祇夜经"，意译为"重颂"、"应颂"等，是佛典散文叙说之后附加的韵文形式。梵文偈颂多以四句为一首，每句包括八个音节，讲究韵律节奏，可以吟咏歌唱。《高僧传》曰：

> 然东国之歌也，则结韵以成咏；西方之赞也，则作偈以和声。虽复歌赞为殊，而并以协谐钟律，符靡宫商，方乃奥妙。故奏歌于金石，则谓之以为乐；设赞于管弦，则称之以为呗。②

偈与赞类似我国古代的诗与歌，是以音韵美增加传教的感人力量。佛教与诗歌最初在中国结缘，正是因为佛教徒对语言音韵形式美的利用。《成实论》中说："何故以偈颂修多罗？答曰：欲令义理坚固，如以绳贯华次第坚固；又欲严饰言辞，令人喜乐。如以散华或持贯华，

---

① 据慧皎《高僧传·鸠摩罗什传》记载，鸠摩罗什曾与僧叡谈论西方辞体，云："天竺国俗，甚重文制，其宫商体韵，以入弦为善。凡觐国王，必有赞德，见佛之仪，以歌叹为贵，经中偈颂，皆其式也。"参见《高僧传》，中华书局1992年版，第53页。在印度国俗中，偈颂的内容是以"赞德"为主，并且可入弦歌唱的。

② （梁）释慧皎撰，汤用彤校注：《高僧传》，中华书局1992年版，第507页。

以为庄严。又义入偈中，则要略亦解。或有众生乐直言者，有乐偈说。又先直说法后以偈颂，则义明了，令信坚固。又义入偈中，则次第相著，易可赞说。"① 作为佛经的文字载体，使用偈颂可以使得义理更加简括明晰、便于记诵，再者言辞庄严，诵读时易为人接受，以利于佛经的传播。佛教自两汉之际传入后，佛典的翻译便受印度影响而善用韵文。至六朝时期所翻译的600余部佛经中，偈颂的数量非常可观。由于古天竺语言风格与汉地大异，译经大师们为照顾本土信众、读者，翻译偈颂时也多依照中国流行的诗歌形式，逐渐形成四句一首，以四言、五言、七言为主的形式。类似中国旧体诗，但是不讲究平仄、对仗、押韵。佛偈不但采用诗歌形式，而且善于运用文学表达方式。佛教经典常常通过譬喻、比兴等手法来讲道说法，故早在《弘明集》卷一《牟子理惑》中便有"佛说经牵譬喻"的呵护赞说之辞。可见，佛教与诗歌并没有本质的联系，诗歌不过是说理的手段、工具。佛教的这一传统为诗僧所继承，影响了僧诗的艺术认知方式以及审美理想，而且催生了后世的哲理诗、禅趣诗。

第二节　诗僧酝酿期的诗歌创作

一　诗僧的酝酿期

僧人作诗最早出现在东晋。

佛教于两汉之际传入中国，当时人们对这种外来文化认识晦昧不清，将其看做一种神仙方术。晋以前汉人信佛仍受到种种限制："唯听西域人得立寺都邑，以奉其神，其汉人皆不得出家。魏承汉制，亦修前轨。"②"曩者晋人略无奉佛，沙门徒众，皆是诸胡，且王者与之不接。"③ 由于缺乏能够"变梵成华、通梵入圣"的传播中介，佛教在东晋以前很长一段时间内没有得到广泛的传播，对于上层知识分子的影响更是微乎其微。晋南渡后，释氏始盛。东晋佛教兴盛的契机有二：一是

---

① 《大正藏》卷三十二，台湾新文丰出版公司影印，第244页。
② （梁）释慧皎撰，汤用彤校注：《高僧传》卷九，中华书局1992年版，第352页。
③ （晋）王谧：《答桓玄难》，（清）严可均编：《全上古三代秦汉三国六朝文·全晋文》卷二十，中华书局1965年版，第1569页。

于乱世之中，既无法治世，也无法治心的儒学趋向僵化，而魏晋玄学也随着晋室南渡而盛行于江南高门之间；另一方面，佛教般若以其思辨色彩和信仰的力量为文人所接受，玄儒老庄与般若才开始汇通往来。诚如谢和耐所说："由于望族界对于佛教的这种纯哲学的兴趣，所以才在南京诸帝国中产生了世俗界和最早僧伽之间的一种互相渗透。"① 此时，佛教大力翻译佛经的阶段已经过去，中心任务由译经开始向阐释和传播经义转移。康僧渊、支道林、竺法深、竺法汰、慧远等一批中土名僧相继出现，他们精通佛理，有良好的儒玄文化修养，又长于文学，结交名士宣扬佛教的般若学说。他们将佛学的某些观念引入玄学，使玄学更具有思辨色彩。同时，他们也从老庄学说中吸取大量思想资料与术语，丰富佛教理论，促进了佛教与玄学的结合，以及伴随的高僧与名士的合流。如汤用彤先生所言：

> 自佛教进入中国后，由汉至前魏，名士罕有推重佛教者，尊敬僧人，更未之闻。……而东晋名士崇奉林公可谓空前。此故不在当时佛法兴隆，实则当代名僧，既理趣符老庄，风神类谈客……故名士乐与往还也。②

僧人与名士的交往，亦促进了僧侣对文学表现的重视和追求。汤用彤先生称，自魏晋中华教化与佛学结合以来，重要之事约有两端，一为玄理之契合，一为文字之表现。孙昌武先生认为，玄理的契合就是以中国学术思想来解释佛教。从文字的表现说，"从道安开始，中土渐多长于文学的僧人。这是由于一些精通外典的文化人加入了僧侣队伍，另一方面文人也受到佛教所浸染。……这种文字表现具体到文坛上，则有许多作家写出一些宣扬佛教的作品"③。僧侣和名士的交往加速了双方价值观念、行为方式的趋同。是否有文集是当时名士的标志之一，僧人也纷纷效仿。据《隋书·经籍志》中记载，僧人有文集者为支遁、支昙

---

① 谢和耐：《中国社会史》第三编第二章，中译本，江苏人民出版社1995年版，第184页。
② 汤用彤：《汉魏两晋南北朝佛教史》，中华书局1989年版，第128页。
③ 孙昌武：《佛教与中国文学》，上海人民出版社1988年版，第64页。

谛、释惠远、释僧肇、释惠琳、释亡名、释标、释洪偃、释瑗、释灵裕、释嵩、策上人、释智藏等13位。

玄学与佛学、高僧与名士的结合也推动了诗歌的发展。这不仅表现在西晋时期由于三张二陆绮丽诗风的崛起而一度销声匿迹的玄言诗又死灰复燃，也导致了诗僧的滥觞。余嘉锡说："支遁始有赞佛咏怀诸诗，慧远遂有念佛三昧之句。"① 其实在支遁以前，也有僧侣写诗。如康僧渊，应是较早写诗的僧人。康僧渊生卒年不详，《高僧传》说他"本西域人，生于长安，貌虽梵人，语实中国"②。晋成帝之世，与康法畅、支愍度渡江。曾遇名士陈郡殷浩，清言辩论，浩不能屈，遂知名。《广弘明集》载其诗二首，实为有记载诗僧之第一人。他在《代答张君祖序》中说："夫诗者，志之所之，意迹之所寄也。忘妙玄解，神无不畅。夫未能冥达玄通者，恶得不有仰钻之咏哉。"③ 其诗虽然受佛偈影响很深，但是注重通过心灵的沉思去体会佛理，与佛偈已有很大不同。另一方面，其诗也注重以范山模水来表现哲理，能客观精确地描绘自然山水的形态。如《又答张君祖》诗云：

遥望华阳岭，紫霄龙三辰。琼崖朗壁室，玉润洒灵津。
丹谷挺樛树，季颖奋晖薪。融飙冲天籁，逸响互相因。
鸾凤翔回仪，虬龙洒飞鳞。④

以山水景物表现佛理的超世精神以及自己的独特感悟。摹写细腻，意象飞动。既标志着以山水证佛理之僧诗的滥觞，又开启了山水诗思维结构的先河。但是存诗仅有两首，关于他的记载也不多，所以影响没有支遁、慧远大。

支道林（314—366），名遁，俗姓关，陈留人。25岁出家，先在吴地建立了支山寺，后来去剡地（今浙江嵊县），经会稽郡时，与王羲之

---

① （宋）刘义庆著，余嘉锡笺：《世说新语笺疏》上卷下，上海古籍出版社1995年版。
② （梁）释慧皎撰，汤用彤校注：《高僧传》卷四，中华书局1992年版，第150页。
③ 沈玉成、印继梁等编：《中国历代僧诗全集》晋唐五代卷上，当代中国出版社1997年版，第1页。
④ 同上书，第3页。

晤面，王请他住在灵嘉寺。以后移到石城山，立栖光寺。支遁深谙佛理，他创立的"即色义"为当时佛教"六家七宗"之一。他说"夫色之性也，不自有色，色不自有，虽色而空，故曰色即为空，色复异空"①，"色"指事物的外在存在现象，"空"是指事物的无独立、常住的"自性"，吴汝钧云："空之本性呈现在现象世界中，要获得空的真理……不可离开现象世界到另一虚无缥缈的境界中去体证悟空的真理。"② 意指即色而能悟空，非是色灭而生空。支遁虽为沙门，但却"雅尚老庄"，尤其是对《庄子》"逍遥"义的阐发，在当时影响巨大。时人谓为"标揭新理，才藻惊绝"③，被认为超出了一代玄学大师向秀和郭象的解释。④ "而山水诗的产生，也正是玄、佛以及仙（道教）合流的结果，或谓佛教与郭象庄学所开发的审美人生态度和内在超越精神结合的产物。"⑤ 支道林栖心玄远，不营物务，与当时名流如王洽、刘恢、王羲之、谢安、殷浩、许询等交游，"出则渔弋山水，入则谈说著文"⑥，是当时清谈家的领袖人物之一。王濛称其为"缁钵之王（弼）何（晏）也"。支遁善草隶，能文翰，《高僧传·支遁传》云："凡遁所著文翰集，有十卷盛行于世。"现存的清光绪年邵武徐氏刊本《支遁集》有两卷，今存诗18首。支道林文学造诣很深，他非常重视和善于用诗歌去宣扬即色论的思想，并在诗中将老庄玄学和般若空宗融合，使诗歌具有浓厚的般若神韵，耐人寻味。其诗以表现佛理为主，也间或描述山水，如《咏怀五首》之三：

晞阳熙春圃，悠缅叹时往。感物思所托，萧条逸韵上。
尚想天台峻，仿佛岩阶仰。泠风洒兰林，管濑奏清响。

---

① 《支道林集·妙观章》，徐震堮：《世说新语校笺》卷上《文学》注引，中华书局1984年版，第121页。
② 吴汝钧：《印度佛学的现代诠释》，台北文津出版社1994年版，第72页。
③ （梁）释慧皎撰，汤用彤校注：《高僧传·支遁传》，中华书局1992年版，第160页。
④ 《世说新语·文学篇》云："《庄子·逍遥篇》，旧是难处，诸名贤所可钻味，而不能拔理于郭、向之外……支卓然标新理于二家之表，立异义于众贤之外，皆是诸名贤寻味之所不得。后遂用支理。"
⑤ 萧驰：《佛法与诗境》，中华书局2005年版，第29页。
⑥ （清）徐震堮：《世说新语校笺》卷中，中华书局1984年版，第206页。

> 霄崖育灵蔼，神蔬含润长。丹沙映翠濑，芳芝曜五爽。
> 苕苕重岫深，寥寥石室朗。中有寻化士，外身解世网。
> 抱朴镇有心，挥玄拂无想。隗隗形崖颓，冏冏神宇敞。
> 宛转元造化，缥瞥邻大象。愿投若人踪，高步振策杖。①

清末民初学者沈曾植评其曰："'老庄告退，山水方滋'，此亦目一时承流接之士耳。支公模山范水，固已华妙绝伦；谢公卒章，多托玄思，风流祖述，正自一家。挹其铿谐，则皆平原之雅奏也。"② 郑振铎说："支遁在诸和尚诗人里是最伟大的一位"，他的诗是沉浸于佛家哲理中的诗作，"他的《咏怀诗》在阮籍《咏怀》、太冲《咏史》、郭璞《游仙》之外，别具一种风趣。那样的哲理诗是我们所未之前见的"③。支遁诗歌玄佛色彩浓厚，写景也多雕琢堆砌之语，难以与谢灵运以及后来者的山水诗相媲美。但是他对晋宋之际山水诗的勃兴却有开创之功。他开创的"即色宗"是推动、刺激南方山水诗创作繁荣与成熟的重要思想根源。在糅合了庄学与般若学的"即色宗"学说中，他认识到色、空不一，不异，从而不为外物所拘，具有强烈的现实人生意义，实质上是要超越社会现实的束缚，求得个体心灵的逍遥与自由，与南方士人追求现实尘世之乐的世风相一致。支遁又把道家"目击道存"的思想与"即色游玄"论点相互渗透，相互糅合，形成了即色——游玄的艺术结构：诗人们从对自然山水的实际接触中，体认至高无上的"道"。这种接触，"人不仅发现自然的美和悦人的魅力，而且也发现了自身潜在的审美能力，从而洞开了一个极其广阔的审美世界。这可以说就是中国自然山水诗诞生的实质意义"④。清代诗人沈曾植《与金潜庐太守论诗书》中说："康乐总山水庄老之大成，开其先支道林。"⑤ 是基本符合事实的。

慧远是支遁之后又一位有影响的中土诗僧。慧远，俗姓贾，山西雁

---

① 丁福保编：《全汉三国晋南北朝诗》，中华书局1959年版，第502页。
② （清）沈曾植：《八代诗选跋》，《海日楼题跋》卷一，中华书局1962年版。
③ 郑振铎：《插图本中国文学史》，北京出版社1999年版，第179—180页。
④ 章启群：《支遁与玄学》，《普门学报》2002年第12期。
⑤ （清）沈曾植：《㴩湖遗老集》卷首，民国戊辰刻本，第1页。

门人。他"博综六经，尤善《庄》《老》"①，投道安门下出家。曾南下传教居庐山东林寺，与名士高僧刘遗民、雷次宗、周续之、宗炳等结成白莲社，建斋立誓，共期西方。慧远从道安受学，长于般若，其思想属于般若学的本无派，以"法性"为万法之本。他提倡观想念佛，被尊为净土宗之中土初祖。《高僧传》卷六称他："善属文章，辞气清雅。"慧远富有文学才能，提倡以文学形式宣传佛教，在《与隐士刘遗民等书》中，他说："若染翰缀文，可托兴于此。虽言生于不足，然非言无以畅一诣之感。因骥之喻，亦何必远寄古人?"②在《念佛三昧诗集序》中，他指出其所选的念佛"篇翰"，非徒"文咏"，他说：

  ……夫称三昧者何？专思寂想之谓也。思专则志一不分，想寂则气虚神朗。气虚则智恬其照，神朗则无幽不彻。斯二者是自然之玄符，会一而致用也。是故靖恭闲宇，而感物通灵。御心唯正，动必入微。……鉴明则内照交映而万像生焉，非耳目之所暨而闻见行焉，于是睹夫渊凝虚镜之体，则悟灵相湛一，清明自然。③

可见慧远倡导和赞赏的念佛不是称名念佛，而是观想念佛、智慧念佛。进入念佛三昧的人，昧然忘却一切分别知，明镜洞照，万像俱生，不以耳目，却听闻见知。于是，看到了深奥凝沉的虚幻镜子之本体，悟到了心灵实相的湛然纯一。种种烦恼妄念消殆耗尽，淤滞沉浊的情欲亦随之消融，从而使心境明朗，进入美妙奇特的境界。慧远的禅智论，其中蕴藏着极为丰富的审美思想，为东晋南北朝的审美虚静说从理论上奠定了基础，同时也为审美虚静说开辟了更为广阔的思维空间。覃召文先生认为"这大抵是中国最早的以禅喻诗"，"他的这一表述，无疑将诗与禅融合了起来，并奠定了中国诗禅文化的美学基础。因为这'专思寄想'的悟入不仅对禅来说是不可缺少的，对于诗

---

① （梁）释慧皎撰，汤用彤校注：《高僧传》卷六，中华书局1992年版，第211页。
② （唐）道宣：《广弘明集》卷二十七上，四部丛刊正编第24册，台湾商务印书馆1979年版，第394页。
③ （唐）道宣：《广弘明集》卷三十上，四部丛刊正编24册，台湾商务印书馆1979年版，第240页。

而言又何尝不重要呢？所以诗与禅虽然殊途，但却同归——它们共同指向心灵的奥府"①。慧远对诗歌的另一大贡献是，把法身思想和道家的自然结合，提供了山水与佛法融通的理论基础。透过山水的形影，"触象而寄"，可以体悟神妙莫测的佛理。慧远现存诗四首，多以山水自然喻禅悟玄理。慧远卜居庐山30余年，送客游履，不过虎溪。慧远喜爱庐山，在游山览水中发掘自然的灵动之美。在《庐山诸道人游石门诗序》中说："释法师以隆安四年仲春之月，因咏山水，遂振锡而游。于时交徒同趣三十余人，咸拂衣晨征，怅然增兴。"②可以说慧远具备了对山水的自觉审美心态，被称为"第一位自觉吟咏山水的诗人"③，亦不为过。同游庐山而奉和可考者有刘程之、王乔之、张野，三人有《奉和慧远游庐山诗》，收录于《晋诗》卷十四。因而可以说，"当时在庐山曾有一个山水诗作家群"④。这直接影响到谢灵运的山水诗及后来僧诗以山水证禅的创作。慧远等人于庐山结成莲社，既是佛教团体，也是文化团体。参与社团的高僧、名士"并弃世遗荣，依远游止"⑤，潇洒超脱的精神境界和浓郁的文艺色彩，对中晚唐诗僧影响很大。

二 中唐以前其他诗僧的创作

自两晋以后一直到南北朝时期，随着佛教的逐渐中国化，僧侣作诗者日渐增多。逯钦立所辑录的《先秦汉魏晋南北朝诗》135卷，从晋康僧渊至隋末跨度300年，收录42名僧人94首诗。

初唐僧人的诗作（包括个别由隋入唐僧人在唐所作诗歌），《全唐诗》录有慧宣、法宣、慧净、海顺等。总计22位僧人410首诗。

以诗谈论佛理的偈颂习气亦为不少中唐以前僧诗所保留。如钱钟书先生说："释氏作诗，唐以前如罗什《十喻》、惠远《报偈》、智藏

---

① 覃召文：《禅月诗魂——中国诗僧纵横谈》，三联书店1994年版，第41页。
② 吴宗慈编，胡迎建校注辑补：《庐山诗文金石广存》，江西人民出版社1996年版，第6页。
③ 齐文榜：《试论慧远对山水诗歌的贡献》，《汕头大学学报》1992年第3期，第8页。
④ 依空法师：《谢灵运山水诗的佛学思想》，《普门学报》2001年第2期。
⑤ 《大正藏》第50册，台湾新文丰出版公司影印，第358—359页。

《三教》、无名《释五苦》、庐山沙弥《问道扣玄》，或则喻空求本，或者观化决疑，虽涉句文，了无藻韵。"① 这些诗歌直接以诗说理，类同概念的铺排，文学性极弱，味同嚼蜡。

除了弘传佛教外，僧诗也受到时代风习的深刻影响，因而僧诗内容相当丰富。

以山水景物参佛抒怀是僧诗又一特色。佛家历来有以山水悟道的传统，传入之后，与魏晋玄风栖息林泉的心态相契合，遂成为山水诗的源头之一。现存有东晋帛道猷《陵峰采药触兴为诗》、陈释惠标《咏山诗》、昙瑗《和偃法师游故苑诗》、洪偃《登吴升平亭》、隋释智炫《游三学诗》、慧宣《秋日游东山寺寻殊昙二法师》等。如帛道猷《陵峰采药触兴为诗》：

连峰数千里，修林带平津。云过远山翳，风至梗荒榛。
茅茨隐不见，鸡鸣知有人。闲步践其径，处处见遗薪。
始知百代下，故有上皇民。②

《高僧传》称："少以篇牍著称，性率素，好丘壑，一吟一咏，有濠上之风。"③ 这些诗僧或避世隐居于灵山秀水，或云游名山大川中，松风明月、清泉幽壑，成为他们参禅悟道的机缘，也引起他们对自然山水的赏爱之情。

僧人也不可避免地受到时代风习的深刻影响，因而僧诗中也出现世俗情怀和世俗化倾向，僧人创作艳情诗即是一例。中国僧人创作艳诗最早的是宋齐僧汤惠休。钟嵘《诗品》卷下称："惠休淫靡，情过其才。"刘师培先生《宋齐梁陈文学概略》认为，梁之宫休诗源头可追溯到惠休，"绮丽之诗，自惠休始"④。惠休现存诗11首，除《赠鲍侍郎》外，

---

① 钱钟书：《随园论诗中理语》，《谈艺录》六九，中华书局1984年版，第225页。
② 沈玉成、印继梁等编：《中国历代僧诗全集》晋唐五代卷上，当代中国出版社1997年版，第12页。
③ （梁）释慧皎撰，汤用彤校注：《高僧传》卷五，中华书局1992年版，第207页。
④ 刘师培著，劳舒编、雪克校：《刘师培学术论著》，浙江人民出版社1998年版，第311页。

均属艳诗。六朝僧侣创作艳诗者不在少数，清朝毛先舒《诗辩坻》卷二云："六朝释子多赋艳词。"① 如宋郭茂倩《乐府诗集》卷四十八收释宝月《估客乐》二组四首、梁释惠休《咏独杵捣衣诗》、法云《三洲歌》、隋僧沸大《媱洪曲》、唐初僧法宣《和赵郡王观妓应教诗》《爱妾换马》等。宝月《估客乐》是上献齐武帝的，法云《三洲歌》是梁武帝设乐宴会时创作的呈献之作，这些诗作显然都具有迎合君主趣味、力求世俗诗坛认同的目的。诗风清丽淫靡，全然不类僧诗。如惠休《白纻歌三首》第二首曰：

少年窈窕舞君前，容华艳艳将欲然。
为君娇凝复迁延，流目送笑不敢言。
长袖拂面心自煎，愿君流光及盛年。②

宝月的《估客乐》第一首云：

郎作十里行，侬作九里送，拔侬头上钗，与郎资路用。③

法云《三洲歌》云：

三洲断江口，水从窈窕河傍流，啼时别共来，长相思。
三洲断江口，水从窈窕河傍流，欢将乐共来，长相思。④

全是运用民歌体裁表现男欢女爱主题，与世俗诗人无异。这些作品看似与佛教教义、戒律相违背，其实是僧侣对世俗文化亦步亦趋的产物。

中唐以前，僧侣作诗现象还不普遍，流传下来的诗歌为数不多，僧

---

① 郭绍虞编选，富寿荪校点：《清诗话续编》，上海古籍出版社1983年版，第34页。
② （陈）徐陵编，（清）吴兆宜注，程琰删补：《玉台新咏笺注》卷9，中华书局1985年版，第450页。
③ （宋）郭茂倩：《乐府诗集》卷48，中华书局1979年版，第699页。
④ 同上书，第707页。

人作诗不过是佛外"余事",尚属自发、即兴式个人行为,也没有形成定型成熟的诗歌风格。因而说,是诗僧的酝酿时期。

第三节 中唐诗僧群体的诞生

僧人作诗作为一种文化现象,东晋已经出现,但是真正意义上的、作为一个特殊的创作群体而出现,却是在中唐。作为一个诗歌创作群体,必然要有其群体性特征。

一 中唐诗僧群体的产生

中唐时期,诗僧群体出现。就数量而言,据统计,中唐诗僧有686人,其中灵一、灵澈、皎然、寒山、拾得等人比较有名。[①] 刘禹锡在《秋日过鸿举法师院便送归江陵》诗序中说:"自近古而降,释子以诗闻于世者相踵焉。"[②] 宋叶梦得《石林诗话》卷中云:"唐诗僧,自中叶以后,其名字班班为当时所称者甚多。"[③] 均看到中唐诗僧蜂拥出现的现象。

中唐诗僧多聚集于江南一带。刘禹锡《澈上人文集序》中说:"世之言诗僧者,多出江左"[④],胡震亨《唐音癸签》亦云:"释子以诗闻世者,多出江南。"[⑤] 据景遐东先生统计,唐五代江南345位诗人中共有诗僧40人。《全唐诗》、《全唐诗补编》中籍里明确的1900余诗人中共有132名诗僧,江南诗僧就占据了总数的1/3。[⑥] 他们或为江南籍僧人,或长期在江南名山佛寺中修行。

"诗僧"一词亦诞生于中唐时期,[⑦] 而且被文士普遍接受。诗人白

[①] 张弓:《汉唐佛寺文化史》,中国社会科学出版社1997年版,第799页。
[②] (唐)刘禹锡著,卞孝萱校订:《刘禹锡集》卷二十九,中华书局1990年版,第394页。
[③] (清)何文焕辑:《历代诗话》,中华书局1981年版,第425页。
[④] (唐)刘禹锡著,卞孝萱校订:《刘禹锡集》卷十九,中华书局1990年版,第240页。
[⑤] (明)胡震亨:《唐音癸签》,上海古籍出版社1981年版,第82页。
[⑥] 景遐东:《唐五代江南地区诗歌创作基本状况述论》,《学术月刊》2001年第8期。
[⑦] 据日本人市原亨吉《中唐初期江左的诗僧》一文考证,"诗僧"一词最早见于皎然《酬别襄阳诗僧少》诗,作于大历十年。《东方学报》第28期,1958年4月,第219页。

居易甚至认为自己前世是"诗僧",他在《爱咏诗》中云:"辞章讽咏成千首,心行皈依向一乘。坐倚绳床闲自念,前生应是一诗僧。""诗僧"在中唐的出现,标志僧人群体的分化。白居易《题道宗上人十韵并序》云:

> 普济寺律大德宗上人……予始知上人之文为义作,为法作,为方便智作,为解脱性作,不为诗而作也。知上人者云尔,恐不知上人者,谓为护国、法振、灵一、皎然之徒与?故予题二十句以解之:
> 如来说偈赞,菩萨著论议。是故宗律师,以诗为佛事。
> 一音无差别,四句有诠次。欲使第一流,皆知不二义。
> 精洁沾戒体,闲淡藏禅味。从容恣语言,缥缈离文字。
> 旁延邦国彦,上达王公贵。先以诗句牵,后令入佛智。
> 人多爱师句,我独知师意。不似休上人,空多碧云思。①

"碧云思"出自江淹《休上人怨别》中"日暮碧云合,佳人殊未来"②,后世多以为此两句为宋齐时僧人惠休诗句,江淹采此句入诗。韦应物《寄皎然上人》亦有"愿以碧云思,方君怨别馀"③之句。唐诗人李群玉《怀初公》亦云:"不见休上人,空伤碧云思。"④"碧云思"在唐人意识中,代表着超越释子身份的世俗情怀。白居易将道宗上人"以诗为佛事"的偈颂和汤惠休的"碧云思"对举,并指出其与护国、法振、灵一、皎然等僧不同,显然把"诗僧"和弘道的教化僧区别开来。"碧云思"所代表的世俗情怀,在白居易看来与佛法无关,却正是诗僧诗歌的重要内容。

"诗僧"以诗名世,和以往的僧人相比,他们对诗歌的兴趣和专注更甚于对佛教教义的钻研,他们将作诗当做自觉追求而不是修佛余事或度众方便。如覃召文先生所说:"在中晚唐之前,僧侣固然也作诗,但

---

① (唐)白居易著,顾学颉校点:《白居易集》卷二十一,中华书局1979年版,第471页。
② 丁福保编:《全汉三国晋南北朝诗》,中华书局1959年版,第1049页。
③ (清)彭定求等:《全唐诗》卷一百八十八,中华书局1960年版,第1925页。
④ (清)彭定求等:《全唐诗》卷五百七十,中华书局1960年版,第6607页。

大多把作诗看做明佛证禅的手段，并不把诗歌看成艺术，而比较起来，中晚唐诗僧往往有著迷恋艺术的创作动机。"①皎然"市隐何妨道，禅栖不废诗"②；道标"经行之外，尤练诗草"③；灵一"每禅诵之隙，辄赋诗歌事"④；灵澈"授诗法于严维，遂籍籍有声"⑤。他们以诗传神写意，表现禅悟境界，对僧俗两界都产生了影响。皎然因"文章隽丽"被时人誉为"沙门伟器"⑥。刘禹锡是最早研究中唐诗僧的诗人，《澈上人文集纪》云："世之言诗僧多出江左。灵一导其源，护国袭之。清江扬其波，法振沿之。如么弦孤韵，瞥入人耳，非大乐之音。独吴兴昼公，能备众体。昼公后澈公承之。"⑦赞宁《宋高僧传》云："故人谚云：'雪之昼，能清秀；越之澈，洞冰雪；杭之标，摩云霄。'每飞章寓韵，竹夕华时，彼三上人当四面之敌，所以辞林乐府，常采其声诗。"⑧可见诗僧在当时受欢迎的程度。事实上，中唐不少诗僧已成诗林的盟主。

二 诗僧群体的行为方式和性格特征

诗人和僧人双重身份导致僧人思想的矛盾和行为的悖谬。作诗虽然是诗僧的兴趣所在，然而究其本质而言，他们仍然是僧徒。佛门以"苦空"观人生，宣扬对尘世的厌弃。佛教认为，要脱离人生的苦海，就要把一切看成空无，具有一种超然心态。既要破"我执"，又要破"法执"，做到万念俱灰，心如止水。所以说，僧人选择出家修行，就

---

① 覃召文：《禅月诗魂——中国诗僧纵横谈》第二章，三联书店1994年版，第57页。
② 皎然：《五言酬崔侍御见赠》，《景印文渊阁四库全书》册1071《杼山集》卷，第786页。
③ （宋）赞宁：《宋高僧传》卷十五，《唐杭州灵隐山道标传》，中华书局1984年版，第374页。
④ （宋）赞宁：《宋高僧传》卷十五，《唐余杭宜丰寺灵一传》，中华书局1984年版，第369页。
⑤ （元）辛文房：《唐才子传》卷三，辽宁教育出版社1998年版，第37页。
⑥ （宋）赞宁：《宋高僧传》卷二十九，《唐湖州杼山皎然传》，中华书局1984年版，第728页。
⑦ （唐）刘禹锡著，卞孝萱校订：《刘禹锡集》卷十九，中华书局1990年版，第240页。
⑧ （宋）赞宁：《宋高僧传》卷十五，《唐杭州灵隐山道标传》，中华书局1984年版，第374页。

意味着对世俗社会价值体系的否定和放弃。然而在这个问题上，唐代诗僧却表现出了犹疑和无奈的心态："云鹤性孤单，争堪名利关"（无作《谢武肃王》）①；"道薄犹怀土，时难欲厌贫"（清江《早春书情寄河南崔少府》）②；"未能通法性，讵可免支离？"（清江《长安卧病》）；③"双树欲辞金锡冷，四花犹向玉阶飞"（灵澈《送鉴供奉归蜀宁亲》）；④"一身无定处，万里独消魂"（惟审《别友人》）；⑤"知情难独守，又是一阳春"（灵一《送人得荡子归娼妇》），⑥ 这些诗句展露的是诗僧未至寂灭之心。胡震亨在《唐音癸签》中描述了中唐时期诗僧追名逐利风气之盛：

> ……风习渐盛，背筐笥，怀笔牍，挟海泝江，独行山林间，修修然模状物态，搜伺隐隙，凄怆超忽，游其心以求胜语，若有程督之者。嗜吟憨态，几夺禅诵。嗣后转噉膻名，竞营供奉，集讲内殿，献颂寿辰，如广宣、栖白、子兰、可止之流，栖止京国，结交重臣，品格斯非，诗教何取？⑦

唐代许多诗僧始终难以堪破世俗名利关，最终还是走上了于荣名与禅隐之间徘徊的矛盾之路。如皎然一方面声称："身外空名何足问，吾心已出第三禅"⑧，"虚名谁欲累，世事我无心"（《杼山集》卷一），另一方面，却和丞相于頔、颜真卿、韦应物、皇甫曾、李纾、包佶、梁肃等名重一时的公卿名士交游，以求彰显诗名。唐代大多数诗僧都像皎然一样，出世与入世的矛盾使他们身在林下却尘缘难割，在人格上表现出矛盾的双重性。皎然在《诗式》序中说："世事喧喧，非禅者之

---

① （清）彭定求等：《全唐诗》卷八百四十九，中华书局1960年版，第9619页。
② （清）彭定求等：《全唐诗》卷八百十二，中华书局1960年版，第9144页。
③ 同上书，第9146页。
④ （清）彭定求等：《全唐诗》卷八百十，中华书局1960年版，第9132页。
⑤ （清）彭定求等：《全唐诗》卷八百五十，中华书局1960年版，第9624页。
⑥ （清）彭定求等：《全唐诗》卷八百九，中华书局1960年版，第9130页。
⑦ （明）胡震亨：《唐音癸签》卷八，上海古籍出版社1981年版，第82页。
⑧ 皎然：《七言答李侍御问》，《景印文渊阁四库全书》册1071，《杼山集》卷二，第794页。本书所引皎然诗均本此版本，此后引处只标明《杼山集》卷数，不再详注。

意。……矜道侉义，适足以扰我真性"，对于《诗式》的创作产生了怀疑，"因顾笔砚笑而言曰'我疲尔役，尔困我愚，数十年间，了无所得。况你是外物，何累于我哉？"① 足见皎然内心的矛盾。

然而作为僧徒，佛教的出世精神还存留于诗僧的意识之中，他们在求名求利时，又试图以独立自由的方外人格境界与世俗社会相抗衡。什么是方外的人格境界呢？慧皎《高僧传》序中说："若实行潜光，则高而不名；寡德适时，则名而不高。名而不高，本非所纪；高而不名，则备今录。"② 很明显，慧皎认为高僧和名僧的区别就在于是否实行"潜光"，即是否具有隐逸精神。隐逸精神在诗僧看来是一种"高致"。慧远是一位既"高"且"名"的僧人，《高僧传》曰："自（慧）远卜居庐阜三十余年，影不出山，迹不入俗。每送客游履，常以虎溪为界焉。"③ 慧远不但与不少高官显宦结交，也与当权者有密切的联系，却因坚持"不过虎溪"的山居修道的立场，因而成就了高蹈脱俗的人格。他与周围僧俗人士结成的莲社，也被看做是潇洒超脱、不慕荣利的僧俗交往的典范，为后世尤其是唐代僧俗所追慕。孟浩然《疾愈过龙泉寺精舍呈易业二公》云："日暮辞远公，虎溪相送出"④；王昌龄《送东林廉上人归庐山》云："……昔为庐峰意，况与远公违。道性深寂寞，世情多是非。"⑤ 白居易《郡斋暇日忆庐山草堂兼寄二林僧社三十韵多叙贬官已来出处之意》曰："……唯拟捐尘事，将何答宠光。有期追永远，无政继龚黄……"⑥ 都表达对慧远孤高傲世、不随流俗的生活方式和精神境界的向往之情。在当时的思想意识中，僧人高蹈脱俗的人格并不是断绝与外界的一切交往，而是在隐逸生活中既能保持林下风流，又不降心辱志，丧失独立人格。独孤及评说灵一："自知道至于返真，双履不践屠上之门。"⑦ 覃召文先生把僧俗的交往分为"请进来"和"走出去"，认为"像慧远这样去筑巢

---

① 李壮鹰：《诗式校注》，人民文学出版社2003年版，第1页。
② （梁）释慧皎撰，汤用彤校注：《高僧传》序，中华书局1992年版，第525页。
③ （梁）释慧皎撰，汤用彤校注：《高僧传》卷六，中华书局1992年版，第221页。
④ （清）彭定求等：《全唐诗》卷一百五十九，中华书局1960年版，第1625页。
⑤ （清）彭定求等：《全唐诗》卷一百四十，中华书局1960年版，第1427页。
⑥ （唐）白居易：《白居易集》卷十八，中华书局1979年版，第379页。
⑦ （唐）独孤及：《唐故扬州庆云寺律师一公塔铭并序》，《全唐文》卷三九〇，中华书局1982年版，第3963页。

引凤,以佛德名声去感召世俗之士的做法当然不失其清雅。由于是'请进来'(有些恐怕不请自来),故诗僧往往还保持着自己独立的人格,在云集一堂的宾客之中,仍然不失其宾中主的身份"①。

必须强调的一点是,到了唐代,僧俗交往内容发生了变化,不再像六朝时期以往复论难,研核宗本为主,而是以诗歌创作为媒介。关于这一点汤用彤先生有精确的论证:

> 盖魏晋六朝,天下纷崩,学士文人,竞尚清谈,多遁世,崇尚释教,不为士人所鄙,而其与僧徒游者,虽无不因果福利之想,然究多以谈名理相过从。及至李唐奠定宇内,帝王名臣以治世为务,轻出世之法。而其取士,五经礼法为必修,文词诗章为要事。科举之制,遂养成天下重孔教文学,轻释氏名理之风,学者遂至不读非圣之文。故士大夫大变六朝习尚,其与僧人游者,盖多交在诗文之相投,而非在玄理之契合。②

唐代不少诗僧陷入一个怪圈,"背箧笥,怀笔牍""栖止京师,结交重臣"③,其目的不过是为了求得名利,然而,真正为僧俗所钦重的却是"迹不过虎溪"隐逸高蹈之僧。他们不可避免地陷入了内心的矛盾游移之中,这种矛盾造成了他们行为与观念的背离,从而形成了诗僧亦佛亦俗、亦僧亦士的双重性人格结构。这种由道性与诗情铸成的双重人格几乎在诗僧每一个人生环节上都显示出来。"这种人格左右着他们的一生,支配着他们的心灵:既给他们带来法喜,带来禅悦,带来超越一切后所获取的淡泊宁静;但同时又给他们带来困惑、带来迷惘,带来莫名的悲伤和无尽的痛苦。"④

三 诗僧的思想

诗僧的主导思想无疑是信佛的。佛教思想起源于对社会现实的

---

① 覃召文:《禅月诗魂——中国诗僧纵横谈》,三联书店1994年版。第136页。
② 汤用彤:《隋唐佛教史稿》,中华书局1982年版,第39页。
③ (明)胡震亨:《唐音癸签》卷八,上海古籍出版社1981年版,第82页。
④ 覃召文:《禅月诗魂——中国诗僧纵横谈》,三联书店1994年版,第193页。

不满和对人世生活的厌弃。佛教称之为"空",即万事万物无自性,缘起性空。佛门以"苦空"观人生,宣扬对尘世的厌弃。在佛教看来,人生在世,一切皆苦。要脱离苦海,就要打破人与生俱来的不能看破人生"无常"之"无明",根除欲望烦恼,消灭贪欲、喜怒、愚痴,放下责任和人生重担,解除知性以及由知性所支配的感受的束缚,得到精神上的解脱——即主体万念俱灰、心如止水的空寂之心。可以说佛学把现实生活中的瞬间体验演变成为一种出世的理论,将"世间"和"出世间"对立起来,始终以"出世"为目的的思辨理论和"出世间"的人格精神压抑佛徒的心灵,否定佛徒的世间生活。原始佛教的解脱方式是,奉行"诸恶莫作、众善奉行"的通戒,勤修佛法、止恶行善。大乘佛教产生后,佛教伦理思想更为丰富,自利利他、自觉觉人成为大乘伦理精神的旗帜,以个体修习为中心的"戒定慧"三学被扩充为具有广泛社会伦理内容的"菩萨行",上求佛道下化众生,以"慈悲喜舍"四无量心,即世间求解脱成为佛门崇尚的修行解脱路径。

唐代是中国化的佛教禅宗盛行的时代。禅宗,特别是六祖慧能创立的南宗禅,认为"世界即我即佛",大千世界、山清水秀无处不禅。南宗禅讲"顿悟",认为宇宙、世界、人生的奥秘、真谛能在短暂的瞬间被人直觉感受和体验领悟。这种体验是一种超知性、超功利、无意识的精神体验,伴随着自己已"与神同体"的宗教解脱的快感。在南宗禅,这种宗教愉悦和满足感的获得没有刺激性的狂热,也无须受难、献身的壮举,而是"平常心即是道""行住坐卧皆是道场",在平凡的日常生活中,特别是在大自然中体验一种"与造化同性"、"与佛同体"瞬间永恒的深邃渺远,又宁静淡泊的心境。

自佛教传入以后,就开始与儒学、道学于摩擦中融合的过程。外来佛教一方面十分注意依附迎合中国传统的思想文化,另一方面也在努力调和与儒、道思想矛盾的同时,不断地援儒、道入佛,并极力论证佛教与儒、道在根本上的一致性,积极倡导三教一致论。可以说调和儒佛关系成为中国佛教发展的重要途径。

佛教在隋唐时进入了创宗立派的新时期。此时期,佛教的发展及其与儒、道的关系,都与帝王的三教政策密切相关。隋唐统一王朝建立以后，为了加强思想文化上的统治，对儒、佛、道三教采取了分别利用的态度。一方面确立了儒学的正统地位，另一方面又以佛、道为官方意识形态的重要补充，推行三教并用的宗教政策。因此，在思想意识形态领域，儒、佛、道逐渐形成了三教鼎立的局面。三教之间的矛盾争论虽然一直不断，但是三教中许多重要的思想家都从自身发展的需要出发迎合大一统政治的需要，提倡三教归一、三教合一。主张在理论上相互包容，亦成为佛教宗派在此时期创建各自思想理论体系的重要背景条件，而这正为诗僧的产生提供了重要机缘。

为了应对儒道的夹攻，佛教高僧基本上兼学"外学"——儒学、道学。《宋高僧传》中多次谈到这一点。卷十四《昙一传》云："刃有余地，时兼外学，常问《周易》于左常侍褚无量，论《史记》于国子司业（司）马贞。遂渔猎百氏，囊括六籍，增广闻见，自是儒家，调御人天，皆因佛事。公卿向慕，京师藉甚。"卷三《飞锡传》亦云："锡外研儒墨，其笔仍长，时多请其论撰，如忠国师、楚金等碑。与晋陵德宣、吴兴昼公同猎广原，不知鹿死何人之手？"被刘禹锡称为"导其源"的诗僧灵一，其师法慎是当时著名的律僧。"慎与人子言依于孝，与人臣言依于忠，与人上言依于仁，与人下言依于礼。佛教儒行，合而为一"，法慎思想中明显带有佛儒合一的色彩，《宋高僧传》称他："以文字度人，故工于翰墨；以法皆佛法，故兼采儒流。"① 法慎的思想对中唐第一个"诗僧"的产生起到了潜移默化的作用。独孤及在《唐故扬州庆云寺律师一公塔铭并序》中谈灵一诗歌时说："盖将吻合词林，与儒墨同其波流，然后循循善诱，指以学路。"② 在唐代三教并立的现实环境下，僧人兼习儒道思想，固然是有迎合世俗士人，诱导他们进入佛门的目的，但是三教兼习也使诗僧群体思想呈多元化结构状态。

唐代诗僧中有不少诗僧经历了由仕而僧的生活道路。寒山有读书科考经历，其诗云："一为书剑客，三遇圣明君。东守文不赏，西征

---

① （宋）赞宁：《宋高僧传》卷十四《唐扬州龙兴寺法慎传》，中华书局1987年版，第347页。
② （清）董诰等编：《全唐文》卷三九〇，中华书局1983年版，第3963页。

武不勋。学文兼学武，学武兼学文。今日既老矣，余生不足论。"①皎然出家前，也曾经"长裾曳地干王侯"，汲汲于谋取功名，但是未获成功，穷困潦倒，只得皈依佛门。有人统计，《宋高僧传》中正传532人，附传125人，除西域、天竺诸国高僧37人外，在其出身可考的147人中，有士族高门子弟135人，占92%。② 这些高门出身的士子皈依佛门，其所受儒家思想熏陶和世俗文人价值观念却并未消失，其诗歌必然带上浓重的世俗色彩。寒山思想中包含着儒家的"民本"、"仁政"思想："国以民为本，犹如树因地。地厚树扶疏，地薄树憔悴。不得露其根，枝枯子先坠。决陂以取鱼，是求一朝利。"此诗以大地和大树为喻，深刻揭示出以民为本的思想。被称为"会稽三清"之一的诗僧"清江"，在《早发陕州途中赠严秘书》云："此身虽不系，忧道亦劳生"③，这些诗歌中，既包含着儒家强烈干预现实的精神和社会责任感、道家的批判意识精神，也有佛家的平等意识和悲悯情怀。

　　葛兆光先生在《七世纪前中国的知识、思想与信仰世界》一书中指出："从五至七世纪的思想史进程来看，似乎并不是佛教征服了中国而是中国使佛教思想发生了转化，在佛教教团与世俗政权、佛教戒律与社会道德伦理、佛教精神与民族立场三方面，佛教都在发生着悄悄的立场挪移。在中国这个拥有相当长历史传统的文明区域中生存，佛教不能不适应中国……"④ 佛教与儒道融合的结果，必然使道德伦理观念趋向统一，信仰崇拜体系逐渐合成，社会价值取向达到一致。因而可以说，在佛教文化与中国传统儒道文化这两种不同民族文化体系熏陶下，诗僧的思想行为也呈现出独特的风貌。他们虽然寄身伽蓝，但是和以往僧人相比，他们对诗歌的兴趣和专注有时更甚于对佛教教义的钻研。他们的诗歌既是在诗意上体悟着某种佛禅义理，也是在审美上抒写着某种人生

---

① 项楚：《寒山诗注》，中华书局2000年版，第35页。本书引用寒山、拾得诗均本此书，此后仅依此书编号标明所引之诗的号码，不再注释出处及页码。
② 程裕祯：《唐代的诗僧和僧诗》，《南京大学学报》（哲社）1984年第1期。
③ （清）彭定求等：《全唐诗》卷八百十二，中华书局1960年版，第9144页。
④ 葛兆光：《七世纪前中国的知识思想与信仰世界》，复旦大学出版社1998年版，第594页。

意趣和世俗情怀，从而形成独特的诗歌风格。

第四节　诗僧的成因

诗僧作为一种文化现象，其大量涌现是社会历史发展的必然结果，与社会政治、经济条件和文化背景的发展密切相关。

一　政治环境与宗教政策

对宗教的态度，唐代基本沿袭隋朝"胸怀三教，慈心均异，同于平等"的政策，实行三教并重策略。唐代前期统治者借助道教符命立国，亦想凭借太上老君的声威来抬高身价，对抗山东四姓，所以确立了道教在三教中的领先地位，[①] 武则天天授二年（691）三月颁定"释教在道法之上制"云："自今已后，释教宜在道法之上，缁服处黄冠之前。"[②] 开始改变佛道两教在官方活动中的地位，自称弥勒佛化身。唐玄宗以后，虽因统治者的好恶不同，佛道二教的排名或前或后，但是都能注意平衡三教，以期更好地为现实统治服务。除了武宗极端的灭佛行为，从总体上看，唐代的佛教就是在帝王的三教均衡政策下时起时伏不断发展。"安史之乱"后，宦官专权，藩镇割据，严重削弱了中央集权的力量，政局越发动荡不安，社会意识也发生很大变化。在朝不保夕的生存状态下，追求自然之道，高扬个性人格，于盛世时曾发出耀眼光芒的道教作为一种意识形态，已经没有多少市场了。中唐时期的皇帝，除了武宗，几乎每个皇帝都信佛。他们虽然身处高位，但由于内忧外患，对自己的前程和命运已没有信心，把希望多寄托在佛教祈祷上。上行下效，佞佛之风遍布朝野。而政治日趋腐败，倾轧复杂的朝内斗争和藩镇割据局面，粉碎了士大夫济世安邦的理想，在无奈之中他们中不少人转而去佛教的彼岸世界里寻求精神寄托，世界观和人生观也发生了转变。

[①] 唐太宗贞观十一年（637）颁布诏书，规定："自今已后，斋供行法，至于称谓，道士女冠，可在僧尼之前。"（《唐大诏令集》卷一百一十三《道士女冠在僧尼之上诏》），商务印书馆1959年版，第586页；李渊武德八年（625）下诏三教中，道一、儒二、佛三。

[②] （宋）宋敏求：《唐大诏令集》卷一百一十三《释教在道法之上制》，商务印书馆1959年版，第589页。

王维早年雄心勃勃，意欲"忘身辞凤阙，报国取龙庭"①，至晚年则笃信佛学，仕隐于朝，宣称"晚年惟好静，万事不关心"②。甚至连崇尚儒家道统的杜甫也在《赠蜀僧闾丘师兄》中说："漠漠世界黑，驱驱争夺繁。惟有摩尼珠，可照浊水源。"③佛教成为动荡岁月中人们的精神家园，佛教思想随之成为中唐的主流意识形态之一。

中唐的社会政治状况催生了诗僧的诞生。这表现在，一方面，乱世中"逃禅"士大夫日渐增多。《新唐书》云："天宝后，诗人多为忧苦流寓之思，及寄兴于江湖僧寺。"④尤其是"安史之乱"后，佛教徒人数激增。《宋高僧传》卷六《湛然传》云："当大兵大饥之际，揭厉法流学徒愈繁，瞻望堂室以为依怙。"唐彦谦《题证道寺》说："记得逃兵日，门多贵客车。"⑤乱世无以自保，只得于佛寺寻求庇佑，全身避祸。"夫佛教本非厌世教也，然信仰佛教者，什九皆以厌世为动机。此实无庸为讳，故世愈乱而逃入之者愈众。此士大夫奉佛之原因也。"⑥士大夫大量"逃禅"寺院，扩大了僧人的交往范围和文学素养，也使得僧人价值观念与士大夫产生趋同倾向。中晚唐的许多文人，是不披袈裟的僧人，他们与僧人的诗文交往催生了诗僧。如灵澈与刘长卿、皇甫曾的交游很深，亦曾向严维学诗。皎然受到颜真卿的礼重，与历任湖州刺史都有诗文唱和。高仲武评灵一曰："一公乃能刻意精妙，与士大夫更唱迭合，不其伟欤？"⑦与士大夫唱和被看做是高雅的行为，这无疑对僧人学诗起到巨大的推动作用。

另一方面，科举之艰、仕途不畅亦使许多士人转而投身佛门。科举制度虽然给士子提供了平等竞争的机会，但并不是所有人都能那么幸

---

① （唐）王维：《送赵都督赴代州得青字》，（唐）王维撰，陈铁民校注：《王维集校注》，中华书局1997年版，第189页。
② （唐）王维：《酬张少府》，（唐）王维撰，陈铁民校注：《王维集校注》，中华书局1997年版，第476页。
③ （清）仇兆鳌注：《杜诗详注》，中华书局1979年版，第765页。
④ （宋）欧阳修、宋祁撰：《新唐书》卷三十五，中华书局1975年版，第921页。
⑤ （清）彭定求等：《全唐诗》卷六七一，中华书局1960年版，第7669页。
⑥ （清）梁启超：《中国佛法兴衰沿革说略》篇见《佛学研究十八篇》，辽宁教育出版社1998年版，第4页。
⑦ （唐）高仲武：《中兴间气集》卷下，《唐人选唐诗十种》，上海古籍出版社1958年版，第295页。

运。一般情况下，唐代每年录取的进士登第人数在 30 人左右，而应试者有六七百至千余人。① 得志者极少，不少失意者在科举失利，走投无路的情况下皈依佛门。另外，中唐以后腐败空气笼罩朝野上下、士子们仕进之路也多为权门把持，以至于铨选无援。宣宗时京兆尹韦澳在《解送进士明经不分等第榜文》中说：

> 近日以来，前规顿改。互争强弱，多务奔驰，定高卑于下第之初，决可否于差肩之日。曾非考核，尽系经营。奥学雄文，例舍于贞方寒素；增年矫貌，尽取于党比群强。虽中选者曾不足云，而争名者益炽其事。②

科举考试在中唐以后竞争越来越激烈，而及第者往往并非由于真才实学，奔走请托成风，落第举子走投无路，多出家为僧。《宋高僧传》卷二六《增忍传》记载，增忍曾为儒生，"数举不捷"，不得已，"顿挂儒冠，直归释氏"。像皎然、无本、无可、清塞等人皆属此类情况。黑暗的科考确为中唐诗僧队伍的壮大创造了条件。

造成这种状况的另一个原因，是唐朝朝野上下佞佛成风的社会风气使然。早在唐室初期，太史令傅奕在《请废佛法表》中就指出："缙绅门里，翻受秃丁邪戒；儒士学中，倒说妖胡浪语。"③ 唐太宗《道士女冠在僧尼之上诏》曰："始波涌于闾里，终风靡于朝廷。"④ 对诗僧的褒奖也刺激了失路士子皈依佛门。于頔为皎然集作序曰："贞元八年，敕写其文集入于秘阁，天下荣之。"⑤ 诗僧广宣，元和、长庆两朝并为内供奉，赐居国安寺红楼院，皇太子频存问，并索唱和诗；越中僧栖白，宣宗朝为内供奉，赐紫；僧鸾，为文章供奉，赐紫。江南僧文秀，以文章应制；子兰，昭宗朝为文章供奉；可止，长于律体诗，乾宁中赐紫；元寄，南唐保大中授左街僧录，赐紫；贯休，因工诗善画名重一时，深

---

① 傅璇琮：《唐代科举与文学》，陕西人民出版社 1986 年版，第 227 页。
② （清）董诰等：《全唐文》卷七九五，中华书局 1983 年版，第 7891 页。
③ （清）董诰等：《全唐文》卷一三三，中华书局 1983 年版，第 1345 页。
④ （宋）宋敏求：《唐大诏令集》卷一百一十三，商务印书馆 1959 年版，第 586 页。
⑤ （宋）赞宁：《宋高僧传》卷二十九，中华书局 1987 年版，第 729 页。

受吴越主钱镠、蜀主王建的恩宠，王建赐以大蜀国龙栖待诏、因明辨果功德大师、祥麟殿首座引驾内供奉讲唱大师、道门子使选录校受文章应制大师、两街僧录封太仆卿云南八国镇国大师、左右街龙华道场对御讲赞大师兼禅月大师、食邑八千户赐紫大沙门。统治者的鼓励和支持使僧人找到了一条求名索利的捷径，刺激了更多的僧人作诗。如诗僧齐己诗云："才把文章干圣主，便承恩泽换禅衣。"① 在这种状况下，皈依佛门也不失为一条通向名利之路。《佛祖历代通载》卷十六记载僧徒对进京应试的儒生说："选官何如选佛。"因而，于中晚唐形成了一个"形厕缁伍，学追上流"的诗僧群体。

二 南方经济的繁荣为诗僧产生提供了物质条件

宗教的繁荣发展依赖一定的经济条件。恩格斯说："头脑中发生这一思想过程的人们的物质生活条件，归根到底决定着这一思想过程的进行"②，佛教也是如此。作为消费性事业，寺庙堂观的建设，传教及法事活动的举行，都需要财物充裕的支持。一般来说，佛教的物质来源是皇家、贵族的捐赠以及信众的捐贡，后来，寺院经济得到发展，佛教徒自己也从事物质生活资料的生产活动，但前一种来源依然十分重要。因而，佛教的地理分布就与经济发达地区分布在很大程度上保持一致。中晚唐时期，禅宗的繁荣和江南经济的繁荣分不开。江南经过六朝以来移民几百年的开发，已经是人口殷实、农业发达的地区，加上茶叶、酒类、丝绸等新的经济增长点，至隋时江南经济就已经呈现出繁荣的景象。"丹阳旧京所在，人物本盛，小人率多商贩，君子资于官禄，市廛列肆，埒于二京，人杂五方，故俗颇相类。京口东通吴、会，南接江、湖，西连都邑，亦一都会也。……宣城、毗陵、吴郡、会稽、余杭、东阳，其俗亦同。然数郡川泽沃衍，有海陆之饶，珍异所聚，故商贾并凑。其人君子尚礼，庸庶敦厖，故风俗澄清。而道教隆洽，亦其风气所尚也。"③ 唐中叶以后，黄河流域战争迭起，经济受到严重破坏，严重

---

① （唐）齐己《答文胜大师清柱书》，（清）彭定求等：《全唐诗》卷八百四十六，中华书局1960年版，第9581页。
② ［德］恩格斯：《马克思恩格斯选集》第四卷，人民出版社1972年版，第250页。
③ （唐）魏征等：《隋书》卷三十一，中华书局1973年版，第886—887页。

动摇了佛教发展的经济基础,致使佛教中心开始南移。而江南受到的冲击较少,成为国家经济重心所在。"江淮财赋大州,每年差纲十余辈。"① 江南城市群落迅速兴起,唐代大城市实行的坊市制也推行到江南的大城市中,苏州、润州、宣州、越州等都有专门的商业市。商业经济的快速发展增强了城市的经济实力,也培育出了庞大的消费阶层。除了官员及其家属、军队、为政府机构服务的各色徭役以及一部分商人、城市手工业者等,江南城市中还逐渐聚集起了一大批富豪、停职官员、北方士大夫、文人、妓女之类的人物,他们主要聚集在宣州、润州、苏州等一些富裕的城市中,过起奢侈生活。中唐"安史之乱"以后,江南人口密度已居各道之冠。②"避地衣冠尽向南"③,这些人经济条件优越,害怕仕途风险,忧虑人生无常,于是纷纷信奉佛教。他们热心功德、散财布施、舍宅为寺、捐财建寺、度人为僧蔚然成风。据李映辉统计,唐代最大一个寺院密集区分布在江苏、浙江境内,包括扬、润、常、苏、湖、杭、越、明、婺、台十州,该地域在唐前朝"总共有140所寺院,占全国总数的17%,后期上升至169所,占全国总数的25.5%。"④

而寺院是禅僧与士绅交往的物质载体。中唐以后,江南社会相对安定,经济繁荣,对富豪文人的诗文竞技活动提供了外部条件。"天宝季年,羯胡内侵,翰苑词人,播迁江浔,金陵、会稽文士成林,嗤炫争驰,声美共寻,损益褒贬,一言千金。"⑤ 江南优美玲珑的自然环境和寺院清幽雅静的文化氛围为文人雅士增加了诗意和雅兴。不论是乡居、宦游、漫游、羁旅,他们总要涉足游览,或探奇览胜、交游唱和,或与高僧谈佛论道、畅神怡情。大历贞元年间,侨寓如皇甫曾、秦系,游宦如刘长卿、严维、颜真卿、戴叔伦,出使如耿㧑、崔峒等等,名重一时的著名诗人大多汇集到此,风景优美、安定清幽的江南精舍寺院为他们

---

① (宋) 王溥:《唐会要》卷八四, 中文出版社 1978 年版, 第 1543 页。
② 林立平:《唐后期的人口南迁及其影响》,《江汉论坛》1983 年第 9 期。
③ (唐) 郎士元:《盖少府新除江南尉问风俗》, (清) 彭定求等:《全唐诗》卷二百四十八, 中华书局 1960 年版, 第 2787 页。
④ 李映辉:《唐代佛教寺院的地理分布》,《湘潭师范学院学报》1998 年第 4 期。
⑤ (唐) 吕温:《祭座主故兵部尚书顾公文》, (清) 董诰等:《全唐文》卷六百三十一, 第 6371 页。

的文学活动提供了最佳的空间。经常性的酬唱聚会，更密切了诗人与僧人之间的联系，甚至形成了一个诗人群体，网罗了不少一时之选的文学精英，使江南成为与京洛并峙的诗歌创作中心。唐代不少山寺精舍，具有"松间鸣好鸟，竹下流清泉"[1]的清雅，"花浓春寺静，竹细野池幽"[2]的幽静。畅游山寺兰若，欣赏自然之美，常会带给他们愉悦和舒畅。诗人们把与僧人僧寺聚会赋诗看做是如同六朝慧远庐山结社一样的风雅之事，因而成为一种时尚。唐代诗歌繁盛，诗歌创作是唐人文化生活的必需品，也是僧俗交游的重要内容，因而酬唱应答促进了诗僧的产生、僧人作诗风气的形成。戴叔伦《与友人过山寺》诗说："谈诗访灵彻，入社愧陶公"[3]；张祜《题苏州思益寺》诗说："会当来结社，长日为僧吟"[4]；张祜《题灵澈上人旧房》："寂寞空门支道林，满堂诗板旧知音。"[5] 文士读书山林寺院也蔚然成风。武后时期，薄于儒术，以权道临下，在下位者多取悦上位，儒雅之风顿挫。唐中期以后，学官日衰，再加上社会的动荡不安，中央太学毁废，读书山林寺院中，论学会友，遂蔚为风尚。赵嘏《越中寺居寄上主人》说："自晒诗书经雨后，别留门户为僧开。苦心若是酬恩事，不敢吟春忆酒杯。"[6] 王建《秋夜对雨寄石瓮寺二秀才》说："对坐读书终卷后，自披衣被扫僧房。"[7] 如房琯、姚崇、李白、陈子昂、白居易、颜真卿等等不胜枚举。"唐人读书山林寺院之风尚，在开元以后渐兴，中叶之后尤盛。士子们习业大抵以名山为中心，由地理位置来看，虽曰山林寺院，却非穷乡僻壤，而为交通便利、经济繁荣、人文荟萃的区域。"[8] 士子读书寺院，有些人是因为家贫，无力自给，而不得不寄寓于寺院以便习业，上述者除房琯之

---

[1] （唐）张九龄：《冬中至玉泉山寺属穷阴冰闭崖谷尤色及仲春行县》，（清）彭定求等：《全唐诗》卷四十七，中华书局1960年版，第575页。
[2] （唐）杜甫撰，（清）仇兆鳌注：《上牛头寺》，《杜诗详注》，中华书局1979年版，第989页。
[3] （清）彭定求等：《全唐诗》卷二百七十三，中华书局1960年版，第3078页。
[4] （清）彭定求等《全唐诗》卷五百十，中华书局1960年版，第5820页。
[5] （清）彭定求等：《全唐诗》卷五百十一，中华书局1960年版，第5840页。
[6] （清）彭定求等：《全唐诗》卷五百四十九，中华书局1960年版，第6357页。
[7] （清）彭定求等：《全唐诗》卷三百一，中华书局1960年版，第3435页。
[8] 严耕望：《唐人习业山林寺院之风尚》，《严耕望史学论文选集》，台北联经出版社1991年版，第271页。

外,皆出身贫寒,甚至随僧洗钵;也有些人是看中了寺院清雅幽静的自然环境、丰富的藏书以及浓郁的文化氛围,所以主动投身寺院来学习。无论出于什么原因,选择经济繁荣、人文荟萃的江南寺院读书,却有着非常现实的目的。僧侣和文士的交往情况很复杂,很多时候并非一对一的交往,因而圈子庞大,读书寺院的士子选择人气旺盛的僧寺,多是想结交僧团中的官吏以利仕途,或者传扬清名,或者与高僧探讨佛理切磋诗文技艺。而僧人也常希望在这种交流中提高诗艺,获得清名。如覃召文先生所言:

> 诗僧与文士的交往对于双方都有好处。就文士而言,结交诗僧一来可通禅悦,二来可长诗艺。三来可传清名。……反过来,诗僧从文士那里也所得甚丰。且不论"宗风实处都成教,慧业通来不碍尘",三教都可以会通,结交尘俗当然也就有助于禅教慧业。仅仅就学诗而言,借助于文士的指点、引牵,诗僧便可以增进诗艺,获取功名。[1]

总之,以寺院为据点的僧俗交往促进了儒佛交流,也催生了诗僧作诗风气、僧俗诗风的趋同。

中晚唐禅宗兴盛,而佛教其他派别纷纷衰落,也与经济发展有很大关系。"若从整个中国佛教发展的历史来论,以庄园经济为基础的注重义学的宗派在中唐以后,特别是在唐武宗会昌灭佛以后,一片凋零。"[2]

三 地域文化因素

诗僧群体产生在江南,与江南的地理环境和文化积淀密切相关。

江南有悠久的文化传统,远古时期的河姆渡文化、良渚文化可以说是其源头,继而春秋战国时期的吴越文化与楚文化共同构成中国南方文化的主体。而江南在历史上经常出现独立的政治实体[3]地位,使得江南

---

[1] 覃召文:《禅月诗魂——中国诗僧纵横谈》,三联书店1994年版,第154—156页。
[2] 李映辉:《唐代佛教地理研究》,湖南大学出版社2004年版,第296页。
[3] 严耀中:《江南佛教史》,上海人民出版社2000年版,第4页。

文化得以保存和发展。正如《通典》云：

> 每王纲解纽，宇内分崩，江淮滨海，地非形势，得之与失，未必轻重，故不暇先争。然长淮、大江，皆可拒守（吴、晋、宋、齐、梁、陈皆缘江淮要害之地置兵）。闽越遐阻，僻在一隅，凭山负海，难以德抚（汉武帝时，东越王数反。朱买臣上言曰："故东越王居泉山之上。一人守险，千人不得上。"）①

可以说，江南长期以来独特的自然地理环境、相对独立的政权形态和经济类型，导致江南地域文化的最终形成。魏晋以降，我国南北的学识文风已有很大差别。"南人约简，得其英华；北学深芜，穷其枝叶。"② 杜佑《通典》一八二卷进一步指出了南北文风差异的历史渊源，云："扬州人性轻扬，而尚鬼好祀。……永嘉之后，帝室东迁，衣冠避难，多所萃止。艺文儒术，斯之为盛。今虽闾阎贱品，处力役之际，吟咏不辍，盖因颜、谢、徐、庾之风扇焉。"③ 优美宜人的自然地理环境及魏晋士人较普遍的快意自然、高雅脱俗的人生态度与诗意生活方式也对唐江南地区文学创作产生了重要影响。

而佛教文化很早就扎根于江南，融会在江南好祀尚鬼的文化传统之中。"楚有江汉川泽山林之饶；江南地广，或火耕水耨。……信巫鬼、重淫祀。……本吴粤与楚接比，数相并兼，故民俗略同。"④ 晋室南迁，佛教义理研究之风、最早创立僧俗交游典范模式以及僧诗的创作也开始在江南展开。世族普遍重视子弟的教育，读书为学蔚然成风，再加上南朝统治者大都崇尚佛教，雅好文学，在他们周围团聚着大量的僧侣和作家，形成极为活跃的南方僧侣文人群体。到了唐代，魏晋时期的名僧名士的交游方式，僧人喜好山水、适意自然、爱好吟咏的传统也得到江南僧人的直接继承与效仿。可以说，唐代江南佛寺遍布，精于诗文的僧人众多。"标经行之外，尤练诗章，辞体古健，比之潘刘。当时吴兴有

---

① （唐）杜佑：《通典》，中华书局1988年版，第4850页。
② （唐）李延寿：《北史》，中华书局1974年版，第2709页。
③ （唐）杜佑：《通典》，中华书局1988年版，第4849页。
④ （汉）班固：《汉书》，中华书局1962年版，第1666页。

昼，会稽有灵澈，相与酬唱，递作笙簧。"① 唐代江南诗僧辈出，更重要的是整个唐代最杰出的诗僧均为江南籍。仅就浙东而言，就有辩才、玄觉、释玄宗、寒山、拾得、封干、灵一、灵澈、清江、澄观、行满、幻梦、天然、法常、良介、宗亮、栖白等。这与江南的地域文化密切相关。

　　唐代大历贞元年间，佛教诸义学派别趋向衰落，而正是禅宗蔚然大兴之时，和其教义相似的天台宗在江南达到"中兴"，与诗僧大量出现于江左之间的联系不是偶然的。天台宗与禅宗皆重心性，天台宗的一念三千和无情有性说同禅宗一样，对诗僧的观念和艺术思维方式都有较大的影响。二宗僧人关系也密切，玄觉由天台入禅，湛然由禅入天台。而诗僧们也多与天台宗有关系，如皎然曾为天台宗道遵撰《苏州支硎山报恩寺法华院故大和尚碑》，灵澈早年出于天台神邕的门下，寒山、拾得隐于天台山国清寺等。而从二宗流行的地区来看，南宗禅的流传，最先是在广东、湖南、江西等南方一带，以后才逐渐北上，但其最主要的势力范围还是在长江流域及其以南。而天台宗经天宝后期湛然的弘扬而焕然中兴，但其流行最盛的地区也在江南一带。所以，从中晚唐对诗僧影响最深的天台宗和禅宗的主要流行地区来看，诗僧多出江左，同这两宗在江南一带所营造的文化背景也有深刻的关系。钱穆先生说："唐代禅宗诸祖师，你试一查考他们的履历，几乎十之八九是南方人，是长江南岸的人。……当时的禅宗兴起，实在是南方中国人一种新血液新生命，大量灌输到一向以北方黄河流域为主体的中国旧的传统文化大流里来的一番新波澜新激动。"②

四　佛教的兴盛和诗歌繁荣

　　诗僧产生是佛教发展到一定阶段与诗歌融合所导致的结果。隋唐时期中国佛教发展到了鼎峰。"自晋以后，南北佛学风格，确有殊异，亦系在陈隋之际，始相综合，因而其后我国佛教势力乃达极度。隋唐佛

---

①　（宋）赞宁：《宋高僧传》，中华书局1987年版，第374页。
②　钱穆：《中国文化史导论绪言》，商务印书馆1994年版，第167页。

教，因而或可称为极盛时期也。"① 到了唐代，统治者大力提倡佛教，社会上形成崇佛风气，"自帝王至于士民，莫不尊信。下者畏慕罪福，高者论难空有"②。唐代佛教文化的空前发达，尤其是禅宗的广泛播扬，为诗僧现象提供了最适宜的发育环境。

考察诗歌与佛教，大乘佛教经典不仅有文学的成分，在整个组织表现上与文学作品有相似之处。大乘般若学倡义理重文字，提倡超验的神秘直觉，因而与哲学和文学，尤其是诗便结下不解之缘。早在东晋时期，对般若义学的讨论就曾经盛极一时，出现了"六家七宗"之说。在这种活跃的学术思想下不仅产生了大量重要的佛学著述，也使诗僧现象得到了初步发展，支遁、慧远当为中国僧诗之滥觞。这说明，诗僧现象与大乘般若学有更内在更直接的渊源关系。北朝约至齐周时期，方受南方佛学濡染，开始趋于义理之辨，因而，是时也才出现以诗悟道的僧人。

禅宗的宗旨是"识心见性"，"见性成佛"，思维方式是般若直觉，直指自心，只能默契、顿悟、内证、自照，不能将其对象化。它主张在感性经验中直接实现超越和提升，反对空谈心性，反对舍弃感性以求精神净化的"坐忘"和"玄谈"。这就使得禅师能够从烦琐的修证中解脱出来。禅宗精神就是超越精神，超越现实的物质和精神束缚，追求在现实感性平常生活中"刹那"顿悟、"真如"本性，实现心灵解放与思想自由。诗的审美体验与禅宗的宗教体验相通之处，一是随机性，二是超语言性。事实也证明唐代诗僧基本都修习禅宗。如孙昌武先生所说："禅宗本来就有独特的宗义，禅门中人的活动与面貌与一般僧侣大为不同。禅宗作为'心的宗教'，把烦难的修证简化为个人自心的体悟功夫，从而破除了戒律的束缚，也进一步打破了僧界与俗界的界限。禅师们离开僧院，走向社会，出现了孝僧、艺僧等畸形人物。"③ 概括出诗僧产生的一个原因。中唐后，马祖禅兴起。马祖是南岳怀让的弟子，曹溪惠能的第三代传人之一。马祖珍视人的主体性与个体性，肯定人的内在自我价值和能力，把惠能禅的内核"自心是佛"加以发扬，提出

---

① 汤用彤：《隋唐佛教史稿》，中华书局1982年版，第1页。
② （宋）司马光撰，（元）胡三省音注：《资治通鉴》卷二百四十，上海古籍出版社1987年版，第1654页。
③ 孙昌武：《文坛佛影》，中华书局2001年版，第211页。

"即心是佛"、"非心非佛"的命题。马祖开示众人曰：

> 道不用修，但莫污染。何为污染？但有生死心，造作趣向皆是污染。若欲直会其道，平常心是道。谓平常心无造作，无是非，无取舍，无断常，无凡无圣。经云："非凡夫行，非圣贤行，是菩萨行。只如今行住坐卧，应机接物，尽是道。"①

如果说"即心是佛"使成佛的理念向内转到自心的话；那么，"平常心是道"则使成佛的道路由记诵佛经、坐禅修行转向世俗日常生命活动。自此，僧侣作诗的佛律禁忌彻底被消除，僧诗的风格也发生了很大变化。释文益在《宗门十规论》谈到晚唐释风时说："诸方宗匠，参学上流，以歌颂为等闲，将制作为末事。任情直吐，多类于野谈；率意便成，绝肖于俗语。"②

诗禅相通是诗僧产生的另一个原因。"禅"是梵语"禅那"的简称，是"思维修"、"静虑"、"弃恶"的意思，是印度原始佛教的基本修行方法。禅宗以禅名宗，可见对"禅"的重视。但是一般意义上的"禅"是通过"静虑"的禅定修习达到清净涅槃，而禅宗所谓内心静虑的"禅"则是其终极关怀。禅宗是印度佛教和中土文化结合的产物，是佛教中国化的一个重要派别。禅宗的成佛观认为，真如佛性就在每个人的心中，在现实的此岸，无须等待来世，也无须外求。正是所谓的"不立文字，教外别传，直指人心，见性成佛"。而成佛的关键就在于灵心一悟。"悟"是禅宗哲学把握终极真理的最突出的思维方式，即那种超理性、超逻辑、从整体上去把握对象本质的认识方式。禅悟的最高境界，即"清净佛性"，不在别处，就在人们的心中。因此要悟得最上乘禅，只须向内心求索便可。《坛经》云："若言归佛，佛在何处？若不见佛，即无所归；既无所归，言却是妄。善知识，各自观察，莫错用意，经中只即言自归依佛，不言归依他佛，自性不归，无所依处。"③ "悟"

---

① （宋）释道元：《景德传灯录》卷二十八，成都古籍书店出版社2000年版。
② （唐）释文益：《宗门十规论》，蓝吉富主编：《禅宗全书》第32册，北京图书馆出版社2008年版，第7页。
③ 蓝吉富主编：《禅宗全书》第38册，北京图书馆出版社，第536页。

属于心理体验，不属于知识范围，所以禅宗主张以心传心，视语言为障道之本，视读经为磨砖成镜。禅宗"悟"的参禅方式，在其本质上是与审美过程中最高级阶段的主体观照方式相一致的，乃是一种洞彻、体悟本体的最高形式，叔本华曾论述这一方式，认为最根本的认知方式，乃是一种超逻辑的直观方式。而超逻辑直观的最高形式，就是审美直观。审美直观的目的，是直接服务于感性个体的生存价值与生存超越，是直接指向终极的实在，指向绝对的本源。[1] 这与诗歌在写作方法上侧重灵感、重对景物独创的理解，在欣赏上通过内心体验而获得自己内心感受是一致的。以参禅悟道来比拟诗学规律，严羽《沧浪诗话》可谓集大成者。严羽说："大抵禅道惟在妙悟，诗道亦在妙悟。且孟襄阳学力下韩退之远甚，而其诗独出退之上者，一味妙悟而已。唯悟乃为当行，乃为本色。"[2] 严羽看到了诗悟亦如禅悟，也是一种直觉体认，是不能用逻辑方法加以推演的，所以严羽说："夫诗有别材，非关书也；诗有别趣，非关理也。"[3] 在严羽看来，对于诗歌创作，"妙悟"比学力更重要，因此，尽管孟浩然的学力远远比不上韩愈，但他能"妙悟"，所以诗歌的成就高于韩愈。严羽强调诗道妙悟的获得是超语言的，因为妙悟在于心解，而不在于言句，所谓"不涉理路，不落言荃。"

禅宗主张"不立文字"，认为语言在传递意义的同时又遮蔽了意义。因此，佛学、佛教最精微最深刻的义理，在佛经的文字以外，在语言以外，"第一义"不可说。然而，怀疑乃至否定文字功用的禅师们并不能离开文字。因为毕竟语言文字对于宣说教义、启悟弟子具有不可替代的作用，故又有不离文字之说。事实上，正如萧萐父所指出的，佛法主张"第一义"不可说，这本身是一个自语相违的悖论，因为对于不可说的东西已作了"不可说"的说明。为了摆脱这种逻辑矛盾，禅宗主张"绕路说禅"，即认为不可说的东西并非不可说，问题在于如何说，如何运用禅宗语言的特殊功能。后期禅学的诗化，似表明禅境与诗心一脉相通，这只是禅语言艺术的一端，至于禅宗语言中还有各种机

---

[1] [德]叔本华：《作为意志和表象的世界》，商务印书馆1982年版，第249页。
[2] (宋)严羽著，郭绍虞校释：《沧浪诗话校释》，人民文学出版社1982年版，第12页。
[3] 同上。

锋、反诘、突急、截断、擒纵等，各有其特定的表达功能。① 禅的不可言说性与诗的含蓄象征性，可以说是诗禅可以相互借鉴的重要因素。大历贞元年间，禅宗蔚然兴起，禅学大师们在禅理参悟上正由初期的比喻、说明向内心体验与感觉的表现过渡。② 而诗僧出现于这一时期是禅宗发展的必然趋势。尤其是讲究顿悟的南宗禅兴起后，在慧能"自心是佛"的"观心释"原则下进一步把经典内在化，表现了自心优越的地位，禅师们已不再像以前那样，需要方便地援引经典来为自身的合法性寻找支持，更加注重独立于经教的自觉自证。马祖洪州禅确立后，"即心而证"的宗趣意味着在"早期禅"那里还是伏流的离教内证倾向，已经充分地明朗化和公开化了。禅宗不断地开放和解构圣典的过程，也是禅师由"假诸世事比喻真宗"的譬喻解经到运用诗歌形式自由书写禅悟、禅趣的过程。所谓"青青翠竹，尽是法身，郁郁黄花，无非般若"③，融理于景如盐溶于水，有味无痕，通过形象动人以情，诱人进入境界，是诗禅相互借鉴又一大因素。正如清代杨益豫在《方外诗选》序所说："当夫水流花放，悟彻慧通，融然杳然，至不生不灭而不知者，禅象也，抑诗境也？"

　　诗僧产生于唐代和唐诗的繁荣密不可分。唐代是一个充满诗的气息的时代，不仅出现了很多优秀诗人，而且更重要的是唐人普遍地豪迈乐观，富于浪漫气息和文学艺术的细胞。爱文学，懂文学，以至于他们的生活和情感都不同程度地带上了诗化的色彩。闻一多曾说："一般人爱说唐诗，我却要讲'诗唐'，诗唐者，诗的唐朝也，懂得了诗的唐朝，才能欣赏唐朝的诗。"④ 从清朝康熙年间编纂的《全唐诗》来看，作品48900多首，作者2200多人，成为诗歌史上的一代巨观。唐代诗歌题材丰富，风格多样，流派众多，诗歌形式可谓诸体皆备。就作者而言，唐代诗人辈出，不仅产生了李白、杜甫、白居易这样中外第一流诗人和诗歌群体，而且创作诗歌风气十分普遍。就《全唐诗》来看，作者身

---

① 参见萧萐父《吹沙纪程》，上海文艺出版社1998年版，第162—165页。
② 参看葛兆光《禅宗与中国文化》，上海人民出版社1986年版，第198—199页。
③ （宋）释普济撰：《五灯会元》卷三，《景印文渊阁四库全书》第1053册，台湾商务印书馆发行，第116页。
④ 郑临川：《闻一多论古典文学》，重庆出版社1984年版，第82页。

份极为广泛，有帝王将相、封建士大夫、布衣、平民、农夫、渔夫、樵夫等百业均出诗人。从年龄来说，小者五六岁，大者一百多岁亦能吟咏，正如明代胡应麟所说：

> 甚矣！诗之盛于唐也！其体，则三、四、五言，六、七、杂言、乐府、歌行、近体、绝句，靡弗备矣。其格，则高卑、远近、浓淡、浅深、巨细、精粗、巧拙、强弱，靡弗具矣。其调，则飘逸、浑雄、沉深、博大、绮丽、幽闲、新奇、猥琐，靡弗诣矣。其人，则帝王、将相、朝士、布衣、童子、妇人、缁流、羽客，靡弗预矣。"①

从体式、风格、情韵、作者等诸方面概括了唐诗发展的盛况，描绘了唐代诗坛繁荣兴旺、争奇斗艳的繁盛景象。在这"诗唐"的情思氛围之下，禅僧必然受到了时代风气的感染。

第五节 诗僧群体的创作风格概况

一 清雅派

僧人具有特殊的身份、特殊的思维方式与文化背景，其诗歌创作也必然呈现出独特的风貌。所谓"清雅派"，即是指唐代诗僧中以清丽雅致诗风取胜的诗人群体，是相对于崇尚俚俗的通俗诗派而言。"清雅派"诗僧众多，在唐代僧诗中所占比重最大，诗僧社会地位较高，与世俗文士交往密切，多受文人诗风影响。清雅派诗人有共同的宗教信仰、类似的思维方式、相近的生活方式与审美趣味，因而形成了"清雅"派较为一致的艺术风格。总体来讲，"清雅"派的诗风趋向闲逸清幽。历来诗论家多以"清"来评他们的诗歌。刘禹锡称唐代僧诗风格"清"、"丽"②；黄宗羲历数文人与僧人交往后，亦曰："岂不以诗为至清之物，僧中之诗，人境俱夺，能得其至清者。故可与言诗，多在僧

---

① （明）胡应麟：《诗薮》外编卷三，上海古籍出版社1958年版，第163页。
② （唐）刘禹锡，卞孝萱校订：《刘禹锡集》卷一十九，《秋日过鸿举法师寺院便送归江陵并引》，中华书局1990年版，第394页。

也。"① 胡震亨称皎然诗："清机逸响，闲淡自如。"② 所谓"清"，既指意象境界的清逸雅致、静谧空灵，又指语言的清淡明朗。"清"风格的形成与诗僧幽栖山林的生活方式、追求林下风流的高尚人生境界以及禅宗的思维方式密切相关。

> 无限青山行欲尽，白云深处老僧多。
> ——灵一《题僧院》，(《全唐诗》卷八百零九)
> 野性配云泉，诗情属风景。
> ——皎然《五言送王居士游越》，(《杼山集》卷四)
> 山情与诗情，烂漫欲何从。
> ——皎然《五言送邱秀才游越》，(《杼山集》卷五)
> 山僧不厌野，才子会须狂。
> ——皎然《五言戏呈薛彝》，(《杼山集》卷二)

自从佛祖释迦牟尼在尼连禅河畔的菩提树下证悟成佛后，沙门就与山水结下了不解之缘。僧徒往往选择崇山洞窟或林边水陬做静坐冥思、参禅悟道之所。六朝康僧渊、支遁、慧远的一些作品中，即已体察到"栖形感类，理入影迹"③、"神道无方，触象而寄"④ 的山水理趣。而禅宗的确立更加密切了禅僧与自然的关系，如李泽厚先生说："禅宗喜欢讲大自然，喜欢与大自然打交道，它追求的那种淡远心境和瞬刻永恒，经常假借大自然来使人感受和领悟。"⑤ 禅宗把佛教对于彼岸世界的执迷和对神的崇拜，置换为对主体心灵的自我皈依，认为成佛不过是在瞬间顿悟中发现"自性"。人不但有"自性"之性，而且"万法尽是自性"，世界是"自性"的化身所变化。"万类之中，个个是佛"，"所以一切色是佛色，一切声是佛声。举着一理，一切理皆然。见一事，见

---

① （明）黄宗羲：《平阳铁夫诗题辞》，《黄梨洲文集》，中华书局1959年版，第372页。
② （明）胡震亨：《唐音癸签》卷八，上海古籍出版社1981年版，第81页。
③ （南朝宋）宗炳：《画山水序》，《全上古三代秦汉三国六朝文》（全四册）第三册，中华书局1958年版，第2546页。
④ （晋）慧远：《万佛影铭序》，《全上古三代秦汉三国六朝文》（全四册）第三册，中华书局1958年版，第2403页。
⑤ 李泽厚：《中国古代思想史论》，人民出版社1986年版，第210页。

一切事，见一心，见一切心，见一道，见一切道；一切处无不是道；见一尘，十方世界山河大地皆然。见一滴水，即见十方世界一切性水"①。因而，不像佛教其他宗派那样注重教义的推求和戒律的修持，禅宗所追求的更多是于大自然中体验妙悟佛性。其惯用的方法是借取自然山水作暗示，通过联想的飞跃，达到直觉式的顿悟。因为来自自然的物象比市井纯净，更易达到禅悟所需要的虚静状态，所谓"青青翠竹，尽是法身；郁郁黄花，无非般若"。这样一种目击道存式的思维活动过程，既有别于传统儒家的"立象尽意"，也不同于老庄玄学的"得意忘象"，用作指证的事象与借以沟通的象外之意，是处在矛盾而又统一的关系中的。人们力求透过有限的事象，引发和体验那无限丰富、深广的象外之意。禅宗返照自我的方式，与诗歌的直觉思维方式相通。而诗僧对禅境的追求和营造恰恰吻合了文艺心理学上的直觉、移情、欣赏距离及联想等审美心理活动：人在静静的直觉观照中，山川溪石的美与心灵的情感相互交融，心灵体验到大自然的锦绣壮丽，大自然被注入了人心中高雅淡泊的人生追求。

要表现悟入境界的灵妙与深邃，不得不有所承借。中唐诗僧开始使用意象化的语言表达诗情。如皎然云："诗情缘境发，法性寄筌空。"（《五言秋日遥和卢使君游何山寺宿杨上人房论涅槃经义》，《杼山集》卷一）"爱君诗思动禅心，使我休吟待鹤吟。"② 当诗僧们面对山水之时，并不像晋宋山水诗人那样要透过景物去体悟什么本性，而是对山水本身的观照就是对佛性的冥悟，他们能在山水景物本身之上看到与万象无二的佛性自心的实相。在僧诗中，山情水态与禅意已相互渗透交融，审美观照和习禅观照已不再分离或对峙，两者合而为一了。这大约就是僧诗艺术思维方式区别于前代山水诗的最显著的特点。青原惟信禅师曾经这样说过："老僧三十年前未参禅时，见山是山，见水是水。及至后来，亲见知识，有个入处，见山不是山，见水不是水。而今得个休歇

---

① 《黄檗断际禅师宛陵录》，《中国佛教思想资料选编》第二卷，第4册，中华书局1983年版，第221页。

② 《杼山集》不收，见（清）彭定求等：《全唐诗》卷八百十九，中华书局1960年版，第9239页。

处，因前见山是山，见水只是水。"① 虽然他在谈禅悟的几个阶段，也可以说道出了山水诗的三种境界。第一，"见山是山，见水是水"，注重描摹山水景物形似的感官主义认识，第二，"见山不是山，见水不是水"突出山水景物的象征意义，"以形媚道"②、"得意忘言"，山水中包孕着理趣，诗人就是要超越山水去体悟玄理，而山水本身即只是道之本体的象征而已。第三，诗歌创作中自然自在的宇宙本体的道与自由自在的精神主体之心高度圆融契合，达到虚纳万象的境界，即"意静神王"之境。诗僧吟咏林下风流的诗歌之境界主要在于第二、第三个层次，而境界的层次是由诗僧的禅心道性修养所决定。

　　诗僧的思维方式、生活习惯与审美趣味，决定了诗僧取境"偏逸"，何为"逸"？皎然曰："体格闲放曰逸"③，体格可解释为诗歌体式与格调。"闲放"是指疏野、放纵。皎然十分崇尚逸格。《诗式》曰："夫诗人之思初发，取境偏高，则一首举体便高；取境偏逸，则一首举体便逸。"皎然所讲的境主要是体现了参悟道妙的法性、自性、体用不离的禅境，即自由自在的精神主体与自然自在的宇宙本体的圆融契合（意静神王），文学文本与情境理趣的圆融契合（妙用无体）。《明势》又曰："古今逸格，皆造其极矣！"认为跌宕格二品中"其道如黄鹤临风，貌逸神王，杳不可羁"的越俗格最接近逸。其诗中也谈及"逸"："高逸诗情无别怨，春游从遣落花繁。"（《七言送如献上人游长安》，《杼山集》卷五）"若为诗思逸，早欲似休公。"（《五言送沙弥长文游京》，《杼山集》卷五）可见皎然所说的"逸"，既是心灵主体观照万物而获得的超逸、高妙的诗情，也是一种超脱凡俗、不拘常法的闲逸、自然、飞动之诗美。清则高逸，幽则深远。如果说"逸"着重于诗歌中所体现出来的意静神王、于相离相、于空离空、色相诸空的创作至境和妙用无体的审美境界的话，那么"清"可以说是佛家"清静心"的物化和外化。无论"清"还是"逸"，都与诗僧参禅悟道思维方式密切

---

① （宋）普济：《五灯会元》卷十七，中华书局1984年版，第1135页。
② （南朝宋）宗炳：《画山水序》，《全上古三代秦汉三国六朝文》（全四册）第三册，中华书局1958年版，第2545页。
③ （唐）皎然著，李壮鹰校注：《诗式校注》卷一，人民文学出版社2003年版，第69页。

相关。如刘禹锡《秋日过鸿举法师寺院便送归江陵并引》说：

> 梵言沙门，犹华言去欲也。能离欲则方寸地虚，虚而万景入，入必有所泄，乃形乎词。词妙而深者，必依于声律。故自近古而降，释子以诗闻于世者相踵焉。因定而得境，故倏然以清。由慧而遣词，故粹然以丽。信禅林之葩萼，而诚河之珠玑耳。①

"定"，类似佛教禅定，是一种限制来自内部的情绪干扰和外界欲望引诱而达到的虚静无念、超然忘我境界。慧，是一种类似灵感到来的超悟状态，当人发起般若之知智慧观照时，心就能映照万物而不执著于万物，有意识的涌流而又不凝固于任何意念的超然心态。以这种心态去观照万物，天地万物也在寂历禅心中向人真实而澄明地敞开，"须臾变态皆自我，象物类似无不可"、"夜闲禅用精，空界亦回清"（皎然《五言答俞校书冬夜》，《杼山集》卷一），最终获得清逸闲幽、空明澄净的境界。

诗僧们用清丽的语言表现心灵的境界，细腻地抒写出对于宇宙、自然和自我人生的感受，一山一水、一草一木都染上禅意。如中晚唐诗僧先驱灵一的《宜丰新泉》：

> 泉源新涌出，洞澈映纤云。稍落芙蓉沼，初淹苔藓文。
> 素将空意合，净与众流分。每到清宵月，泠泠梦里闻。②

这里没有禅佛语、没有偈颂气，只是描绘出清泉缓缓涌出，又慢慢流溢开去，流水清澈如鉴，映照出天上悠悠白云，直到深夜月亮升起，万籁俱寂的时候，才会闻到丁东泉声入梦。这正是在表达超脱澄明的悟心。灵澈的《归湖南作》：

---

① （唐）刘禹锡著，卞孝萱校订：《刘禹锡集》卷二十九，上海古籍出版社1990年版，第394页。
② （清）彭定求等：《全唐诗》卷八百九，中华书局1960年版，第9124页。

山边水边待月明，暂向人间借路行。
如今还向山边去，只有湖水无行路。①

面对湖光山色，诗人感受到了"我法两空"的境界，如此深奥的佛理用形象的诗语表述得清晰而透彻。

唐代僧诗和文人诗间存在着复杂联系，一方面由于唐代僧俗诗文交往频繁，僧诗也受到了世俗诗风的影响，另一方面，僧诗又具自身特点。以皎然、灵澈为代表的中唐诗僧，前期基本上走的是大历诗坛简淡清幽的路子，而后来他们诗歌的新变对形成这一时期的独特诗风起了一定的作用。而唐末五代，社会动荡，诗僧的创作受到社会环境的局限，创作面趋于狭窄。范晞文说："唐僧诗，除皎然、灵澈三两辈外，余者率皆衰败不可救，盖气宇不宏而见闻不广也。"《对床夜语卷五》诗中流露出禅房习气、山林志趣，体现着与文人诗不同的精神内涵和审美特征。"清者，超凡脱俗之谓，非专于枯寂闲淡之谓也。"②清雅派诗僧笔下多写清空性灵之境，山水禅房生活、体道悟禅实践是其主要内容，诗僧诗歌取境偏逸偏僻，追求比物以意、象外之句致使诗歌雕琢，欠优美和谐，境界也不开阔因而受到不少批评。宋人郑獬《文莹师诗集序》说：

浮屠师之善于诗，自唐以来，其遗篇之传于世者，班班可见。缚于其法，不能闳肆而演漾。故多幽独、衰病、枯槁之辞。予尝评其诗，如平山远水，而无豪放飞动之意。③

叶梦得《石林诗话》云：

近世僧学诗者极多，皆无超然自得之气，往往反拾掇摹效士大夫所残弃。又自作一种僧体，格律尤凡俗，世谓之酸馅气。子瞻有

---

① （清）彭定求等：《全唐诗》卷八百十，中华书局1960年版，第9131页。
② （明）胡应麟：《诗薮》外编卷四，上海古籍出版社1958年版，第185页。
③ （宋）郑獬：《郧溪集》卷一四，《景印文渊阁四库全书》第1097册，第246页。

《赠惠通诗》云："语带烟霞从古少，气含蔬笋到公无。"尝语人曰："颇解蔬笋语否？为无酸馅气也。"闻者无不皆笑。①

苏轼对出家人带有"蔬笋气"的诗风并不欣赏，在《答蜀僧几演》一首中曰："仆曾观贯休、齐己诗，尤多凡陋，而遇知得名，赫奕如此。盖时文凋弊，故使此二僧为雄强。"②苏轼欣赏几演诗歌，正在于其"笔力奇健"、"老于吟咏，精敏豪放"的风格。贺贻孙《诗筏》对僧诗有类似的评价：

> 唐释子以诗传者数十家，然自皎然外，应推无可、清塞、齐己、贯休数人为最，以此数人诗无钵盂气也。③

《苕溪渔隐丛话》前集五十七引《西清诗话》说：

> 东坡言僧诗要无蔬笋气，故诗人龟鉴，今时误解，便作世网中语；殊不知本分家风，水边林下气象，盖不可无，若尽洗去清拔之韵，使与俗同科，又何足尚。④

这两种观点均是文士角度出发。"蔬笋气"、"酸馅气"、"钵盂气"评论均含贬意，大约是指僧诗感情孤寂枯淡、取境幽僻狭窄、意境过于清寒等，是与僧家生活和诗僧精神紧密相连的一种状态。然而从另一个角度讲，这正是僧诗在艺术上的独特创获之处，是诗僧风格的重要特

---

① （清）何文焕：《历代诗话》上，中华书局1981年版，第426页。

② （宋）苏轼著，孔凡礼点校，《苏轼文集》卷六十一，中华书局1986年版，第1892页。

③ 《诗筏》另有一则即云："贯休诗气幽骨劲，所不待言。余更奇其投钱镠诗云：'满堂花醉三千客，一剑霜寒十四州。'镠谕改为四十州乃相见。休云：'州亦难添，诗亦难改。'遂去。贯休于唐亡后，有《湘江怀古》诗，极感愤不平之恨。又尝登鄱阳寺阁，有'故国在何处？多年未得归。终学于陵子，吴中有绿薇'之句。士大夫平时以无父无君讥释子，唐亡以后，满朝皆朱梁佐命，欲再求一凝碧诗，几不复得，岂知僧中尚有贯休，将无令士大夫入地耶！"对贯休诗风表示认同。参见《清诗话续编》，上海古籍出版社1983年版，第192页。

④ （宋）胡仔纂集，廖德明校点：《苕溪渔隐丛话》前集卷五十七，人民文学出版社1981年版，第392页。

质。元好问云："诗僧之诗所以自别于诗人者，正以蔬笋气在耳。"① 周裕锴《中国禅宗与诗歌》中称："僧诗正是以其'蔬笋气'创造了一种超世俗、超功利的幽深清远的审美范型。这种具有'林下风流'的'蔬笋气'也渗透到士大夫的审美趣味中去了。"②

二 通俗派

当我们将诗僧作为一个整体、一个历史发展的现象进行考察的时候，却发现了一个卓立不群的僧人创作群体，那就是唐代通俗诗派。他们有明确的创作思想和审美风尚，成员多是来自社会下层的佛教信徒，其诗是民间话语和佛教意识形态相结合的产物，语言通俗直白，不合典雅，一直不为研究界所重视，然而在民间却得到了极为广泛的传播。最终形成了一条迥异于传统文人的诗歌规范。

要研究通俗诗派，不能不从开创者王梵志谈起。需要说明的是，目前学者多将王梵志划归初唐，但是亦有不少学者认为现存王梵志诗并非一人所作，虽多数诗歌产生于初唐，但是后代亦有不少仿作混入。然而，从整个梵志诗来看，无疑具有了通俗诗的一般特质。通俗诗是随着佛教传播的深入而产生的，南北朝时期，已经有僧侣和佛教徒开始用接近口语的语言创作偈颂，如傅大士、宝志、亡名、卫元嵩等。到了唐代"王梵志诗"的出现标志着唐通俗诗的正式成立，其后寒山、拾得、丰干等承袭其诗风，形成不同于"清雅"诗风的新派别。

（一）通俗派首创人王梵志身世之谜

王梵志出生神话的记载最早见于唐末人范摅《云溪友议》卷一一，其中收录了十八首王梵志诗，并称梵志"生于西域林木之上"。其后冯翊子（严子休）《桂苑丛谈》中转引了《史遗》"王梵志"野史一则，对王梵志的出生神话有更为详细的记载：

> 王梵志，卫州黎阳人也。黎阳城东十五里有王德祖者，当隋之

---

① （金）元好问：《木庵诗集序》，《元好问全集》卷三十七，山西古籍出版社2003年版，第773页。

② 周裕锴：《中国禅宗与诗歌》，上海人民出版社1992年版，第53页。

时，家有林檎树，生瘿，大如斗。经三年，其瘿朽烂。德祖见之，乃撤其皮，遂见一孩儿，抱胎而出，因收养之。至七岁，能语。问曰："谁人育我？"及问姓名，德祖具以实告："因林木而生，曰梵天。后改曰'志'。我家长育，可姓王也"。作诗讽人，甚有意旨。盖菩萨示化也。①

陈允吉《关于王梵志传说的探源与分析》仔细辨析后，认为王梵志传说源于对《佛说奈女耆婆经》中"奈女降生"故事的移植。②"梵志"本为印度婆罗门教及佛教中专门用语，意为"净裔"。佛经中凡修净行者，不论出家或居士，皆可称梵志。王梵志传说将一个表示佛教徒身份的集体名词，变成了一个特定神话人物所单独拥有的专有名词，显然是佛教徒所为，意在表明作者身份，达到"菩萨示化"的目的，却使王梵志的历史存在性更加扑朔迷离。

目前敦煌遗书中，王梵志三卷本、一卷本、法忍本三种编次之各卷作品没有一首彼此相互重复，也无一首与唐宋诗话、笔记、小说中所引王梵志诗相重复，亦有此原因。法国著名汉学家戴密微，在精心研究当时所知为王梵志作品的十多种敦煌写卷后，首先指出："很有可能，王梵志的名字已经和一种多少照他的方法模仿写出来的新诗联系在一起，人们从这种诗中得到启发，并把这一切都归于王梵志笔下。"也就是说《王梵志诗集》的作者并非一人。戴氏认为，只有编过号的三卷王梵志诗，"才配得上他的大名"；而未编号的一卷王梵志诗，"显然是一本由佛教僧侣编纂的一本有教育意义的简易读物"③。日本学者菊池英夫《王梵志诗集和山上忆良〈贫穷问答歌〉》中云："每一诗辑原卷的名称都是王梵志诗集，但其编纂时间却不同。也许是产生于宋唐之间，当时的人们喜好不同诗选中的诗或歌谣以及警语冠上相同的名称，而假托王

---

① （唐）冯翊子撰：《桂苑丛谈》，《景印文渊阁四库全书》第1042册，台湾商务印书馆发行，第656页。

② 陈允吉：《关于王梵志传说的探源与分析》，《复旦学报（社会科学版）》1994年第6期，第101页。

③ ［法］戴密微著，王希辉译：《汉学论著选读·中国语言和文学》，引自张锡厚《王梵志诗校辑》附编。

梵志的名称来出版。因此我们不可能找出一个特定的人作为同一名称发行的各种诗辑中所有的诗、歌谣的作者。我不得不指出费尽心思来追查该文作者（王梵志）的生平将徒劳无功，也没有必要。"① 项楚在《王梵志诗校注序》中说："这名叫王梵志的白话诗人并不是现存全部'王梵志诗'的作者。""这些'王梵志诗'并非一人一时之作，而是在初唐（以及更早）直到宋初的很长时期内陆续产生的。大约'王梵志'已成为白话诗人的杰出代表，所以无名白话诗人的作品便纷纷附丽于王梵志名下，被编入王梵志诗集，或者作为'王梵志诗'被人们所称引。"② 这些说法是有道理的。

　　如果将"王梵志诗"的作者当做一个通俗诗创作群体来研究，会发现他们之间存在着相同之处。这些诗人是一群社会地位不高，又不同程度地受到过一些佛教思想熏染的民间下层知识分子、"游化僧"、"化俗法师"③。在阶级属性上，通俗派诗人显然不属于统治阶层，没有可靠的政治地位，也没有稳定的经济来源，又不同于农民阶层，而是一些民间知识分子和下层僧侣。与士人所追求的立功、立德、立言，以诗歌彰显声名的创作目的不同，"对于这样一个阶层的人士来讲，诗歌用谁的名义来传递给别人无关宏旨，重要的是必须让它们发挥'远近传闻，劝惩令善'的作用，如果能够将自己的诗同一位神异人物的名字挂起钩来，使之获得一股超乎常情的流播力量，那一定是为大家非常向往和乐于趋从的"④。他们传扬人生的精神解脱法门，担负着扶世助化、劝善化俗的宗教伦理使命，自觉地充当起民间代言人和人生导师的职责。通俗诗派诗歌多反映中下层社会现象，诗歌风格通俗直白，不合典雅，与注重情景交融，含蓄蕴藉的传统文人诗形成了强烈的反差，故不被正统文人雅士所接纳。但是长期以来，深得下层百姓的喜爱。

---

① [日]菊地英夫：《敦煌的社会》，大东出版社1980年版，徐东琴译。
② 项楚：《王梵志诗校注·序》，上海古籍出版社1991年版，第294页。
③ [日]入矢义高以日文撰写《论王梵志》，刊于《中国文学报》第三、四期，1955—1956年出版。正文所引，为朱凤玉博士论文《王梵志诗研究》上册所译，台湾学生书局出版社1986年版，第97页。
④ 陈允吉：《关于王梵志传说的探源与分析》，《复旦学报（社会科学版）》1994年第6期，第103页。

（二）民间性和写实色彩

通俗诗派诗人以化俗师、落魄的读书人或隐者的身份出现在乡土社会各个层面的社会生活之中。他们既不隶属于统治阶级及其所附属的士阶层，也不属于农民阶级，而是下层僧侣或者流浪于民间的知识分子。他们掌握了一定的知识和文字运用能力，却没有能进入统治阶层，而是游离于社会，成为封建等级制度底层和封建文化的边缘人群。相对于士阶层和上层僧侣，通俗诗派诗人摆脱了对统治阶级的人身依附关系以及利害冲突，具有独立的信仰和价值观念。许多诗歌中，都表现出对主流意识形态和价值取向的疏离。如王梵志诗云：

> 吾有十亩田，种在南山坡。青松四五树，绿豆两三窠。
> 热即池中浴，凉便岸上歌。遨游自取足，谁能奈我何？
>
> （一三三）①

此诗张扬脱离统治阶层、摆脱名利思想束缚后，对精神自由和人格独立状态的赏爱和倨傲之情。尤其值得注意的是，类似"遨游自取足，谁能奈我何"这类与主流意识形态对抗的话语，在通俗派诗歌中也屡见不鲜。这种淡泊名利、超越生死的思想，是对士大夫一生践行的儒家修身、齐家、治国、平天下的远大志向，功成而弗居等价值观的消解和否定。需要强调的是，通俗诗歌所张扬的人格独立精神，是建立在佛教思想和民间意识形态基础上，通俗诗人傲世背俗的行为常被世人称之为"疯癫"、"疯狂"，与以畏祸、养高、追求山林之趣为目的的士大夫阶层的隐居情怀有着本质的差异，他们是历尽世态炎凉，饱尝人间苦痛之后对社会主流价值观念的悖逆和批判。

阐述人生现象的本质，指出解脱人生苦难的途径和人生应当追求的理想境界，是佛教哲学中最基础的、最重要的部分，也是通俗派诗歌一大主要内容。在封建等级社会现实中，最大的问题是强势的权力阶层对下层百姓的掠夺和剥削。

---

① 王梵志诗原文、拟题、编号皆据项楚《王梵志诗校注》，上海古籍出版社1991年版。

村头语户主，乡头无处得。在县用纸多，从吾相便贷。
我命自贫穷，独办不可得。合村看我面，此度必须得。
后衙空手去，定是搦你勒。（〇三一）

敦煌写本《王梵志诗集卷上并序》指出王梵志诗的主旨是："非但智士回意，实亦愚夫改容。远近传闻，劝惩令善。贪婪之吏，稍息侵渔；尸禄之官，自当廉谨。"揭示和消除社会不公，批判劝化强权的官僚阶层，是王梵志诗的主旨所在。他的诗将这些贪官污吏的特征刻画得入木三分："天子与你官，俸禄由他授。饮食不知足，贪婪得动手。每怀劫贼心，恒张饿狼口。"（一二六）他揭开他们在民众面前作威作福的嘴脸："天下恶官职，未过御史台。努眉复张眼，何须弄师子。傍看甚可畏，自家困求死。脱却面头皮，还共人相似。"（一二九）王梵志认为众生平等，即使是贵为王侯甚至皇帝也逃不出因果报应、六道轮回的命运。"饶你王侯职，饶君将相官。蛾眉珠玉佩，宝马金银鞍。锦绮嫌不著，猪羊死不食。口中气新断，眷属不相看。"（一〇八）通俗诗取材几乎全部来自下层社会百姓普遍生存状态和不平则鸣的反抗心声。

百姓被欺屈，三官须为申。朝朝团坐入，渐渐曲情新。
断榆翻作柳，判鬼却为人。天子抱冤屈，他扬陌上尘。

（一二七）

遭受欺压，在强势的官僚政府那里不仅无法得到公正的判断，反而受到歪曲，真正是人妖颠倒、混乱不堪的世界。在《富饶田舍儿》（二六九）与《贫穷田舍汉》（二七〇）中，强势的地主以及无权无势且面临断炊之苦的贫农，悬殊的社会地位及生活状况，暴露出阶级社会突出的矛盾——贫富不均。有钱人凭借雄厚的资财很快和官僚阶层勾搭在一起，"县官与恩泽，曹司一家事。纵有重差科，有钱不怕你"。而穷苦的农民，辛劳一天回来，"男女空饿肚，状似一食斋。里正追庸调，村头共相催"，家中无柴又无米，还得要面对里正催租，债主讨钱的窘况，深刻触及封建等级社会最根本的社会矛盾。

赋税和徭役是最为困扰下层百姓的大问题，赋税徭役之苦让下层百

姓感到绝望,其至产生了"生不如死"观念。如王梵志诗:

> 你道生胜死,我道死胜生。生即苦战死,死即无人征。
> 十六作夫役,二十充府兵。碛里向前走,衣钾困须擎。
> 白日趁食地,每夜悉知更。铁钵淹干饭,同火共分诤。
> 长头饥欲死,肚似破穷坑。遣儿我受苦,慈母不须生。

(二六二)

> 我昔未生时,冥冥无所知。天公强生我,生我复何为?
> 无衣使我寒,无食使我饥。还你天公我,还我未生时。

(二九八)

"生不如死"、"死而平等"是作者对所处的阶级社会最猛烈的抨击。这种揭示虽然基于佛教无常观念,然而更是来自于下层百姓的一种普遍而真实的生活体验。把"不生"当做解脱,已经超出了佛教所主张的"四大无主"、"五蕴皆空"观,与中国儒家重视生命的"厚生重德"的伦理观念也形成极大反差,宣泄出下层阶级普遍的社会愤懑与抵抗情绪。透过作者看透人生的冷峻与警世骇俗的尖刻,不难感受到其强烈的生命意志与违俗抗命的叛逆精神。在统治阶层引起强烈的震撼,皎然《诗式》将王梵志的诗列入"骇俗"写法的经典范例。与一般文人诗歌相比,通俗派诗歌对社会的批评不仅更加深刻、更加辛辣,而且范围更加广泛。"他们所揭露的罪恶贯穿社会各阶层,被看做是一种本质的恶,社会的恶,任何人都可能犯,任何人也可以自我拯救。这种抹杀阶级区别的人性善恶论,实际上是下层人民对现实存在的阶级差别、等级差别的一种观念上的抗议。"[①] 这种缘自宗教意识的"差别"和"抗议"中,自然也融合了固有的民间意识,其意义恰恰在于真实反映了唐代当时下层人民极为痛苦的物质生活条件以及横加于他们的残酷的阶级剥削和压迫。

真实的反映生活的本质是劝导化俗的前提。通俗派诗歌中蕴含着浓

---

① 谢思炜:《唐代通俗诗研究》,《中国社会科学》1995年第2期,第157页。

厚的佛教宣说气味，尚未完全脱离六朝僧人以来以诗宣佛证禅的目的，但是已经和上层僧人的佛理诗有了很大差异。宗密（780—841）在《禅源诸诠集都序》卷下中曰：

> 又以彼诸家所教之禅，所述之理，非代代可师。通方之常道，或因以彼修炼，功至证得，即以之示人。或因听读圣教生解，即以之摄众。或降其迹而适性，一时间警策群迷。（志公、傅大士、王梵志之类）或高其节而守法，一国中轨范僧侣。（庐山远公之类）其所制作，或咏歌至道，或嗟叹迷凡，或但释义，或唯励行，或笼罗诸教，竟不指南。①

通俗派诗歌把视角从士大夫阶层转向了民间下层人士；所表达的意趣指向，不再是对佛教经典的直接体悟，而是将佛教教义融入下层百姓的日常伦理生活当中，以说教劝化百姓为责任。但这种说教并不只是有关教义的阐释，而是全面体现了宗教所发挥的社会影响及其作用于社会生活的方式。

（三）民间口语俗语

采用民间白话语言是通俗诗派一个重要特征。《王梵志诗集原序》曰："目录虽则数条，制诗三百余首。直言时事，不浪虚谈。王梵志之贵文，习丁郭之要义。不守经典，皆陈俗语。"这与初唐文人诗坛继续六朝的华美浮靡风格大异其趣。日本学者入矢义高的《论王梵志》说："王梵志的教化劝世诗频繁地使用俗谚，并不是单纯意味着修辞上的效果，也说明他进行教化的姿态和意识，同一般的职业僧人是趣意不同的。"② 通俗诗歌有意破坏长期以来主流意识形态所形成的各种秩序，打破高高在上、神圣不可侵犯的语言禁忌，以一种来自生活的、毫无顾忌的语言揭示社会现象、表达佛教思想，王梵志云："梵志翻着袜，人皆道是错。乍可刺你眼，不可隐我脚。"（三一九）通俗诗派以浅露直白、嘲戏谐谑、深刺浅喻的民间叙事风格，与追求"意境"的文人诗

---

① （唐）宗密：《禅源诸诠集都序》，明初刻本，第281页。
② ［日］入矢义高：《论王梵志》，日本东京《中国文学报》1956年第4期。

形成极大反差。在叙事方式上，大量吸收偈颂和来自民间的话语资源，句子长短不拘，诗语文白夹杂，口语俚词、俗谚方言皆可入诗，不讲求偶对。取自生活中常见的物象譬喻，拉近了读者和文本之间的距离。夸张的比喻夸大对象的荒谬性，使诗歌产生了类似喜剧效果，能使读者在酣畅的审美快感中警醒。这种简洁明快、痛快淋漓、毫无禁忌的笔法与注重情景交融，含蓄蕴藉的传统文人诗截然不同，表现出鲜明的民间性。使通俗诗派的诗歌呈现出强烈的趣味性和叙述张力。正如任半塘先生所评价的："王梵志诗实大奇特，全用五言，翻腾转折，深刺浅喻，多出人意外，其民间气息之浓，言外韵味之厚，使读者不由不跟着他歌哭笑怒，不能自持。"①

王梵志所创立的通俗诗歌的创作范式对后世影响很大，通俗诗歌的传播促进了唐代大众文化语境的形成，得到部分关注社会民生的士人认同。中唐白居易提出"文章合为时而著，歌诗合为事而作"的主张，与通俗诗派"直言其事，不浪虚谈"的写实风格一脉相通。通俗派诗歌通俗易晓的语言形式，对新乐府诗尚通俗、强调讽喻的诗歌理论起到很大的推进作用。因而，有学者提出："元、白倡导振兴起来的平易诗风，也并不是突然兴起来的，因为有其出色的先辈。作为先辈的王梵志的名字，唐宋时还有人知道……"② 也有学者提出唐诗"也存在着采用民间口头语言，尝试作自由率直表现的一派。这种风气，由初唐王梵志、中唐顾况的提倡，并在元、白的元和体中得到了发展"③。总之，唐代通俗派以其迥异于主流诗歌的审美趣味和审美风格出现在唐代诗坛，消解了精英创作的神秘感、权威性，对精英文化生成模式形成了冲击甚至解构的力量，相反，唐代诗律学的建立，意境说的提出，以及古风特殊的大雅气度，都聚合成一种审美力量，建立起一种诗美标格，拒斥大众文化语境和诗歌创作的通俗化走向。然而，正是在这样的文化情境之下，唐诗出现了雅俗并陈，两途同展，抑或雅俗界限模糊的状态，呈现出多样化的风格，从而形成了多元繁富、气象宏阔的"一代之文学"。

---

① 任半塘：《王梵志诗校辑序》，《甘肃社会科学》1992年第3期，第86页。
② [日]小诏胜卫编纂，徐公持译：《隋唐盛世·初唐诗人》，《东洋文化史大系》，东京诚文堂新光社1938年版，第231页。
③ [日]内田泉之助：《唐诗的鉴赏与解说》，东京诚文堂新光社1938年版，第20页。

第二章 寒山和拾得、丰干诗

寒山是唐代继王梵志之后的另一个独特的存在。其身世记载充满神异色彩，诗歌传播和接受亦起起伏伏，颇具传奇性。从现有资料看，有关寒山的正史记载很少，多出自笔记、野史和僧传。各种资料之间讹误之处颇多，甚至还有互相抵牾的现象，充满神秘性、传说性，很难作为信史。目前学者在寒山研究上虽然取得较大的成绩，但是在许多方面仍存在很大争议。就寒山其人研究而言，寒山是否确实存在、生卒于何时、家庭背景、生活经历等基本问题，仍没有得到较为一致的看法。在未得到较为可信的新资料之前，如果沿用传统考据学知人论世的研究方法则很难奏效。本书拟从文化学、传播学角度来对寒山、拾得丰干诗作深入的分析，揭示其诗歌文本中所隐含的意义世界以及文本意义世界生成的文化逻辑。

需要说明的是，本书将寒山、拾得、丰干，尤其是寒山归入中唐诗僧群体来研究，原因有二，一是寒山虽然思想驳杂，但是佛禅思想仍是主流，寒山晚年是以佛教徒身份出现的。现存文献中关于寒山的记载大多见于佛教著作，如《祖堂集》卷一六、《景德传灯录》卷二七、《五灯会元》卷二、《宋高僧传》卷一九、《古尊宿语录》卷一四、《天台山国清寺三隐集记》等。二是寒山、拾得、丰干诗歌的思想与中唐其他诗僧一脉相承，尤其寒山的清雅诗创作，不仅表现出向其他诗僧靠拢的倾向，而且达到了很高的艺术水平，表现出独特的风貌。

第一节 寒山、拾得、丰干的身世和思想

一 迷离的身世

在中国民间，寒山是广受尊崇和喜爱的神祇，与拾得一起并称

"和合二仙"。其形象大多为两个蓬头笑面的童子,一个手持一枝盛开的荷花(谐音"和"),一个手捧一个圆盒(谐音"合"),共喻"和合",广泛出现在传统婚礼喜庆仪式上,代表着和谐合好、同心同德等吉祥美好的意思。正如有的学者指出的,"寒山在一定范围内在作为一个宗教的传说,一神奇的故事被传播和接受"[①]。流播过程中,在宗教文化和民间文化的双重作用下,这个传说、故事不断衍生和发展,除人物外,故事内容已经与原初记载相距甚远。

有关寒山身世记载的原始资料有两条,一是宋本《寒山子诗集》前附有一篇署名为"朝议大夫使持节台州诸军事守刺史上柱国赐绯鱼袋闾丘胤撰"的序,序中记载他上任台州前犯头疼病,遇丰干禅师得以治愈,令见寒山,称"寒山文殊"、"拾得普贤"。拾得于国清寺知食堂,与寒山友善,常收拾众僧残食菜滓,储于竹筒中,待寒山来即予之。闾丘胤上任后去国清寺访寒山拾得,二人急走出寺,寒山入岩而去,拾得迹沉无所。闾丘胤命僧道翘收集寒山题于竹木、石壁并村墅人家厅壁上诗文,及拾得于土地堂壁上书言偈,并纂集成卷,闾丘胤作序。但是闾序中并未说明与寒山、拾得相遇的时间。宋赞宁《宋高僧传》卷十一《唐大沩山灵祐传》亦载此事。同书卷十九《唐天台山封干师传》有寒山子传记,内容基本上与闾丘胤《寒山子诗集序》相同,但加上了曹山本寂禅师注解《对寒山子诗》之说。另一记载见于唐末道士杜光庭《仙传拾遗》,是目前可以考见的关于寒山的最早的记录:

> 寒山子者,不知其名氏。大历中隐居天台翠屏山,其山深邃,当暑有雪,亦名寒岩,因自号寒山子。好为诗,每得一篇一句,辄题于树间石上,有好事者随而录之,凡三百余首,多述山林幽隐之兴,或讥讽时态,能警励流俗。桐柏征君徐灵府序而集之,分为二卷,行于人间。十余年忽不复见。[②]

这是两个矛盾的记载,余嘉锡经过翔实的考证推断闾丘胤序为伪

---

① 罗时进:《唐诗演进论》,江苏古籍出版社2001年版,第197页。
② (宋)李昉等:《太平广记》卷五十五,中华书局1961年版,第338页。

作，而后者关于寒山子的记载较为可信，① 其后不少学者亦得出相同的看法，王运熙《寒山子诗歌的创作年代》（载《汉魏六朝唐代文学论丛》）一文，通过对寒山子诗引用典故和其全部诗作的平仄粘对规律的研究，得出相同结论。从最早记载寒山事迹、目前亦被认为最可信的《仙传拾遗》中看，寒山不过是一位"不知名氏"的天台山隐士。从他隐姓埋名、又好吟诵"警励流俗"之作看，寒山社会地位不高。《仙传拾遗》称之"贫士"，闾丘胤序亦称之为"贫穷风狂之士"。寒山之所以引起人们的注意，除放达不拘、行为异于常人外，当是"多述山林幽隐之兴，或讥讽时态，能警励流俗"的诗风为中晚唐僧道俗众所喜爱。其身世在传播中亦不断被篡改和完善。

拾得、丰干事迹并不见于《仙传拾遗》，但是拾得的名字却出现在贯休《送僧归天台寺》诗中，诗云：

　　天台四绝寺，归去见师真。莫折枸杞叶，令他拾得嗔。
　　天空闻圣磬，瀑细落花巾。必若云中老，他时得有邻。（原注：天台国清寺有拾得花巾，即波罗巾也。）②

诗中所言"莫折枸杞叶，令他拾得嗔"一事及"花巾"情节，闾丘序中没有提及。而从诗内容看，拾得似因行为出奇，而受到人们关注。贯休诗中虽然言及寒山、拾得，却分载于两首诗中，并没有提及他们之间的关系。闾丘卿序似乎尚未形成或者传播开来，抑或拾得事迹有不止一个版本，但是无论如何，拾得其人已经出现，为僧人贯休熟知，足见拾得此时已经具有一定的知名度。成书于南唐保大十年（952）的《祖堂集》中提及寒山、拾得，却没有丰干的记载。寒山、拾得、丰干三人名字一起出现是在《寒山子诗集序》，《宋高僧传》、《景德传灯录》和《五灯会元》。

四部丛刊景宋本《寒山子诗集》中前附有《丰干禅师录》、《拾得录》。据其记载，丰干禅师、寒山、拾得于唐太宗贞观年中，相次垂迹

---

① 余嘉锡：《四库提要辨证》卷二十，中华书局1980年版，第1257—1264页。
② （清）彭定求等：《全唐诗》卷八百三十二，中华书局1960年版，第9391页。

于国清寺，拾得为丰干禅师游赤诚松径时所拣之弃儿，说话疯癫，知食堂香灯供食等时候，与像对盘而食，旁若无人，执箸大笑；护伽蓝神庙，扑打土偶以责之，为寺人感知；嘲笑修业，以牛教化。拾得与寒山友善，常以竹筒储食滓，待寒山来必负而去。佛学文献记载中均未言及寒山、拾得是如何认识的细节。

关于丰干其人，赞宁的《宋高僧传》中提到丰干与封干二名，曰："封丰二字，出没不同。韦述吏官作封疆之封，闾丘序三贤作丰稔之丰，未知孰是。"① 后世多用"丰干"。丰干是一个未穷"根裔"的国清寺舂米僧，剪发齐眉，布裘拥质，缁素问鞠，乃云"随时"。丰干喜好吟咏，人称"风僧"。丰干故事基本情节有三，为闾丘治头痛病，引介寒山、拾得和虎的情节。在闾丘序中，只是说丰干禅师院无人居住，"每有一虎，时来此吼"，"僧引胤至丰干禅师院，乃开房，唯见虎迹"；亦未言及拾得与封干关系，在四部丛刊景宋本《寒山子诗集》、《宋高僧传》、《景德传灯录》等佛教文献中，拾得为封干禅师于赤城道侧所捡的牧牛小儿，携至国清寺。虎情节至后来亦有演化为"骑虎松径"。宋陈耆卿《赤城志》中亦有丰干为闾丘胤治病情节，另有两则与丰干相关的记载：一为丰家桥，谓"在县东二里，其水自螺溪分流，昔僧丰干祖居处也"②。一为唐丰尚书墓，谓："在县东二里丰家桥，近有人穿土得之，墓记云尚书五子，最幼者名干，为僧，即丰干也。"③ 这两则资料的真伪尚有待考察，若此记载属真的话，那么闾丘序中关于丰干的记载当是本此而造。

从三人在后世的传播来看，他们的故事越演越奇，情节亦更加丰富，表现出浓郁的民间传播特性。余嘉锡根据他们故事出现的先后，提出大胆的推测。他说：

> 《唐志》所载《对寒山子诗》，有闾丘胤序而无灵府之序，疑

---

① （宋）赞宁：《宋高僧传》卷十九，中华书局1987年版，第484页。
② （宋）陈耆卿：《赤城志》卷三，《景印文渊阁四库全书》第486册，台湾商务印书馆，1986年版。
③ （宋）陈耆卿：《赤城志》卷三十八，《景印文渊阁四库全书》，第486册，台湾商务印书馆1986年版。

本寂得灵府序所编寒山诗，喜其多言佛理，足为彼教张目，恶灵府之序而去之，依托闾丘，别作一序以冠其首，谬言集为道翘所辑，为之作注，于是闾丘遇三僧之说盛传于世，不知何时其注为人所削，而寒山、拾得之诗幸存。①

贾晋华在此基础上推断寒山集中禅诗为本寂所作，曰："本寂沿用徐灵府所编寒山集，但去掉徐序，另造一序，伪托闾丘胤之名，编造闾丘遇三僧的传奇，并仿寒山诗编造拾得诗，且复以禅诗为之作注；后经散乱，成为我们今天所见附于寒山集之拾得诗。"② 这是寒山研究的重要突破，但是还是存在令人生疑之处，贾文以贯休两首提及寒山、拾得的诗作为旁证，曰："由此可知晚唐时寒山、拾得故事及诗歌传诵人口，即由于本寂所编造闾丘序及《对寒山子诗》之流行宇内。"③ 然而，贯休（832—912）与本寂（840—901）是同时代人，贯休比本寂还要年长8岁。据田道英《贯休生平系年》，唐懿宗咸通十二年（871）、十三年（872），贯休在家乡婺州，开始与赤松舒道士交游，有诗唱和。④ 当时本寂只有三十一二岁，怎么可能在短时间里编造寒山、拾得故事，并"流传宇内"呢？再看看贯休诗《寄赤松舒道士二首》，其一云：

不见高人久，空令鄙吝多。遥思青嶂下，无那白云何。
子爱寒山子，歌惟乐道歌。会应陪太守，一日到烟萝。⑤

从贯休诗所述看，寒山子有浓郁的道家气息，为道士赤松舒所喜

---

① 余嘉锡：《四库提要辨证》卷二十，中华书局1980年版，第1263页。
② 贾晋华：《世传〈寒山诗集〉中禅诗作者考辨》，《中国文哲研究集刊》第二十二期，第88页。
③ 同上书，第86页。
④ 参见田道英《贯休生平系年》，《四川师范学院学报》（哲学社会科学版）1999年第4期，第114页。另：这首诗据小林太市郎考证，认为是贯休二十岁即唐大中年间（847—859）作的。按目前学者多认为，贯休唐文宗太和六年（832）生，时仅16岁，而本寂只有8岁，故不取此说。参见小林太市郎：《禅月大师的生涯与艺术》，第65页，转引自入矢义高《寒山诗管窥》，京都大学《东方学报》第28册，1958年。
⑤ （清）彭定求等：《全唐诗》卷八百三十，中华书局1960年版，第9360页。

爱。"会应陪太守"句,似乎已经暗含了寒山与闾丘胤故事。极有可能当时本寂伪序尚未形成或流传,但是原形人物却已上场。此诗中寒山子的形象更贴近唐末五代道士杜光庭(850—933)《仙传拾遗》的描述。

稍后,诗人李山甫在《山中寄梁判官》中云:"康乐公应频结社,寒山子亦患多才"①,齐己《渚宫莫问诗十五首》之三云:"赤水珠何觅,寒山偈莫吟"②,寒山似乎以善写诗偈而闻名。李山甫,《唐才子传》卷八称其:"咸通中(860—873)累举进士不第",李山甫卒于文德元年(888)魏博军乱,③则此诗的写作时间不应晚于此年。齐己诗系年,据《白莲集》卷五《渚宫莫问诗一十五首》前者有序,称:"予以辛巳岁蒙主人命居龙兴寺。"辛巳年,即龙德元年,公元921年,齐己58岁。他们的诗晚贯休十多年,齐己诗中寒山又具佛教色彩,足见寒山诗兼具佛、道特色。而成书于南唐保大十年(952)的《祖堂集》卷十六中已经记载沩山灵祐遇寒山一事,赞宁《宋高僧传》卷十九封干寒山子拾得传所述已经基本与闾序相同,增添了本寂禅师注寒山诗一说。寒山形象已经由道士逐渐向和尚演变。《景德传灯录》卷二十七将寒山列入"禅门达者虽不出世有名于时者十人"之中,与宝志、大士、慧思、智顗、僧伽、善慧、万回、布袋等同列。并称寒山拾得为国清寺厨中"二苦行"。寒山形象开始僧化。清代,雍正皇帝曾亲自选编寒山诗,御笔为之作序,还封寒山拾得为"和合二圣"。从此他们便成了幸福和睦、不离不弃的化身,是新婚夫妇礼拜的偶像,民间年画还有将其与其他民间神共祀的习俗。总之,寒山的事迹在传播过程中逐渐发生变异,增加了神秘气息和神话色彩。

从传播学角度来看,唐代虽然已经发明雕版印刷术,但是由于成本高并没有推广,主要用于印刷佛经和典籍。诗歌的传播仍采用手抄形式。手抄是一种有限的传播方式,抄写过程中不仅存在失真舛误的可能,而且由于传播渠道的单向性和单一性,限制了受者接受信息的范围,增加了"稿本"的权威性,给传播者提供了极大的"二度创作"

---

① (清)彭定求等:《全唐诗》卷六百四十三,中华书局1960年版,第7369页。
② (清)彭定求等:《全唐诗》卷八百四十二,中华书局1960年版,第9511页。
③ 傅璇琮:《唐才子传校笺》第三册,中华书局1990年版,第488页。

空间。受传者的个人经验、好恶情绪以及"当下情景",不仅会影响对传播对象的选择,还将导致传播对象变异。宗教的神圣性赋予传播主体的话语权和传播中的控制权,不少受众为获得佛祖代言人的神圣身份,在接受和传播过程中极力仿造或者改写原作,以期获得话语权和认同感。通俗派诗歌从本质上说是一种口头文学,王梵志、寒山的人物原形出身地位不高,信仰宗教,善于作诗,有鲜明的宣教化俗目的。其诗通俗、辛辣,在民间流播中获得极大的认同,得到教徒和世俗诗人喜爱和模仿,他们乐意将仿作附着在传抄本中。通俗作者的身世传说也是民间交口授受的产物。而民间传播很大程度并不依赖于理性判断和逻辑推演,而是经验性、情绪化的,容易被激发,带有宗教热情的受众自觉的参与到"二度"传播中,致使传播对象不断地变形。就寒山而言,其名不过是隐居之地的称呼,隐居寒山者当不止寒山一人。好事者所录题写于树上、石上和乡间屋壁上的诗歌更易混入他作。因为题壁这种开放式的传播方式,本来就是唐人常用的。好事者抄录,桐柏征君序而集之及后来佛门改造寒山形象的过程均属于再度传播,极可能改变原作的面貌。自宋代始就有学者怀疑寒山诗是否出自一人之手。祖琇指出《寒山诗集》中有后人仿作混入,[①]白珽谓此集"今行于世者,多混伪作,以谐俗尔"[②]。余嘉锡云:"寒山之诗,亦未必不杂以伪作,特无术以发其覆,不能不引以为据耳。"[③] 入矢义高认为应该把寒山诗集的作者与关于寒山拾得的传说故事分开来看,寒山集中有一部分诗可能为后人附加。[④]

寒山生活的年代,目前学者多认同中唐。虽然在其具体生卒年上仍有争议,但是就目前研究状况来看,在没有新资料被发现之前这种争议依然不会有什么实质性结果。但是这也恰恰反映了寒山诗歌不是一个时代一人所作,无论是否存在原形人物,寒山的诗歌都是融汇了

[①] (宋)祖琇:《隆兴佛教编年通论》卷二十,《卍续藏》,台湾新文丰出版公司影印1983年版,第130册,第311—312页。
[②] (元)白珽:《湛渊静语》卷二,《景印文渊阁四库全书本》,第866册,第310页。
[③] 余嘉锡:《四库提要辨正》卷二十,中华书局1980年版,第1264页。
[④] [日]入矢义高:《寒山诗管窥》,《东方学报》第28册,京都大学人文科学研究所1958年,第82—84、114—115页。

中晚唐众多中下层诗人之作的群体创作。宋以后寒山体得到士林缁流普遍关注，模仿赓和之作不绝，亦可作为一明证。寒山诗之所以能引起人们的兴趣，如白珽所言，在于其"谐俗"的风格，引起不同层次人们的喜好。可推断"是寒山诗创造出今传寒山这个通俗诗人。情况应该是：起初，佛、道二教中有在'寒山'隐居修道的人，他们创作了通俗诗颂；到大历、元和年间或许确有这样的人号为'寒山子'；经传说、加工，创造出寒山这个人物；然后又有更多的通俗诗颂归到这个人物名下"①。

至于寒山身份，从《仙传拾遗》记载来看是一位不知名的隐士。他以前经历难以获知，许多学者从寒山诗钩稽寒山经历，得出了不少矛盾的结论。寒山诗歌和他本人的身世一样，当是经过多次删改和混入，亦和原来的面目大不相同。但是从整个寒山诗歌来看，寒山诗的作者尽管经历不同、身份各异，大致是由落第士子②、居士③、化俗僧、禅师等组成，并且都属于没有进入主流社会的中下层群体。拾得、丰干亦然。

二 思想

寒山诗中所反映出的思想非常驳杂，儒、释、道三家思想在其诗歌中都有表现。寒山诗反映出民本思想。

> 国以人为本，犹如树因地。地厚树扶疏，地薄树憔悴。
> 不得露其根，枝枯子先坠。决陂以取鱼，是取一期利。④
>
> （二二五）

以"树"与"地"的关系比喻国与人的关系，主张厚生重本，反

---

① 孙昌武：《禅思与诗情》，中华书局1997年版，第255页。
② （元）白珽曰："吕洞宾，寒山子，皆唐之士人，尝应举不利不群于俗，盖楚狂沮溺之流。"参见《湛渊静语》卷二，《景印文渊阁四库全书》第866册，台湾商务印书馆发行，第310页。
③ ［日］入矢义高认为庞蕴是寒山子的原型。见《寒山诗管窥》，《东方学报》第28册，京都大学人文科学研究所1958年版。
④ 项楚：《寒山诗注》，中华书局2000年版，第572页。本文寒山、拾得诗编号皆据项楚《寒山诗注》。

对竭泽而渔。寒山的民本思想表现在化俗诗中,对下层百姓总是以一种温情、人道的态度关注他们的生存问题,传授给他们生活经验,指出解脱之道。这与冷眼旁观式对待官僚、富儿是完全不同的,体现出深厚的人文情怀。王应麟《困学纪闻》卷十八评论寒山诗曰:"涉猎广博,非但释子语也,……而《楚辞》尤超出笔墨畦径,曰:有人兮山陉,云卷兮霞缨。秉芳兮欲寄,路漫兮难征。心惆怅兮狐疑,蹇独立兮忠贞。"① 有士大夫的忧世高蹈情怀。

寒山的身世和诗歌还散发着浓郁的道家气息。在有关寒山身世最早也最可信的记载中,他即是以山居隐士的身份出现,而他隐居之地天台山是一个道教气氛非常浓厚的地方,著名的道观和天台山的神秘道教气使寒山深受熏染。他的诗歌能引起道士徐灵府注意,并编撰成册,亦当是有道教色彩的原因。仅就目前现存的寒山诗看,论道、谈玄、问仙的诗为数甚多,如"昨到云霞观,忽见仙尊士。星冠月帔横,尽云居山水"(二四八);有探讨玄理的,如"益者益其精,可名为有益。易者易其形,是名之有易。能益复能易,当得上仙籍"(〇七九);亦有对道家无为、逍遥生活方式的描述:"自羡山间乐,逍遥无倚托。逐日养残躯,闲思无所作。"(二六一)白云、飞鹤、灵丹、琪树等带有浓厚道家色彩的意象更是纷至沓来,为其诗歌增添飘逸灵动之美。

佛教和禅宗是寒山的主导思想。寒山的佛禅思想非常庞杂,既有佛教原始教义的阐发,又有禅宗中北宗禅、南宗禅和马祖禅的影响。

寒山诗中多次阐发佛教的教义、戒律,并以此进行现实教化。

　　　　生前大愚痴,不为今日悟。今日如许贫,总是前生作。
　　　　今生又不修,来生还如故。两岸各无船,渺渺难济渡。
　　　　　　　　　　　　　　　　　　　　　　　　　　(〇四一)
　　　　啼哭缘何事,泪如珠子颗。应当有别离,复是遭丧祸。
　　　　所为在贫穷,未能了因果。冢间瞻死尸,六道不干我。
　　　　　　　　　　　　　　　　　　　　　　　　　　(〇七二)

---

① 程毅中:《宋人诗话外编》,国际文化出版公司1996年版,第1444页。

世有多解人，愚痴徒苦辛。不求当来善，唯知造恶因。
五逆十恶辈，三毒以为亲。一死入地狱，长如镇库银。

（〇九一）

主要侧重于轮回、因果、四谛、三毒、解脱等佛教基本教义的理论性说教，并针对现实生活中一些不合佛教教义或戒律的行为进行批判或劝导。

我见转轮王，千子常围绕。十善化四天，庄严多七宝。
七宝镇随身，庄严甚妙好。一朝福报尽，犹若栖芦鸟。
还作牛领虫，六趣受业道。况复诸凡夫，无常岂长保。
生死如旋火，轮回似麻稻。不解早觉悟，为人枉虚老。

（二六二）

劝你三界子，莫作勿道理。理短被他欺，理长不奈你。
世间浊滥人，恰似鼠粘子。不见无事人，独脱无能比。
早须返本源，三界任缘起。清净入如流，莫饮无明水。

（二三四）

都是对佛教基本教义，如"四谛"、"轮回"、"十二因缘"、"因果"和"八正道"等进行阐释的。在教义解说诗中，寒山、拾得以宣扬六道轮回、因果报应的诗最多。

常闻国大臣，朱紫簪缨禄。富贵百千般，贪荣不知辱。
奴马满宅舍，金银盈帑屋。痴福暂时扶，埋头作地狱。

（二四二）

世有一等愚，茫茫恰似驴。还解人言语，贪淫状若猪。
险巇难可测，实语却成虚。谁能共伊语，令教莫此居。

（〇七五）

"三界"、"六道轮回"是佛教信仰的一个基本内容,即众生各依其业所趣往之世界,包括地狱、恶鬼、畜生、人、天、阿修罗,世间众生因其未尽之业,于六道中循环无已,受无穷生死轮回之苦。过去的一生行为,决定今世一生的状况;今世一生的行为,决定来世一生的状况,即因果报应,决定着"三界六道"中的轮转。这是世俗劝化中最突出和最通俗的内容之一。如:"贪爱有人求快活,不知祸在百年身。但看阳焰浮沤水,便觉无常败坏人。丈夫志气直如铁,无曲心中道自真。行密节高霜下竹,方知不枉用心神。"(〇八四)

寒山诗中亦有不少诗歌表现禅宗思想。禅宗以心为本,抛开印度佛教的"四谛"说而自探心源,《大乘起信论》云:"心生则种种法生,心灭则种种法灭。"认为只要自识本心、明心见性即可成佛。

　　余家有一窟,窟中无一物。净洁空堂堂,光华明日日。
　　蔬食养微躯,布裘遮幻质。任你千圣现,我有天真佛。

(一六二)

　　蒸砂拟作饭,临渴始掘井。用力磨碌砖,那堪将作镜。
　　佛说元平等,总有真如性。但自审思量,不用闲争竟。

(〇九七)

禅宗认为众生平等,皆具佛性。佛不在外,而在本源自性天然具足,不假造作,外求反而会被外境所惑,本性自有般若智慧,只要自证本性,即可解脱成佛,这是禅宗尤其是南宗禅的一个基本立足点。寒山这两首诗从正反两个方面切入,前一首诗从正面表达了对本性的认识和理解,后一首从反面立言,以蒸沙作饭、临渴掘井、磨砖作镜比喻佛在自身,不假外求,外求反而会迷失的道理。《景德传灯录》卷五《南岳怀让禅师》记载怀让以"磨砖作镜"启发马祖坐禅开悟的案头,怀让说:"若学坐佛,佛非定相。于无住法,不应取舍。汝若坐佛,即是杀佛。若执坐相,非达其理。"这是禅宗反对坐禅的著名话头。

　　世间何事最堪嗟,尽是三途造罪楂。

不学白云岩下客，一条寒衲是生涯。
秋到任他林落叶，春来从你树开花。
三界横眠闲无事，明月清风是我家。

（一九八）

寒山诗强调天然自足之性独一无二，"遍现俱该沙界，收摄在一微尘。识者知是佛性，不识唤作精魂"①。禅宗悟性的关键是要识得本心，本心包含佛性，能够包含派生宇宙万物，本心即佛，更无别佛。《坛经》中说："何名'摩诃'？'摩诃'是大。心量广大，犹如虚空。……世界虚空，能含万物色像。日月星宿，山河大地，泉源溪涧，草木丛林，恶人善人，恶法善法，天堂地狱，一切大海，须弥诸山，总在空中。世人性空，亦复如是。"②禅宗把心的作用无限扩大。寒山"三界横眠闲无事，明月清风是我家"，抒写任由心性，与自然相亲，遨游于三界之外的情怀，正是通达禅风极好的注脚。

第二节 寒山、拾得的俗体诗

寒山诗云："五言五百篇，七字七十九，三字二十一，都来六百首。"（二七一）而《四部丛刊》本《寒山子诗集》只收有寒山诗311首，附拾得诗54首。由存留下来的诗集反映出寒山的思想驳杂不纯，诗歌风格比较丰富。清人王士禛认为，寒山诗"有工语、有率语、有庄语、有谐语"③。日本著名学者入矢义高则指出："寒山诗，在唐代诗歌中甚为特殊，其特殊性并非是因为这些诗由于独特的风格与手法，从而使其具有独特的诗风。相反，其特征在于它们甚为混杂。能够捕捉住某一点作为寒山诗特征当然很好，但把握并非易事。"④寒山诗中有两

---

① （宋）释道元：《第二十八祖菩提达磨》，《景德传灯录》卷三，四部丛刊三编子部，第5页。
② （唐）释法海撰，丁保福注：《六祖坛经笺注》，蓝吉富主编：《禅宗全集》第38册，北京图书馆出版社，第106页。
③ （清）永瑢等：《四库全书总目》，中华书局1965年版，第1277页。
④ ［日］入矢义高：《寒山诗管窥》，《东方学报》第28册，京都大学人文科学研究所所1958年版。

种截然不同的类型,一为俗体,一为雅体。寒山的俗体诗是王梵志通俗诗派的延续,即是采用民间话语形式,表现宗教观念和现实百态,宗教批判意识很浓厚。王梵志通俗诗反诗学传统、超越修辞的创作倾向亦被寒山所袭取。所不同的是,寒山俗体诗反映现实生活更广泛,但是批判现实的力度却减弱了。雅体与俗体诗相比,除了语言形式差异外,无论是抒写隐居情怀和禅悦禅境都体现出诗人鲜明的自我意识。从这一点说,寒山诗呈现出向文人诗歌靠拢的倾向。然而,俗体诗仍在寒山诗中占绝大多数,代表了其总体创作倾向。

一 俗体诗中所反映的社会现象

批判社会世相,讽世劝俗是寒山俗体诗的一个重要内容。《四库全书总目提要》论寒山诗"多足以资劝诫"。寒山诗曰:"凡读我诗者,心中须护净。悭贪继日廉,谄曲登时正。驱遣除恶业,归依受真性。今日得佛身,急急如律令。"(〇〇一)有很强的佛教教化功能。虽然此类诗歌中存有大量的佛教内容,但也有不少作品真实地描绘出当时的社会生活,特别是下层百姓的生活状态及其思想情感。这些作品补充、丰富了历史的记载,让我们看到唐代民间社会真实的一面。

揭示现实生活真相是劝化导俗的前提。在等级社会中,最大的真相即贫富不均、强势权力阶层对下层百姓的剥削和掠夺。

富儿多鞅掌,触事难祇承。仓米已赫赤,不货人斗升。
转怀钩距意,买绢先拣绫。若至临终日,吊客有苍蝇。

(〇三七)

新谷尚未熟,旧谷今已无。就贷一斗许,门外立踟蹰。
夫出教问妇,妇出遣问夫。悭惜不救乏,财多为累愚。

(一二六)

贫富对立是等级社会中尖锐的社会矛盾,这两首诗正是这种矛盾的深刻写照。富贵之家仓米已经发霉,而贫苦之家,新谷未熟已有断炊之苦。出门求借,却被贪吝的富儿拒绝。贫家饥寒,富家仓米发霉也不愿意救助,深刻反映出等级社会中贫富两极的社会现象。"门外立踟蹰","夫出教问妇,妇出遣问夫"。形象生动地描绘出求贷者内心的忐忑与期待,富家夫妇无情推诿的状态。寒山对下层百姓困窘辛酸、贫苦无依的生活体验描绘得十分真切:

> 大有饥寒客,生将兽鱼殊。长存磨石下,时哭路边隅。
> 累日空思饭,经冬不识襦。唯赍一束草,并带五升麸。
>
> (一一六)

> 昔时可可贫,今朝最贫冻。作事不谐和,触途成倥偬。
> 行泥屡脚屈,坐社频腹痛。失却斑猫儿,老鼠围饭瓮。
>
> (一五八)

若不是有切身的生活体验是很难状写得如此生动真切。这与"富儿会高堂,华灯何炜煌"(一〇四)、"童仆八百人,水碓三十区。舍下养鱼鸟,楼上吹笙竽"(二五〇)的生活简直是天壤之别。沉重的赋税和徭役是造成下层百姓生活困窘的主要因素。

> 快哉混沌身,不饭复不尿。遭得谁钻凿,因兹立九窍。
> 朝朝为衣食,岁岁愁租调。千个争一钱,聚头亡命叫。
>
> (〇七一)

挣扎在生死的边缘,对造物主也产生怀疑。这与王梵志"你道生胜死,我道死胜生。生即苦战死,死即无人征"的精神是相通的。寒山试图在等级社会中寻找平衡社会财富,消除不平等的方法。他说:

> 贫驴欠一尺,富狗剩三寸。若分贫不平,中半富与困。
> 始取驴饱足,却令狗饥顿。为汝熟思量,令我也愁闷。
>
> (一一四)

一个僧人试图超越阶级和社会的局限,思考解决社会不公这样庞大的社会学命题，实在是难能可贵。虽然寒山所构想的平均主义根本是无法实现的，但却有着十分重要的现实意义，表明寒山等"方外"诗人作为一个群体，不但在社会生活中发挥干预和批判现实的作用，而且思考消除等级社会贫富对立的改造方案。

从阶级属性上看，以王梵志和寒山为代表的通俗诗人具有佛教思想，以化俗师、落魄的读书人或者隐者的身份出现在乡土社会各个层面的社会生活之中。在古代中国，士大夫阶级（亦称士绅阶级）是封建王权制度与社会宗法制度相互联系的中枢和纽带。主要表现为两个方面：其一，士大夫阶级所信奉的道统——儒家价值观，既是官方的政治意识形态，也是宗法家族社会共同的文化传统；其二，士大夫阶级一身而兼二任，在朝廷辅助君王统治天下，在乡野为道德表率领导民间。以士大夫阶级为重心，古代中国的社会与国家浑然一体，表现出有机的整合。而通俗诗派的作者来源于封建社会中一个比较特殊的阶层，他们既不隶属于统治阶级及其所附属的士阶层，也不属于农民阶级，而是下层僧侣或者流浪于民间的知识分子。他们信仰佛教，有一定的知识和文字运用能力，却没能进入统治阶层，而是游离于社会，成为封建等级制度底层和封建文化的边缘人群。相对于士阶层和上层僧侣，通俗诗派的诗人摆脱了对统治阶层的人身依附关系以及利害冲突，具有独立的信仰和价值观。

> 雍容美少年，博览诸经史。尽号曰先生，皆称为学士。
> 未能得官职，不解秉耒耜。冬披破布衫，盖是书误己。
>
> （一二九）
>
> 蹭蹬诸贫士，饥寒成至极。闲居好作诗，札札用心力。
> 贱他言孰采，劝君休叹息。题安胡饼上，乞狗也不吃。
>
> （○九九）

作者对这些孜孜矻矻于读书求取功名者不无讽刺之情。在当时现实情境下，读尽三坟五典只落得衣食无着，修成文武百艺却无施展之地，确实是大量存在的事实。上层统治者"浪造凌霄阁，虚登百尺楼。养生仍夭命，诱读讵封侯"（一二二），以读书作官引诱读书人。有多少人皓首穷经,未能进入官僚阶层,反沦为百无一用,连谋生手段都没有的赤贫一族。这类诗具有较明显的反文化反传统的倾向。但是寒山并不是反对读书,而是反对为博取功名而读书。寒山诗云:"琴书须自随,禄位用何为。投辇从贤妇,巾车有孝儿。"(〇〇五)张扬的是一种鄙弃名利的思想,崇尚"有路不通世,无心孰可攀"人格的独立和精神的自由。这种淡泊名利、超越生死的思想,是对士大夫一生践行的儒家修身、齐家、治国、平天下的远大志向,功成弗居等价值观的消解和否定。

需要强调的是,通俗诗歌中所张扬的独立精神,是建立在佛教思想和民间意识形态基础上。通俗诗人傲世背俗的行为常被人称之为"疯癫"、"疯狂"。实际上他们也以癫狂自喻:

> 时人见寒山,各谓是疯癫。貌不起人目,身唯布裘缠。
> 我语他不会,他语我不言。为报往来者,可来向寒山。
>
> (二二一)

寒山即是这样一个疯疯颠颠、贫穷狂放的狂僧形象。他的隐逸与以畏祸、养高、追求山林之趣为目的的士大夫阶层的隐居情怀有着本质的差异,他是在历尽世态炎凉,饱尝人间苦痛之后,对社会主流价值观念的悖逆和批判。他们传扬人生的精神解脱法门,担负着扶世助化、劝善化俗的宗教伦理使命,自觉地充当起民间代言人和人生导师的职责。

寒山劝导民众,常以来自民间生活中鲜活的例子和经验引导人们明辨是非,克服缺点,获得更好的生活。他劝民众不要好逸恶劳:"妇女慵经织,男夫懒耨田。……冻骨衣应急,充肠食在先。今谁念于汝,苦痛哭苍天。"(〇七三)教导他们改变贫穷发家致富之道:"丈夫莫守困,无钱须经纪。养得一牸牛,生得五犊子。犊子又生儿,积数无穷已。寄语陶朱公,富与君相似。"(一三二)鼓励他们读书识字、重视教育:"丈夫不识字,无处可安身。"(二〇八)"养子不经师,不及都亭鼠。"(二一九)"养女畏太多,已生须训诱。"(一七五)在婚姻选择配偶问题,他认为"老翁娶老婆,一一无弃背。少妇嫁少夫,两两相怜态"(一二八),年龄相当才能获得幸福。寒山亦告诉人们处世之道:"推寻世间事,子细总皆知。凡事莫容易,尽爱讨便宜。护即弊成好,毁即是成非。故知杂滥口,背面总由伊。冷暖我自量,不信奴唇皮。"(〇九八)这些诗谆谆教诲,颇具人性色彩。相对而言,寒山对风俗浇薄、世态炎凉的社会现实和人性之恶,则多给予尖刻的嘲讽,严厉的批判。

    城北仲家翁,渠家多酒肉。仲翁妇死时,吊客满堂屋。
    仲翁自身亡,能无一人哭。吃他杯脔者,何太冷心腹。

                            (一四〇)

    贤士不贪婪,痴人好炉冶。麦地占他家,竹园皆我者。
    努膊觅钱财,切齿驱奴马。须看郭门外,垒垒松柏下。

                            (〇九四)

  前一首揭示淡漠冷血缺乏人情味的世相,后一首则刻画嗜好搜刮积累财物的贪婪者,一生忙碌最终是一场空无。

二 世俗诗的道德走向

  寒山是以佛教思想来批评现实生活中的种种丑恶现象。佛教认为人生皆苦,有所谓二苦、三苦、四苦、八苦、十八苦以致百十苦、无量诸苦之说,可谓比比皆苦,苦不堪言。而之所以有如此多的苦,乃是因为人有无穷的欲望,总是会在欲望的驱使下去造作种种"业",因而会招致种种的烦恼与痛苦。佛教认为生老病死诸苦均起于人生的无明。换言之,无明乃一切烦恼、罪恶、造作之根本。佛教又有贪、嗔、痴三毒之说,贪者贪爱五欲,嗔者嗔恚无忍,痴者愚痴无明。于是一切社会的罪恶都被转化为人性的罪恶,顺理成章地,一切社会的苦难与不平也可通过个体克制与修行的方式来化解。寒山诗也正是以这样的思维定式来观照一切社会现象,并展开其广泛的社会批判。寒山认为贪、嗔、痴是人走向幸福解脱的最大障碍,"痴属根本业,无明烦恼坑"(二五三)三毒在人心中的存在导致了人的自私愚蠢、贪婪吝啬、争名夺利诸种恶行:

    多少般数人,百计求名利。心贪觅荣华,经营图富贵。
    心未片时歇,奔突如烟气。家眷实团圆,一呼百诺至。

不过七十年，冰消瓦解置。死了万事休，谁人承后嗣？
水浸泥弹丸，方知无意智。

（〇八五）

诗用大量笔墨铺叙现实生活中人们贪图名利、追求荣华富贵之急切奔突状，揭示人生大限一到一切成为虚空。用了两个生动比喻"冰消瓦解"，"水浸泥丸"。

常闻国大臣，朱紫簪缨禄。富贵百千般，贪荣不知辱。
奴马满宅舍，金银盈帑屋。痴福暂时扶，埋头作地狱。
忽死万事休，男女当头哭。不知有祸殃，前路何疾速。
家破冷飕飕，食无一粒粟。冻饿苦凄凄，良由不觉触。

（二四二）

高官亦如此，前三联渲染其富贵状。贪想前世行善所获之福果而不知造作善业，一旦福力耗尽，则福报亦随之消失，将堕入三途受苦。一切均因为不觉悟造成。用词生动形象。

余昔曾睹聪明士，博达英灵无比伦。
一选嘉名喧宇宙，五言诗句越诸人。
为官治化超先辈，直为无能继后尘。
忽然富贵贪财色，瓦解冰消不可陈。

（〇三八）

如此以来，封建等级制度的各种弊病变成了个体道德心性问题。然而值得注意的是，寒山毕竟生活在等级社会的底层，来自生活的真实体验使他超越了佛教的局限性。他的劝化诗中基本上体现出两种态度，一种是以冷眼旁观式的批判者出现，另一种则是以师长的口吻循循善诱，分享自己的人生经验。而前者所针对的批判对象多属于上层统治者，后者则多为普通民众。这就使寒山诗在思想内容上超越了宗教的局限而具有普遍的社会性。寒山的俗体诗与其说是宣扬佛教的宗教诗，不如说是批判社会的世俗诗。

对下层民众而言，寒山等通俗诗人不遗余力地建构指涉向善的圆满人格的话语系统，是指导人们超越现实痛苦和生死轮回的一种手段而已。作为民生"导师"的通俗诗派诗人，以更加合乎人性的佛教终极价值观来观照现实，以精神的自由平等来支配物欲的获取，引导人们破除现实的执迷，脱离人生苦海。佛教设计的"六道"、"业报"说，将现世的处境推因于前世，来世的状况取决于现世，从而使人们既在现实处境中认命安分，又在现实生活中努力积累来生善果的道德资粮。虽然从事实上阻抑了对现世福利的追求，但是对大多数生活在封建等级社会最底层的人们提供了遭遇生存困境时，面对现实和改造现实的信心和精神安慰。这与儒家伦理过分强调社会性要求，而往往导致意欲与自由意志的冲突完全不同，对个体解脱生活更为关怀，更能敞亮和点醒人们内心深处对善与德行的祈向。寒山俗体诗歌之所以能得到下层百姓的自觉认同，正是因为满足了他们的利益和需要，为处在以儒家思想为主的主流意识形态下"日用而不知"的庶民阶层提供了精神安慰。

寒山尚有一类专力表现佛教思想的俗体诗：

> 人是黑头虫，刚作千年调。铸铁作门限，鬼见拍手笑。
>
> （佚〇三）

> 劝你休去来，莫恼他阎老。失脚入三途，粉骨遭千捣。
> 长为地狱人，永隔今生道。勉你信余言，识取衣中宝。
>
> （二八五）

> 猪吃死人肉，人吃死猪肠。猪不嫌人臭，人反道猪香。
> 猪死抛水内，人死掘土藏。彼此莫相啖，莲花生沸汤。
>
> （〇七〇）

多用来自生活的生动比喻和事理来宣说佛理，读起来痛快淋漓、振聋发聩。

三 采用民间白话语言

采用民间白话语言是寒山俗体诗一个重要特征。寒山诗云:"有个王秀才,笑我诗多失。云不识蜂腰,仍不会鹤膝。平侧不解压,凡言取次出。我笑你作诗,如盲徒咏日。"(二八八)寒山俗体诗有意识地采用民间话语形式,来对抗文人创作规范。传统诗歌的话语权掌握在上层统治者和士阶层手中,广大下层百姓则被排斥在外。尽管在千百年的历史进程中,他们创造了无比伟大的物质文明和精神文明,但是由于这些文明长期在话语层面的缺席,故而大都隐没于幽眇难测的历史深处。以寒山为代表的通俗派诗人以颠覆儒家传统诗学权威话语的方式来牟取话语权力,以否定带有主流意识形态价值观的"经典"语言来表达社会边缘人物的声音。通俗派诗人放弃文士语言,取用来自民间的语言,实际上意味着放弃文士叙事中根深蒂固的自我意识和优越感,而采用一种平等的对话姿态。据统计,王梵志诗中运用第一人称代词"我"94次、"吾"31次。第二人称代词"你"47次,"汝"4次。"你"作人称代词在《王梵志诗》中算作较早的用例了。初唐"他"开始具有第三人称代词的语法功能,盛唐以后才正式确立,而《王梵志诗》中检得十多例作第三人称代词用的"他"[①]。寒山诗中句法更加多样,多出现"我见……"、"我闻……"、"教汝……"、"我在……"、"我居……"、"语你……"、"世有……"、"寄语……"等,第一人称或第三人称讲故事的叙述方法。钱穆认为这说明"作者站在人生圈外,对人生作旁观描述"[②]。而实际上,这些诗中"我"、"吾"等字眼,是作为群体意识而出现的,代表的是"我们"。这样一种叙述方式显然增加了五言诗的叙事功能,经过王梵志,至寒山这种叙事处理方式在俗体诗中已经相当成熟。巴赫金说:"文学取用口语或者民间语言,但这并不仅仅是取用词汇,取用句法(较为简单的句法),而首先是取其对话,取其会话性本身,使其直接感受听者,使其强化交际和交往因素。其次,这意味

---

① 曹小云:《〈王梵志诗〉词法特点初探》,《社会科学战线》1999年第6期,第129页。
② 钱穆:《中国文化与中国文学》,《中国文化概论》,中国文化书院1987年版,第415页。

着削弱言语中的独白成分,而增强其对话成分。"① 这种充满口语色彩和较强叙事功能的白话语言形式,显然是针对其诗歌的主要接受者而创作的。中国古典诗歌为了保持节奏的整饬和音韵的优美,常常会破坏语言中的自然语序和对话交际形态,以词义之间空间对接体制的神圣化、程式化使诗歌远离民间,拘囿于知识层的狭小圈子,成为抒写士人情志的专利。在诗律探讨日益精致,诗歌意境趋向成熟的情境之下,通俗诗派诗歌以浅露直白、嘲戏谐谑、深刺浅喻的民间叙事风格拆解基于儒家传统诗学"温柔敦厚"的诗学主张。在叙事方式上,大量吸收偈颂和来自民间的话语资源,句子长短不拘,诗语文白夹杂,口语俚词、俗谚方言皆可入诗,不讲求偶对。通俗派诗人虽然属于佛教诗派,但是和"士大夫僧人"的清雅诗风不同,他们将佛教意识与民间话语形态融合在一起,有意破坏长期以来主流意识形态所形成的各种秩序,打破高高在上、神圣不可侵犯的语言禁忌,以一种来自生活的、毫无顾忌的语言揭示社会现象、表达佛教思想。在这种类似于尽情狂欢的广场式语言中,取消了交往者之间的一切等级界限,也弥合了人为建构的神圣与卑俗之间的等级秩序。如王梵志云:"梵志翻着袜,人皆道是错。乍可刺你眼,不可隐我脚。"② 寒山亦云:"有人笑我诗,我诗合典雅。不烦郑氏笺,岂用毛公解?不恨会人稀,只为知音寡。若遣趁宫商,余病莫能罢。忽遇明眼人,即自流天下。"(三〇五)

寒山俗体诗的创作范式对后世影响很大,它促进了唐代大众文化语境的形成。白居易追求诗歌语言通俗晓畅、质朴浅白,显然是从寒山诗中受到的启发。但又不同于寒山的俗体诗,而是将俗化雅。这显然与作者所处的地位有关,寒山诗作者本"无意为诗"而是"冲口成文"直抒胸臆,与诗教传统"含蓄蕴藉,温柔敦厚"相悖。他们是一群被主流社会遗弃在外的边缘人,表现在诗歌创作上即有意不遵循现成的创作成规,更不去迎合社会一般的艺术趣味。正因为他们不愿受既定格律的要求,创作时无拘无碍率意成文,反而写下不同寻常的诗。寒山的俗体诗在宋代的禅林和士大夫中引起强烈的反响,对于宋诗"尚意"、"重

---

① [苏联] 巴赫金:《〈言语体裁问题〉相关笔记存稿》,《巴赫金全集》卷四,河北教育出版社 1998 年版,第 191 页。

② 项楚:《王梵志诗校注》卷六,上海古籍出版社 1991 年版,第 319 页。

理"诗风的形成起到重要的作用。

第三节 寒山的清雅诗

寒山诗现存300余首,内容丰富,风格多样,于俗体之外,复作雅调。将寒山诗分为雅俗两调,不仅着眼于语言形式,更重要的是这两类诗歌所表现出的佛教层次、心理境界、自我意识是全然不同的。这是寒山诗作者身份、修养和心理境界的差异所决定的。寒山的清雅诗可以分为世情诗、隐逸诗、山居风景诗和禅境诗。

一 世情诗

表现世俗情怀的诗歌在寒山诗歌中为数不少。其中抒写怀才不遇之诗,与世俗文人并无二致。

> 六极常婴困,九惟徒自论。有才遗草泽,无艺闲蓬门。
> 日上岩犹暗,烟消谷尚昏。其中长者子,个个总无裈。
> （〇二九）

> 白云高嵯峨,渌水荡潭波。此处闻渔父,时时鼓棹歌。
> 声声不可听,令我愁思多。谁谓雀无角,其如穿屋何。
> （〇三〇）

王舟瑶曰:"'白云高嵯峨,绿水荡潭波。此处闻渔父,时时鼓棹歌。声声不可听,令人愁思多',在王、孟集中亦当推为上乘也。"[①] 这类诗多数受儒家学而优则仕观念的影响,有"书剑许明时"的济世情怀,但是却没能进入仕途,沦为流落民间的知识阶层。

> 书判全非弱,嫌身不得官。铨曹被拗折,洗垢觅疮瘢。
> 必也关天命,今冬更试看。盲儿射雀目,偶中亦非难。
> （一一三）

---

① （清）王舟瑶:《跋寒山子诗集》,《清文海》第101册,国家图书馆出版社2010年版,第308页。

> 一为书剑客,三遇圣明君。东守文不赏,西征武不勋。
> 学文兼学武,学武兼学文。今日既老矣,余生不足云。
>
> （〇〇七）
>
> 施家有两儿,以艺干齐楚。文武各自备,托身为得所。
> 孟公问其术,我子亲教汝。秦卫两不成,失时成龃龉。
>
> （一〇八）

连年的苦读修炼,却无进身之阶,不仅消磨了青春容颜,也使他们沦为赤贫一族:"蹭蹬诸贫士,饥寒成至极"(〇九九)、"行到食店前,不敢暂回面"(一二〇)、"蓬庵不免雨,漏榻劣容身"(一七四)。在一个贤士处蒿莱的时代,绝大多数读书人成为腐败的科举制度的牺牲品。诗中亦有不少抨击科举制度和宣扬读书无用的愤激之词。如:"浪造凌霄阁,虚登百尺楼。养生仍夭命,诱读讵封侯。"(一二二)

寒山诗中亦有不少描写思妇题材的诗歌。

> 垂柳暗如烟,飞花飘似霰。夫居离妇州,妇住思夫县。
> 各在天一涯,何时得相见。寄语明月楼,莫贮双飞燕。
>
> （〇五二）
>
> 昨夜梦还家,见妇机中织。驻梭如有思,擎梭似无力。
> 呼之迥面视,况复不相识。应是别多年,鬓毛非旧色。
>
> （一三四）

游子宦游在外,夫妻经年别离,制造了多少生离死别的恋情。纵然时空阻隔,却割不断相思情深。第二首写梦回家中,见到朝思暮想的妻子,欲待相认却猛然惊醒,离别多年青春容颜早已凋零,纵使相逢亦应难以辨认。笔调之婉转凄恻,情思荡漾,感人至深。看似平平叙来,却充满情思韵味,寒山诗歌的艺术表现力已经达到极高的水平。苏轼怀念亡妻的名篇《江城子》当是受其影响。

在寒山诗集中还有一组仿乐府民歌,如《相唤采芙蓉》(〇五〇)、

《洛阳多女儿》（〇六〇）、《群女戏夕阳》（〇六二）、《春女衔容仪》（〇六一）、《三月蚕犹小》（〇三五）、《昨日何悠悠》（一三一）、《花上黄莺子》（二九四）等，这里引录两首：

相唤采芙蓉，可怜清江里。游戏不觉暮，屡见狂风起。
浪捧鸳鸯儿，波摇鸂鶒子。此时居舟楫，浩荡情无已。

（〇五〇）

春女衔容仪，相将南陌陲。看花愁日晚，隐树怕风吹。
年少从傍来，白马黄金羁。何须久相弄，儿家夫婿知。

（〇六一）

二　隐逸诗

隐逸思想是中国文化的一个重要特色。儒家、道教和佛教文化中都蕴含着隐逸思想。儒家文化以"达""隐"为士阶层制定了出处行藏的规范，而道家亦讲求隐于山林、与自然相亲，追求逍遥自适的精神自由。佛禅更喜欢在脱离尘嚣的山林中体验超悟的境界。唐代内外兼修、三教一体的思想已经深深地融入隐逸文化精髓当中，难分轩轾。寒山的隐逸诗中集中体现出这种特点。

可笑寒山道，而无车马踪。联溪难记曲，叠嶂不知重。
泣露千般草，吟风一样松。此时迷径处，形问影何从。

（〇〇三）

昔家好隐沦，居处绝嚣尘。践草成三径，瞻云作四邻。
助歌声有鸟，问法语无人。今日娑婆树，几年为一春。

（〇〇四）

卜择幽居地，天台更莫言。猿啼溪雾冷，岳色草门连。
折叶覆松室，开池引涧泉。已甘休万事，采蕨度残年。

（〇七八）

隐于山林是隐居的一般形态。前一首"形问影何从"牵涉到陶渊明的"形影论"。陶渊明在《形影神（并序）》中说："贵贱贤愚，莫不营营以惜生，斯甚惑焉。故极陈形影之苦，言神辨自然以释之。好事君子，共取其心焉。"[1] 陶渊明以"形"代魏晋时期享乐主义人生观，而以"影"托为主张名教者之言，表达崇尚自然，迁化委顺的观念。寒山受陶渊明自然观的影响。诗中表达一种远离尘世烦扰，平静淡泊，息心净虑，日日以青山做伴，白云为朋，怡然自得于幽静秀美的山水自然之中的情怀，很难分辨出是禅隐、道隐还是儒家的"独善"。其实亦无须分辨，自然山水已经融入诗人生活之中，成为生命的一部分，这正是隐逸行为的精神核心。

寒山诗中还存在一种隐逸形式，即隐于田园。这两类诗虽然都表现出远离尘嚣，追求恬淡自适生命情调的倾向，但是存在着一定的差异。后者，更有人情味和生活气息。如：

满卷才子诗，溢壶圣人酒。行爱观牛犊，坐不离左右。
霜露入茅檐，月华明瓮牖。此时吸两瓯，吟诗三两首。

（一〇七）

琴书须自随，禄位用何为。投辇从贤妇，巾车有孝儿。
风吹曝麦地，水溢沃鱼池。常念鹪鹩鸟，安身在一枝。

（〇〇五）

父母续经多，田园不羡他。妇摇机轧轧，儿弄口㗸㗸。
拍手催花舞。搘颐听鸟歌。谁当来叹贺，樵客屡经过。

（〇一五）

茅栋野人居，门前车马疏。林幽偏聚鸟，谿阔本藏鱼。
山果携儿摘，皋田共妇锄。家中何所有，唯有一床书。

（〇一七）

---

[1] （晋）陶渊明著，逯钦立校注：《陶渊明集》卷二，中华书局1979年版，第35页。

在这些诗中，呈现出一派宁静祥和、恬淡安闲的田园生活气息。牛犊、茅檐、鸡鸣、机杼营造出一派恬静而充满生机的乡村生活景象。男耕女织，贤妇在侧，孝儿凭膝，斗酒赋诗，琴书自娱，没有尘世间的纷纷扰扰，时有野老樵朋过往。一种恬淡、和谐、愉悦的感情洋溢在字里行间。语言平易质朴，格调清新淡雅。寒山的田园隐逸诗受到陶渊明的深刻影响，从隐逸精神到表现手法都可以看到陶诗的影子。

三 山居风景诗

寒山诗中山居自然诗写得最为优秀，称得上是"机趣横溢，韵度自高"①。

> 层层山水秀，烟霞锁翠微。岚拂纱巾湿，露沾蓑草衣。
> 足蹑游方履，手执古藤枝。更观尘世外，梦境复何为。
> （一〇六）

这首诗采用谢灵运山水诗的结构形式，以诗人的游踪为线索，记述寓目所见、所感。山水自然是作为观照对象而被摄入诗歌，是禅门常用的一种观物方式。寒山诗集中有一组描写天台山风物的诗歌：

> 可贵一名山，七宝何能比。松月飕飕冷，云霞片片起。
> 匼匝几重山，回还多少里。溪涧静澄澄，快活无穷已。
> （二六四）

> 泂岌霄汉外，云里路岩峣。瀑布千丈流，如铺练一条。
> 下有栖心窟，横安定命桥。雄雄镇世界，天台名独超。
> （二六六）

> 寒山多幽奇，登者皆恒慑。月照水澄澄，风吹草猎猎。

---

① ［日］岛田翰：《刻宋本寒山诗集序》，日本明治三十八年刊本《宋大字本寒山诗集》卷首，转引自项楚《寒山诗注附拾得诗注·附录》，第953页。

> 凋梅雪作花，杌木云充叶。触雨转鲜灵，非晴不可涉。
>
> （一五四）

天台山是一个风景幽奇又富有人文气息的名山，素有"山水神秀，佛宗道源"之美誉。孙绰《游天台山赋》云："赤城霞起而建标，瀑布飞流以界道。"① 赤城山是天台之南门也，瀑布在天台山之西南峰。水从南岩悬注，望之如曳布。诗人以流宕简练的语言精心刻画出天台山雄奇秀丽的山水景物，烘托出神秘的宗教气氛。项楚曰："寒山此诗'凋梅雪作花，杌木云充叶'二句，似有神助。其实类似意象在唐诗中屡见，但不如寒山诗精练耳。"② 寒山讲究炼字，尤喜叠字。"飕飕"、"片片"、"澄澄"、"雄雄"等增加了语言的形象性。

寒山还有一首句句叠字，为人所称道的诗，如：

> 杳杳寒山道，落落冷涧滨。啾啾常有鸟，寂寂更无人。
> 淅淅风吹面，纷纷雪积身。朝朝不见日，岁岁不知春。
>
> （〇三一）

这首诗全篇运用叠字，不但增加了全诗的韵律美，亦突出了清幽冷寂的意境美。钱钟书《谈艺录》："寒山妥贴流谐之作，较多于拾得。如'杳杳寒山道'一律，通首叠字，而不觉其堆垛。"③ 诗人与自然的融合与感应以这种优美独特的语言形式表现出来，已具有很高的艺术造诣。台湾地区学者陈慧剑以为此诗"美得像仙境，静得像永恒，幽得像古庙，荒得像沙漠"④，所言确是。

四　禅悟禅境诗

于山水景物中表现禅悟禅境是中晚唐诗僧诗歌的一个重要内容。就诗禅关系而言，以禅入诗是禅对诗产生影响的具体体现。以诗歌来体现

---

① （梁）萧统编，（唐）李善注：《文选》，上海古籍出版社1986年版，第496页。
② 项楚：《寒山诗注》，中华书局2000年版，第387页。
③ 钱钟书：《谈艺录》，中华书局1984年版，第225页。
④ 陈慧剑：《寒山子研究》，东大图书公司1984年版。

对禅理的深刻理解以及心有所悟的禅悦、禅趣、禅境，是唐人诗歌创作中一个经常性的主题。诗歌对禅境的追求和营造吻合了文艺心理学上的直觉、移情、欣赏距离及联想等审美心理活动，人在静静的直觉观照中，山川溪石的美与心灵的情感相遇合，正是灵感、感兴产生的心理基础，亦是禅悟的契机。自此，诗歌不止于描写景物、叙述事件，其内蕴大大地丰富了。

（一）禅悟诗

禅宗注重体验，注重体悟，强调在瞬间的体验中获得对世界的认知，达到心灵意念的最大超越。禅之悟是主体自心佛性之悟。寒山不少诗歌表现出他参禅证悟、了悟自性的过程。

> 隐士遁人间，多向山中眠。青萝疏麓麓，碧涧响联联。
> 腾腾且安乐，悠悠自清闲。免有染世事，心净如白莲。
>
> （二六八）

禅宗"以心为本"，真如佛性无处不在，见性成佛。本心天然具足，不假外求。《维摩诘经》曰："欲得净土，当净其心。随其心净则佛土净。"即无论处在何种外境，均可恬然自安。必须自识本心，即可达到"随缘自适"、"随遇而安"。寒山远离尘世栖息林间，摆脱世俗的烦恼，了无挂牵，心境清净，悠然自得，他的禅悟诗中只有一派清闲适意，"腾腾且安乐，悠悠自清闲"等句子中，丝毫没有幽冷枯寂之状，而且充满着禅趣韵味。

> 自乐平生道，烟萝石洞间。野情多放旷，长伴白云闲。
> 有路不通世，无心孰可攀。石床孤夜坐，圆月上寒山。
>
> （二二七）

> 大海水无边，鱼龙万万千。递互相食啖，兀兀痴肉团。
> 为心不了绝，妄想起如烟。性月澄澄朗，廓尔照无边。
>
> （二二八）

水清澄澄莹，彻底自然见。心中无一事，水清众兽现。
心若不妄起，永劫无改变。若能如是知，是知无背面。

（二一一）

诗人以林泉为家，以隐居山林为乐事，更容易与自然沟通契合。其有旷达放逸的性情，有直如奔箭般的品格，无须观心修炼，即可抵达"无心"、"绝想"、"无背面"之境。因为绝尘弃世，无所挂碍，本心自然清净，一任自然本心，即可达到至高的禅悟境界。在这一点上，寒山的禅悟方式与王维不同。王维《过积香寺》：

不知积香寺，数里入云峰。古木无人径，深山何处钟？
泉声咽危石，日色冷青松。薄暮空潭曲，安禅制毒龙。

——（《全唐诗》卷一百二十六）

寒山：

今日岩前坐，坐久烟云收。一道清溪冷，千寻碧嶂头。
白云朝影静，明月夜光浮。身上无尘垢，心中那更忧。

（二八三）

从艺术的角度来看，王维诗歌澄澹精致，神韵缥缈，自不待言。然而从禅悟的角度来看，寒山"身上无尘垢，心中那更忧"突出了僧人的优势。因为无所挂碍，所以无须"制毒龙"，寓目皆是禅。和文人士大夫相比，少了些许修炼证悟的功夫，亦少了内心的矛盾挣扎。心性的枷锁彻底被扔掉，表现出更为放逸的禅境。当然这与禅风的演变亦有很大的关系。

（二）禅境诗

禅境是禅悟的表达，是心与境偶然遇合的产物。境既引发禅思，亦可表达禅悟。如王昌龄《诗格》所言："心偶照境，率然而生。"[1] 皎

---

[1] 张伯伟：《全唐五代诗格汇考》，凤凰出版社2002年版，第173页。

然《诗式》曰:"缘境不尽曰情。"①"境"是一个蕴含着主体情思的映像。寒山的禅境诗"能够在具体形象的描绘中,创造出一种充满哲理的悟境,予人以深刻的启迪和悠长的回味"②,无论在意境创造还是艺术手法上,都达到了很高的程度。

  岩前独静坐,圆月当天耀。万象影现中,一轮本无照。
  廓然神自清,含虚洞玄妙。因指见其月,月是心枢要。

(二七九)

  千年石上古人踪,万丈岩前一点空。
  明月照时常皎洁,不劳寻讨问西东。

(二〇一)

  我向前溪照碧流,或向岩边坐磐石。
  心似孤云无所依,悠悠世事何须觅。

(二〇三)

在禅悟境界中,不知月是心,还是心是月,处处显现出般若无知的神秘直观。无论是在岩前还是溪边,泉月互为观照,皆存空灵澄明的质性。

  高高峰顶上,四顾极无边。独坐无人知,孤月照寒泉。
  泉中且无月,月自在青天。吟此一曲歌,歌终不是禅。

(二八七)

水无留影,月自在天,一切自然而然,四顾无边的万象中体现的是本心真实的本质。即兴而吟,纯为无心,脱略情尘,不求自得,已不知此地何地,此夕何夕了。士大夫多是在遇到现实困境后,才参禅悟道聊以自慰,在境界上比寒山低了一层。

---

① (唐)皎然著,李壮鹰校注:《诗式校注》,人民文学出版社2003年版,第70页。
② 项楚:《寒山诗注》,中华书局2000年版,第13页。

碧涧泉水清，寒山月华白。默知神自明，观空境逾寂。

（〇八一）

　　吾心似秋月，碧潭清皎洁。无物堪比伦，教我如何说。

（〇五一）

"吾心似秋月"是寒山诗中极富禅趣与禅机的一首。晚唐五代以来，禅师上堂示法引征此诗者甚多，历代禅宗画家以此为题材者亦不在少数，其影响可见一斑。心似秋月，又似清水，无住生心，毋庸言说，这正是"默默忘言，昭昭现前。鉴时廓尔，体处灵然"[①]的最佳禅境。寒山禅境诗中以水、月、明珠作喻体者历历可见，形成一派水月相忘、珠光交映的澄澈幽静的境界。黄宗羲说："夫寒山、拾得村墅屋壁所抄之物，岂可与皎然、灵澈絜其笙簧？然而，皎、灵一生学问，不堪向天台炙手。则知饰声成文、雕音作蔚者，非禅家本色也。"[②]亦是至论。

第四节　拾得、丰干的诗

　　拾得存诗57首，其中有5首与寒山诗重。以佛理诗最多。拾得所宣说的多是佛教的基本教义和戒规。如，因果业报、三界、六道轮回、三毒、十恶。

　　嗟见世间人，个个爱吃肉。碗碟不曾干，长时道不足。
　　昨日设个斋，今朝宰六畜。都缘业使牵，非干情所欲。
　　一度造天堂，百度造地狱。阎罗使来追，合家尽啼哭。
　　炉子边向火，镬子里澡浴。更得出头时，换却汝衣服。

（拾〇二）

[①]（宋）宏智正觉：《宏智禅师广录》卷八，《大正藏》卷四十八，台湾新文丰公司影印，第100页。
[②]（明）黄宗羲：《空林禅师诗序》，《黄梨洲文集·序类》，中华书局1959年版，第373页。

宣说佛教中杀生、食荤戒律，佛教谓凡夫处于六道轮回之中，各随其业，因而有寿夭之分。"炉边向火"、"镬里澡浴"、"换却衣服"是一种比喻的说法。前两种谓造作恶业得到恶报经受地狱中火烧、汤煮两种酷刑。后一种意谓再次投胎后改头换面，成为他人。形象生动，明白晓畅。

> 我劝出家辈，须知教法深。专心求出离，辄莫染贪淫。
> 大有俗中士，知非不爱金。故知君子志，任运听浮沈。
>
> （拾一四）

告诫出家人不要贪淫，"贪"是佛教所称"三毒"之一，"淫"指色欲，是佛教所称"十恶"之一，佛教谓此为"根本烦恼"。而佛教徒追求超越生死轮回的"出离"，必须摆脱根本烦恼。

拾得的佛理诗多直接说理。拾得自称："我诗也是诗，有人唤作偈。诗偈总一般，读时须子细。"（拾〇九）他有些诗确实与佛偈很难区分。但是，拾得的诗更有对象感，对话性强，也更为俚俗。拾得的佛理诗，多以"地狱"、"阎罗"、"灾殃"向人们展示恶报，带有威慑性。

> 养儿与娶妻，养女求媒娉。重重皆是业，更杀众生命。
> 聚集会亲情，总来看盘饤。目下虽称心，罪簿先注定。
>
> （拾〇四）

拾得也有少数说理诗以浅显比喻说理，被后人反复引用。

> 左手握骊珠，右手执慧剑。先破无明贼，神珠自吐焰。
> 伤嗟愚痴人，贪爱那生厌。一堕三途间，始觉前程险。
>
> （拾四三）

"骊珠"，譬喻众生本具之佛性，"慧剑"谓智慧，喻以智慧斩断一切烦恼。贯休《道情偈三首》之二曰："非色非空非不空，空中真色不玲珑。可怜卢大担柴者，拾得骊珠囊钥中。"（《全唐诗》卷八百三十五）喻说人们往往不识佛性本然自有，而转觅他处。《祖堂集》卷四丹霞和尚有《骊龙珠吟》，取意相同。

拾得也有几首世情诗。

> 世上一种人，出性常多事。终日傍街衢，不离诸酒肆。
> 为他作保见，替他说道理。一朝有乖张，过咎全归你。
>
> （拾一三）

描绘世人百相。

> 少年学书剑，叱驭到荆州。闻伐匈奴尽，婆娑无处游。
> 归来翠岩下，席草玩清流。壮士志未骋，猕猴骑土牛。
>
> （拾二九）

这两首诗没有佛道色彩，后一首抱怨晋升缓慢，似为士大夫所为，整首诗比较典雅，最后一句看似俚俗，其实是来自《世说新语》一则典故。

拾得诗中亦有几首自述其怀之作。

> 自笑老夫筋力败，偏恋松岩爱独游。
> 可叹往年至今日，任运还同不系舟。
>
> （拾二二）

"不系舟"，《庄子·列御寇》："巧者劳而智者忧，无能者无所求，饱食而遨游，泛若不系之舟，虚而遨游者也。"① 有道家任运顺化思想。

> 一入双溪不计春，炼暴黄精几许斤。
> 炉灶石锅频煮沸，土甑久蒸气味珍。
> 谁来幽谷餐仙食，独向云泉更勿人。

---

① （战国）庄周著，（晋）郭象注：《庄子注》卷十，《景印文渊阁四库全书》，台湾商务印书馆1986年版，第157页。

延龄寿尽招手石,此栖终不出山门。

（拾二三）

亦含道家修养长生,企慕驾鹤成仙思想。拾得有几首写景诗:

迢迢山径峻,万仞险隘危。石桥莓苔绿,时见白云飞。
瀑布悬如练,月影落潭晖。更登华顶上,犹待孤鹤期。

（拾四八）

天台山以险绝著称,石桥青苔更添危滑,这首诗意境清幽,语言严整。

云林最幽栖,傍涧枕月溪。松拂盘陀石,甘泉涌凄凄。
静坐偏佳丽,虚岩曚雾迷。怡然居憩地,日斜树低影。

（拾五三）

此诗与寒山诗句多重。寒山诗云:"盘陀石上坐,溪涧冷凄凄。静玩偏嘉丽,虚岩蒙雾迷。恬然憩歇处,日斜树影低。我自观心地,莲花出淤泥。"(二六七)拾得诗多撷取寒山诗精华句。诗人静居山林怡然自适,与自然冥会。不言参禅,只写悟境,自比寒山诗高妙。其中"日斜树低影"最有禅意。

拾得诗在艺术成就上不如寒山诗,其诗题材更为狭窄,有鲜明的功利性。佛理诗多直接说理,概括性增强,来自生活的鲜活形象被遮蔽,感染力大为削弱。通俗诗派的社会批判性进一步减弱。

丰干诗仅存二首,均是叙说佛理。《壁上诗二首》:

余自来天台,凡经几万回。一身如云水,悠悠任去来。
逍遥绝无闹,忘机隆佛道。世途岐路心,众生多烦恼。
兀兀沈浪海,漂漂轮三界。可惜一灵物,无始被境埋。
电光瞥然起,生死纷尘埃。寒山特相访,拾得常往来。
论心话明月,太虚廓无碍。法界即无边,一法普遍该。

本来无一物，亦无尘可拂。若能了达此，不用坐兀兀。

——《全唐诗》卷八百零七

第五节　寒山、拾得、丰干诗歌的传播

在中国，寒山、拾得、丰干诗自晚唐起就在禅林文坛、道教羽流中流传，以至有"家有寒山诗，胜汝看经卷。书放屏风上，时时看一遍"之说。到了北宋更多的寒山诗被"集录"起来，并引起了文坛的广泛注意。寒山诗的内容和风格也深深影响到文人和缁流的创作，并被后人引用，拟作、赓和。继而远播域外，并在海外掀起颇具声势的"寒山热"或"寒山狂"。正如寒山诗中所预见的那样："忽遇明眼人，即自流天下。"（三〇五）

一　寒山诗在文坛、禅林中的影响

（一）士大夫文人阶层

在文人阶层，最早效仿寒山诗的是中唐时期的大诗人白居易。而首次在诗歌中提及寒山的是晚唐诗人李山甫，其《山中寄梁判官》诗云：

> 归卧东林计偶谐，柴门深向翠微开。
> 更无尘事心头起，还有诗情象外来。
> 康乐公应频结社，寒山子亦患多才。
> 星郎雅是道中侣，六艺拘牵在隗台。[1]

至宋代，寒山诗备受文士推崇，如黄庭坚便倾倒于寒山诗，祖琇《隆兴编年通论》卷二十中记载：

> 昔宝觉心禅师尝命太史山谷道人和寒山子诗，山谷诺之，及淹旬不得一辞。后见宝觉，因谓："更读书作诗十年，或可比陶渊明。若寒山子者，虽再世亦莫能及。"宝觉以谓知言。山谷，吾宋少陵也，所言

---

[1] （清）彭定求等：《全唐诗》卷六百四十三，中华书局1960年版，第7369页。

如此。大凡圣贤造意，深妙玄远，自非达识洞照，亦莫能辨。①

从中可以看出，寒山诗在宋代文士中已获得极高声誉。黄庭坚十分醉心于寒山诗，常书写寒山诗，僧惠洪跋曰：

山谷论诗，以寒山为渊明之流亚。世多未以为然。独云岩长老元悟以为是。此道人村气而俎豆山谷、灵源之间也，已可惊骇。乃又能斫评诗之论，殊出意外，此寒山诗也，以山谷曾喜书之，故多为林下人所得。②

黄庭坚曾手书寒山"我见黄河水"一诗横披，现藏台湾故宫博物院。③"灵源"指灵源惟清，为黄龙祖心弟子。黄庭坚推崇寒山，主要从寒山的隐逸诗中汲取养分。

文人雅士不仅喜欢读寒山诗，而且还拟作。据现存文献典籍记载，文人率先拟作寒山诗者当推北宋时期著名的政治家、文学家王安石。他有《拟寒山拾得二十首》，现录一首：

牛若不穿鼻，岂肯推人磨？
马若不络头，随宜而起卧。
乾地终不涴，平地终不堕。
扰扰受轮回，只缘疑这个。④

王安石所拟之作，均是寒山阐释佛理的俗体诗。其选字造语，禅理旨趣皆得寒山诗之真髓。刘克庄评其拟作："惟大儒王荆公拟其体似之，他人效颦不近傍也。"⑤ 他还曾给外孙写诗曰：

---

① 项楚：《寒山诗注》，中华书局2000年版，第1007页。
② （宋）惠洪：《石门文字禅》卷二十七，四部丛刊三编子部本，第13页。
③ 易中发：《诗人寒山研究》，朱传誉：《寒山子传记资料之一》，天一出版社1982年版。
④ （宋）王安石：《临川先生文集》卷三，四部丛刊初编本，第3页。
⑤ （宋）刘克庄：《勿失集序》，《后村先生大全集》卷九十八，四部丛刊本，第12页。

……诸孙肯来游，谁谓川无舲。姑示汝我诗，知嘉此林坰。末有拟寒山，觉汝耳目荥。因之授汝季，季也亦淑灵。①

王安石诗好议论，认为寒山诗"耳目荥"并推荐给孙子，当是为寒山诗新奇的诗歌形式所吸引。继之，苏轼亦有拟作八首，《次韵定慧钦长老见寄八首并引》云："苏州定慧长老守钦，使其徒卓契顺来惠州，问予安否，且寄《拟寒山十颂》。'语有璨、忍之通，而诗无岛、可之寒。'吾甚嘉之，为和八首。"② 现录二首：

其一

左角看破楚，南柯闻长滕。钩帘归乳燕，穴纸出痴蝇。
为鼠常留饭，怜蛾不点灯。崎岖真可笑，我是小乘僧。

其二

铁桥本无柱，石楼岂有门。舞空五色羽，吠云千岁根。
松花酿仙酒，木客馈山餐。我醉君且去，陶云吾亦云。

此事发生在苏轼被贬惠州期间。在被贬生涯中，他以佛道思想作为解脱困厄的精神依托，特别是禅宗随缘自适、任运自在的思想对他"寓身物中，超然物外"的人生观形成有着重要影响，这也是他接受寒山诗的心理基础。他说："但记寒岩翁，论心秋月皎。黄香十年旧，禅学参众妙。"③ 提到的就是寒山诗极富禅境的"吾心似明月，碧潭秋皎洁"一首。苏轼学博才高，模拟之作往往能翻陈出新，穷尽其妙，拟寒山诗亦然。

---

① （宋）王安石：《寄吴氏女子》，《临川集》卷一，商务印书馆影印本（1929年版），第6页。
② （宋）苏轼著，（清）王文诰辑注：《次韵定慧钦长老见寄八首》，《苏轼诗集》卷三十九，中华书局1982年版，第2144页。
③ （宋）苏轼著，（清）冯应榴辑注：《苏轼诗集合注》卷四十九，上海古籍出版社2001年版，第2408页。

宋明理学家对寒山诗亦表现出极大的兴趣。他们明性理的诗，在表现方法与风格上都受到寒山诗的影响。例如邵雍《击壤集》、庄昶的《定山集》、陈献章的《白沙集》等都深得寒山诗三昧。朱熹也极喜寒山诗，"晚岁颇取寒山子诗"①。他在《与南老帖》说：

> 寒山子诗彼中有好本否？如未有，能为雠校刊刻，令字画稍大，便于观览，亦佳也。……寒山诗刻成幸早见寄，有便足附至临安赵节推厅，托其寻便，必无不达。渠黄岩人也。②

可见他对寒山诗表现出了极大的热情。南宋时刻印的《寒山子诗集》中还录有朱熹此帖及陆游与天封明公勘正寒山诗帖。寒山诗中楚辞一首即是经陆游校勘、辨误的。陆游还曾闭门研治寒山诗，并一举拟就百首之多，为文人拟作寒山诗之最。可惜百首拟作没有流传下来。他在《次韵范参政书怀》十首，其二自谓："掩关未必浑无事，拟遍寒山百首诗。"③

南宋时期士大夫与文人之间，往往还以抄写寒山诗互为赠送，当时彭大夫即以寒山诗惠赠给曹勋，于是曹勋以诗回敬，作《谢彭大夫惠寒山诗三首》。由此可见寒山诗在文人士大夫阶层的影响。

宋代文士喜好寒山诗，模拟寒山诗更成一时风气，许多名家亦纷纷参与，推波助澜。寒山诗之所以在宋代引起如此大的轰动效应，是因为寒山诗适应了宋代诗风新变的需求。清人刘熙载在《艺概》中说："唐诗以情韵气格胜，宋苏、黄皆以意胜。"这一说法已为大多数人认同。寒山诗精妙的议论识度、警醒脱俗的形式对宋代文人无疑是具有影响力的。刘克庄论及寒山诗："余每谓寒山子何尝学为诗，而诗之流出于肺腑者数十首，一一如巧匠所斫，良冶所铸。"④他在《后村诗话续集》

---

① （宋）牟巘：《碧潭说》，《陵阳先生集》卷十四，嘉业堂校刻本（1927年版）。
② ［日］宫内省本：《寒山诗集》卷首，转引自项楚：《寒山诗注》，中华书局2000年版，第994页。
③ （宋）陆游著，钱仲联校注：《剑南诗稿校注》，上海古籍出版社1985年版，第1750页。
④ （宋）刘克庄：《勿失集序》，《后村先生大全集》卷九十八，四部丛刊本，第12页。

中云:"寒山诗粗言细语皆精诣透彻,所谓一死生齐彭殇者。亦有绝工致者,如'域中婵娟女,玉佩响珊珊。鹦鹉花间弄,琵琶月下弹。长歌三日绕,短舞万人看。未必长如此,芙蓉不耐寒。'殆不减齐梁人语。"① 据《朱子语类》卷一四〇《论文下》载,朱熹亦颇好此诗,评曰:"如此类,煞有好处,诗人未易到此"。

可以说,正是由于寒山诗涵盖多种思想,内容广泛,艺术风格多样,满足了宋代文人雅士的不同审美需要和欣赏趣味,并从中找到足可效法的范例,才被广为传唱的,而宋代诗风向说理化、议论化方向发展的过程中,寒山诗所起的作用也是不可低估的。

到了明清,仍有不少文士学寒山诗。彭际清于《二林居集》卷八《跋荆川先生诗卷》中论唐宋派代表诗人唐顺之曰:

> 荆川先生诗早岁学初唐。中年以往,屡称寒山、《击壤》。与人书曰:近日觉得诗文一事,只是直写胸臆,如谚所云开口见喉咙者,使后人读之如见其真面目,此为上乘文学。

从李贽和"公安三袁"(宗道、宏道、中道)的作品中亦可看到寒山诗影响的痕迹。清代诗坛效法寒山诗风格的一派有陈献章等,陈有《用韵效寒山》二首。可见拟作寒山诗代有闻人。

(二) 在禅院羽流的影响

自徐灵府收集编撰寒山子诗集,曹山本寂复注《对寒山子诗》之后,寒山子诗很快"流行宇内"②,在僧道间反响尤甚。

寒山多被载入禅宗典籍中。在《祖堂集》中即已经出现沩仰宗创始人灵祐(771—853)入天台山,路遇寒山子之事,③ 时为贞元九年(793)。寒山送灵祐的故事后来成了禅门话头。灵祐在与仰山慧寂禅师问答中,引"蚊子上铁牛,无汝下嘴处"来阐明禅理,这是现存禅宗

---

① (宋)刘克庄:《后村诗话》,中华书局1983年版,第109页。
② (宋)赞宁:《宋高僧传》卷十三《梁抚州曹山本寂传》,中华书局1987年版,第308页。
③ (宋)赞宁:《宋高僧传》卷十一《唐大沩山灵祐传》,中华书局1987年版,第264页。又见《祖堂集》卷十六《沩山和尚》。

典籍中引用寒山诗句参禅悟道之滥觞。① 在唐末五代，禅门中斗机锋多引寒山诗。如福州罗山道闲为岩头全奯法嗣，有僧举寒山诗问：

"'百鸟衔苦华'时如何？"师曰："贞女室中吟。"曰："'千里作一息'时如何？"师曰："送客游庭外。"曰："'欲往蓬莱山'时如何？"师曰："欹枕觑猕猴。"师曰："'将此充粮食'时如何？"师曰："古剑髑髅前。"②

五代禅宗大师风穴延沼、临济宗南岳下十三世梵言禅师，均曾引寒山、拾得诗作为上堂的法语。《碧岩录》中雪窦禅师的颂古，克勤禅师的垂示、评唱或语要，也每引寒山诗做参禅悟道的工具。《续传灯录》卷八载文慧禅师以参寒山诗入道，被义怀禅师赞为"此吾家之千里驹也"，而名闻遐迩。又宋释惠洪在《林间录》卷下自谓爱读玉梵志和寒山子诗，并指明阅读二诗之要诀。文云：

予尝爱王梵志诗云："梵志翻着袜，人皆谓是错。宁可刺你眼，不可隐我脚。"寒山子诗云："人是黑头虫，刚作千年调。铸铁作门限，鬼见拍手笑。"道人自观行处，又观世间，当如是游戏耳。③

总而言之，晚唐、五代、两宋以来，引用寒山诗，或作为上堂法语，垂示弟子；或作为参禅的工具，启人悟道已成为禅师们的韵事雅举。与此同时，"寒山、拾得诗自流行以后，拟作者、和韵者陆续不绝，'寒山体'遂为诗家之一体。拟作之著名者，有宋法灯和尚、慈受怀深、元中峰明本诸禅师。追和寒山、拾得诗集者，则有明楚石梵琦、石树通隐、清野竹和尚，及林春山居士。"④ 而首开拟作寒山诗之风的

---

① 详见（宋）普济：《五灯会元》卷九《沩山灵祐禅师》，中华书局1984年版，第523页。
② （宋）道元，顾宏义译注：《景德传灯录译注》卷十七，上海书店出版社2009年版，第1279页。
③ （宋）惠洪：《林间录》卷三五八，文渊阁四库全书本，第1052册。
④ 项楚：《寒山诗注》，中华书局2000年版，第1001页。

则是善昭禅师（945—1022），他共拟八首。如：

> 寂寂虚闲处，人疏到此来。透窗明月静，穿户日光开。
> 鹤聚庭前树，莺啼宇后台。同心谁得意，举目望天台。①

北宋时有鹿门法灯禅师之拟作，对当时和后世颇具影响。如《续传灯录》卷十七引《罗湖野录》，谓焦山枯木法成禅师问智朋禅师曰："汝记得法灯《拟寒山诗》否？"智朋遂诵"谁人知此意，令我忆南泉"。又元代南堂遗老清欲于《寒山诗集·序诗》后题诗曰："富哉三圣诗，妙处绝言迹。拟之唯法灯，和之独楚石……"② 法眼文益弟子清凉泰钦有《拟寒山诗》十首；云门宗的慈受怀深有《拟寒山诗》148首，前有建炎四年（1130）自序。灯录和语录中记载的不少禅人作品的风格都与寒山诗相似。

据现有文献典籍，赓和寒山子诗是元代的楚石梵琦和尚首开此风。梵琦《和三圣诗自序》有云："天台三圣诗，流布人间尚矣。古今拟咏非一，而未有次其韵者。余不揆凡陋，辄撰次和之，殆类摸象耳。"③ 楚石赓和了"三圣"全诗。后由晟藏主编次，清欲题诗并记。迄至明末，有石树道人通隐为之再和。其《和三圣诗自序》曰：

> ……拟作者如法灯、慈受、中峰诸祖，而赓韵者惟国朝楚石梵琦禅师。余初读之，不知三圣之为楚石、楚石之为三圣。再读之，恍若三圣之参前，楚石之卓立也。是时凡遇佳山胜水，好风朗月，目之所见，意之所会，辄不禁长吟短咏，独于三圣诗未敢轻和。癸未罢参，高卧黄海，复见三圣诗，读之爽然曰：此余向所欲和者也。去余三百年之上有楚石，去楚石五百年之上有三圣，时移事易，风韵若合符节。彼在盛唐、国初者，犹有世道人心之叹，今时人心逾薄，生兹不辰，所见所闻，又当超三圣、楚石而快言之。随拈三圣

---

① （宋）汾阳善昭撰，石霜楚圆编：《汾阳无德禅师语录》卷下，《大正藏》第四十七册。
② （元）了庵清欲撰《南堂了庵欲禅师语录》卷二十二，蓝吉富：《禅宗全书》，北京图书馆出版社2004年版。
③ 项楚：《寒山诗注》，中华书局2000年版，第989页。

韵而为石树诗，不逾月而和竟。乃辗然曰：吾愿在二十年前，而酬于二十年后，吾事毕矣，但未知于三圣悯世惺世之旨有当乎否也？姑录此藏之名山，俟后五百年，或复有人焉读之和之耳。①

石树法弟戒显为之撰序。后来清人将之镌刻。初刻乃将"三圣"、楚石与石树和诗分三集行世，名曰《禅林唱和集》。为便于对照阅读，有人遂将楚石、石树和诗简次于原诗之后合刊，是为再刻。名曰《和三圣诗集》。

尽管寒山诗引起了部分文人士大夫的瞩目，但是在很长的历史时期内，寒山诗主要在佛教内部传唱，并没有在主流文学中占据一席之地。直到20世纪二三十年代五四新文化的运动中，寒山再次受到重视。胡适先生极力推崇寒山诗，他在1928年撰写的《白话文学史》中，对寒山的生平、身世等作了翔实的考证，认为寒山是唐代早期的三位白话诗人之一，肯定了王梵志、寒山、拾得在白话文学史上的地位。郑振铎的《中国俗文学史》中也论述了他们的诗作，刘大杰的《中国文学发展史》和苏雪林的《唐诗概论》都评述了他们在文学史上的地位。

二　寒山诗在域外的传播

寒山诗歌在域外也引起强烈反响。宋元时代，寒山诗便传到朝鲜、日本。对朝鲜和日本禅门、诗人产生很大影响。元代朝鲜多次刊印寒山集，至今朝鲜刻本仍是寒山诗版本的上品。在日本，寒山诗一直备受推崇，日本皇宫书陵部保存着寒山诗集的南宋版本珍品。日本几百年来有多种寒山诗注释本流传。最著名的译释本就有：宽文年间（1661—1672）《首书寒山诗》三卷，元禄年间（1688—1703）交易和尚《寒山诗管解》六卷，延享年间（1744—1747）白隐禅师所著之《寒山诗阐提记闻》三卷、文化年间（1804—1817）大鼎禅师所著之《寒山诗索蹟》三卷，连山《寒山诗手书》，明治年间（1868—1911）释清潭之《寒山诗新释》、和田健次编著之《寒山诗讲话》。20世纪寒山诗集在日本一再出版，大田悌藏著有《寒山诗解说》、入矢义高注解有《寒山

---

① 项楚：《寒山诗注》，中华书局2000年版，第987页。

诗选集》。在寒山研究领域，日本学者亦表现得极为活跃。台湾学者钟玲在1970年《寒山在东方与西方文学界的地位》一文中指出："寒山诗在日本几百年来都有稳固的地位，有两个原因，一是宗教意味的诗在日本所得的评价远比在中国高，尤其是有禅宗意味的诗。……另一个理由是，日本人一向喜欢中国诗里白话成分较多的诗，如白居易和元稹在日本的地位远比在中国高，寒山既然写的是通俗、简明、流畅的文字，正投合日本人之所好，故能成为评价很高的诗人。"[1] 日本、朝鲜均属于汉文化圈，它们的文化和文学深受中国影响，寒山诗歌在中国的传播必然会对它们的接受产生影响。

在西方，20世纪五六十年代，随着寒山诗逐渐被翻译，"寒山诗热"在美国和欧洲迅速地兴起，导致了六七十年代西方青年中"嬉皮士"风潮的形成。一些大学生模仿寒山行迹，留长发，蓄长须，身着破衣烂衫，成群结队，在牧场、丛林、公园中流浪、露宿。他们朗诵寒山诗，自称"寒山禅"，把寒山子当做崇拜偶像。德国、法国、英国等欧洲青年也随之响应。这些青年企图从古老的中华文明中，从寒山的禅悟诗里，寻找在发达的工业社会中失落了的精神家园。[2]

"寒山热"在西方兴起的直接原因是美国的著名小说家杰克·克洛厄（Jack Kerouac）写的一本小说《达摩流浪者》（*The Dharma Burns*），书中介绍了寒山精神和禅宗顿悟的修行方式，收了史奈德翻译的24首寒山诗，史奈德作为主人公原形被描述成"美国的寒山"。更引人注目的是，作者在这部以20世纪五六十年代的美国为背景的小说的扉页上写着"献给寒山"，把推崇寒山行为和诗歌的美国当代自然文学作家代表人物史奈德与寒山一起奉为"嬉皮士"鼻祖。而后，深受自然文学影响的查尔斯·弗雷泽尔（Charles Frazier）创作了一部以美国内战为背景的小说《寒山》（*Cold Mountain* 又译为《冷山》），即以寒山为书名，并在小说扉页引用了寒山的诗句："人问寒山道，寒山路不通。"该小说获得1999年美国国家图书奖。

一个一千多年以前的中国诗人为什么被20世纪的西方青年奉为鼻

---

[1] 台湾《中国诗季刊》3卷，1972年第4期。
[2] 参见台湾《中国诗季刊》3卷，1972年第4期。

祖,并引起如此大的轰动?这是一个值得思索的问题。

美国青年的文化运动的口号是解放,传统被抛弃,社会按人的意愿来塑造。这种文化思潮产生于20世纪60年代,美国高度发达的工业社会中人与自然都趋于物化或者商品化。科技的高度发达满足了人们的物质需求,却付出了自由的代价。马尔库塞认为,现代工业社会是新型的极权主义社会。这种极权主义表现在利用科技手段制服离心的社会力量。工业社会的一体化和极权化使人产生"单向度的思想和行为模式","整个生产机构以及它所生产的商品和所提供的服务,构成一种强加于社会全体成员之上的社会制度。强烈地影响和规定了人们的生活方式,生活习惯以及他们的情绪和观点"[1]。伴随而来的环境恶化、战争、失业、人权等社会问题,引发了一股反对技术与商业对异化文化"禁锢精神的运动"。

寒山及其诗歌一经传播至美国,立即被"嬉皮士"奉为圭臬。寒山癫狂不羁,以桦树皮做帽,破衣木屐,独言独笑,破落不拘的形象和行为,被美国青年所模仿。寒山诗歌宣扬独立自主、无所依傍的精神,亦被美国"嬉皮士"极力推崇,并发展至极端。而寒山真正对美国青年产生影响的是他鄙弃正统文化的价值观念,追寻不为世人所累的精神的自由和人格的独立。在这一点上,寒山的文化精神和"美国青年在思想文化领域对正统价值标准的公开反叛和挑战"[2]是一致的。

---

[1] [美]马尔库塞:《当前革命斗争的问题》和《五篇演讲》,转引自涂纪亮《美国哲学史》第3卷,社会科学文献出版社2007年版,第463页。

[2] 刘绪贻:《战后美国史1945—2000》,人民出版社2002年版,第338页。

第三章　皎然的诗歌创作

皎然是中唐前期著名的诗僧、批评家。他经历了天宝、大历和贞元三个阶段，此时正是盛唐诗歌极盛而衰，元和新变尚在酝酿的关键时期。其诗歌诸体皆备，保存较完整，又著有诗论《诗式》，为研究8世纪诗歌的创作和发展提供了可贵的资料。目前，皎然诗歌及其诗论著作逐渐被学者所重视，研究工作也正逐步深入。有关皎然身世的记载，除赞宁《宋高僧传》卷二十九《唐湖州杼山皎然传》而外，宋人计有功《唐诗纪事》卷七十三、谈钥《嘉泰吴兴志》卷十七《释道》、元人辛文房《唐才子传》卷四均有小传。当代学者贾晋华《皎然年谱》、漆绪邦《皎然生平及交游考》等亦对皎然生平经历、作品系年进行了详细地考证。本章拟结合历代相关材料和近人研究成果对皎然生平思想、交游活动、诗歌创作、诗论著作等有关问题作深入探讨。

第一节　皎然生平与思想

一　皎然的生平

于頔《吴兴昼上人集序》称"有唐吴兴开士释皎然，字清昼"[1]。刘禹锡《澈上人文集纪》云："皎然字昼，时以字行。"[2] 赞宁《宋高僧传·皎然传》称："释皎然，字昼，姓谢氏，长城人。"[3] 皎然诗

---

[1] （唐）于頔：《杼山集序》，《景印文渊阁四库全书》册1071，台湾商务印书馆发行1986年版，第736页。
[2] （唐）刘禹锡：《刘禹锡集》卷十九，中华书局1990年版，第240页。
[3] （宋）赞宁：《宋高僧传》卷二十九，中华书局1987年版，第728页。

《五言早春书怀寄李少府仲宣》序中自称生于"长城卞山"①,据《旧唐书》记载,江南东道湖州吴兴郡下辖有长城县。② 可见,皎然为湖州长城人,字清昼,又字昼。

(一)皎然生卒年考辨

皎然生年,目前研究者多认定为唐玄宗开元八年(720)。③ 关于皎然卒年,《宋高僧传》称:"以贞元年终山寺。"贞元八年正月,集贤殿御书院敕征皎然文集,湖州刺史于頔奉命编辑其诗十卷,并作序。唐李肇《国史补》卷下曰:"吴僧皎然,亦名昼,盛工篇什,著《诗评》三卷,及卒,德宗降使取其遗文。"④ 于頔奉命编辑诗集时,皎然仍在世。于頔《杼山集序》谓:"上人以余尝著诗述论前代之诗,遂托余以集序。"卷八《唐苏州东武邱寺律师塔铭(并序)》中,皎然曾为卒于贞元十二年的僧齐翰写塔铭。⑤ 清孙治《灵隐寺志》不知何据,谓皎然永贞初卒。唐顺宗贞元二十一年八月才改年号"永贞",次年即被宪宗元和取代。据此推知,皎然卒于贞元末年。又《全唐文》卷九一七于皎然名下收录有《寄赠于尚书书》,姚垚《皎然年谱稿》、刘曾遂《唐诗僧皎然卒年考辨》⑥、张靖龙《皎然生卒年考》⑦ 皆考证"于尚书"为山南东道节度使兼检校尚书右仆射于頔,其任职于贞元十四年(798)。贞元十六年(800),于頔击溃彰义节度使吴少诚叛乱,《寄赠于尚书书》中有"使奸臣贼子无萌芽于祸乱"语,遂认为皎然卒于贞元十六年(800)后,贞元二十一年(805)前。然《全唐文》卷六八八于符载名下亦载有《寄赠于尚书书》,文题内容相同。有学者考知此文作者

---

① (唐)皎然:《杼山集》卷二,《景印文渊阁四库全书》册1071,台湾商务印书馆发行1986年版。本章中引用皎然诗全本此书,后文不再注释,只标明卷数。
② (后晋)刘昫、张昭远等撰:《旧唐书》卷四十,《二十五史》本,上海古籍出版社1986年版,第3674页。
③ 参见姚垚《皎然年谱稿》,《中国书目季刊》1979年第13卷第2期,第29页;李壮鹰:《诗式校注》"前言",齐鲁书社1986年版,第1页。贾晋华:《皎然年谱》厦门大学出版社1992年版,第9页。
④ 《景印文渊阁四库全书》册1035,台湾商务印书馆发行1986年版,第444页。
⑤ 《唐苏州东武邱寺律师塔铭(并序)》一文中称,齐翰天宝九年受具足戒,"春秋六十八,僧夏四十七",由此推知齐翰当卒于贞元十二年,此时皎然尚存。
⑥ 刘曾遂:《唐诗僧皎然卒年考辨》,《杭州大学学报》1980年第4期。
⑦ 张靖龙:《唐代文学研究》第二辑,广西师范大学出版社1990年版,第181页。

为符载。又张籍《雪溪西亭晚望》有"吴兴耆旧尽,空见白苹洲"①。据《登科记考》卷十四记载,张籍于贞元十四年冬赴汴州考试,十五年登进士第。张籍游湖州在考前,当是贞元十三年至十四年秋间。辨析上述考证,笔者认为皎然卒年当在贞元十二年至贞元十四年之间。

(二)皎然的身世经历

皎然系陈郡阳夏谢氏后裔,于頔《昼上人文集序》称其为"康乐十世孙",《杼山集》卷十《五言冬日建安寺西院喜昼公自吴兴至联句一首》,王遘一联亦称"宗系传康乐"。虽非皎然亲说,却可以肯定是出自其授意和默许。后遂为《新唐书·艺文志》、《宋高僧传·皎然传》所采用并沿袭。贾晋华经过详细考辨认为,皎然系谢安十二世孙,谢灵运是其九世从祖。②

然而,令人疑惑的是皎然既是谢安之孙,为何冒称"宗系传康乐"呢?谢安一生功绩显赫,高标风仪,是士林崇尚的风流人物。谢安在世时,谢氏家族门第高华,芝兰玉树,冠盖满堂,达到极盛。南朝时期,谢氏其他宗系衰微,谢安曾孙谢弘微一支最为兴旺,人物亦最盛,谢庄、谢朓、谢举等均是南朝"风流领袖"。取得"三世选部"殊荣的也出自谢安一支。皎然舍此而冒认谢灵运为嫡祖,显然有着鲜明的时代特征和复杂的心理因素。以"宦""婚"起家而至高门峻户的谢氏家族,在南朝频繁的政权更替和复杂的政治斗争中不断被削弱。至陈朝末年,谢氏子嗣不盛,仕宦不振,近亲中又无强有力的人物援引,已降为孤寒之族。甚至在陈始兴王陈叔陵挖掘作为谢氏标志的谢安墓时,族中竟无一人出面干预。至隋唐,谢氏家族更加没落无闻。家族的衰败,加之战乱破坏,使皎然深切地感受到门望荣华的衰残:"东田已芜没,南涧益伤嗟。崇替惊人事,凋残感物华。"(《五言早春书怀寄李少府仲宣》,(卷二))

门第既不可恃,若要振兴宗族,只能和唐代多数士人一样,通过科举获得晋身之阶。因为唐代以诗赋取士,皎然遂大肆宣扬谢氏在文学上的功绩和传统,以谢氏继承人自居,其目的不过是为了彰显声名,取誉于文人士大夫。其诗《七言述祖德赠湖上诸沈》云:

---

① (清)彭定求等:《全唐诗》卷三百八十四,中华书局1960年版,第4311页。
② 贾晋华:《皎然年谱》,厦门大学出版社1992年版,第6页。

我祖文章有盛名，千年海内重嘉声。雪飞梁苑操奇赋，春发池塘得佳句。世业相承及我身，风流自谓过时人。初看甲乙矜言语，对客偏能鸲鹆舞。饱用黄金无所求，长裾曳地干王侯。一朝金尽长裾裂，吾道不行计亦拙。岁晚高歌悲苦寒，空堂危坐百忧攒。昔时轩盖金陵下，何处不传沈与谢。绵绵芳籍至今闻，眷眷通宗有数君。谁见予心独漂泊，依山寄水似浮云。

(卷二)

谢灵运在诸谢中最富诗名，而且深得唐代文士喜爱，假冒其裔孙显然对于科举取胜、融入文人士大夫圈子是极有利的。《五言晨登乐游原望终南积雪》当是客居京师时所作，诗云：

凌晨拥弊裘，径上古原头。雪霁山疑近，天高思若浮。
琼峰埋积翠，玉嶂掩飞流。曜彩含朝日，摇光夺寸眸。
寒空标瑞色，爽气袭皇州。清眺何人得，终当独再游。

(卷六)

此诗当是在科举失利后登上长安古原所作，但是丝毫没有衰飒和颓废之气，充满昂然不肯服输的进取精神。皎然最终没能走通科考晋身之路，走投无路只得皈依佛门，另作他图。《七言答李侍御问》中云："入道曾经离乱前，长干古寺住多年"(卷二)，可知皎然是在"安史之乱"前出家为僧的，曾在润州江宁县长干寺居住。其《唐苏州东武邱寺律师塔铭并序》载，武邱律师齐翰天宝九年(750)受具足戒，其法腊四十七，卒于贞元十二年(796)，皎然为齐翰作塔铭应是贞元十二年(796)之后。皎然与之为"乡僧"，因"戒有一日之长，许为法兄"，在佛门受业于师，先于己者，唤之为兄。故可推断，皎然受具足戒应早于齐翰。释门规定，沙弥二十岁方可受戒，皎然当于开元二十七年(739)至天宝九年(750)之间[①]，"登戒于灵隐戒坛守直律师

---

① 贾晋华：《皎然出家时间及佛门宗系考述》，《厦门大学学报》1990年第1期。

边"①。皎然《唐杭州灵隐山天竺寺故大和尚塔铭并序》曰:"大师生缘钱塘范氏,讳守真,字坚道"。(卷八)"守直"当讹。守真大历二年(767)始隶天竺山灵隐峰,至五年(770)三月卒。研究者多据此推断,皎然于此期间受戒。然而,并非定然如此,因为主持戒坛的并非只能是本寺的律师,挂单僧或者云游僧亦可。大历二年至大历五年间,皎然似乎未离开湖州,大历三年皎然开始隐居于苕溪草堂前。

皎然受戒后似乎有一段游历访学、结交公卿时期。《皎然传》称:"后博访名山,法席罕不登听者。……凡所游历,京师则公相敦重,诸郡则邦伯所钦。"②"安史之乱"爆发后,皎然返回湖州,以谢家宗子、地方名僧的身份参与湖州周围大小社交活动。与权倾一方的地方大员,如与湖州历任刺史崔论、卢幼平、裴清、袁高、陆长源、李洪、于頔等过从甚密。这些地方官员往往不仅是地方行政首脑,而且是主盟一方的文学领袖,他们周围总是围绕着一些地方官员、往来文人、僧道隐士,经常进行诗歌酬唱活动,皎然亦因预唱,而成为湖州诗坛主要人物。大历八年(773),颜真卿任湖州刺史,将湖州诗会推至高峰。他以编撰《韵海镜源》为契机,聚集了大批的江南文士。编撰之隙举行的诗会,参与者超过历代,皎然也因之声名大震,成为湖州诗会仅次于颜真卿的核心人物。

不惟诗歌创作,皎然对诗歌理论也颇有研究。贞元四年(788),在湖州刺史李洪劝说下,皎然与吴凭重新编录已经完成的《诗式》旧稿,李洪点而窜之,编定《诗式》五卷,总结诗歌创作方法和理论,兼评古今人诗。贞元八年(792),德宗下令集贤殿御书院敕征皎然文集,刺史于頔采其诗五百四十六首编为《杼山集》十卷,序而进上。这是当时诗坛一件大事,标志着以皎然为代表的江南诗僧已经被士林普遍认可,以至于惊动皇帝。对皎然而言,终于实现多年的夙愿,当是一件极为荣耀自豪的事情。此后,皎然事迹史传无载。

皎然一生主要活动在浙西一带。醉心诗文,兼攻经史,于儒、释、道无所不涉,赢得极大的声誉。不仅受到了上流士人的青睐,而且获得

---

① (宋)赞宁:《宋高僧传》卷二十九,中华书局1987年版,第728页。
② 同上。

了敕写其文集入于秘阁的荣耀,亦被僧界誉为"释门伟器",为后世诗僧树立了成功的榜样。

二 皎然的宗系思想

谢家家学渊源,造就了皎然博闻多识。他称自己:"方舟颇周览,逸书亦备阅。墨家伤刻薄,儒氏知优劣。"(《五言妙喜寺达公禅斋寄李司直公孙房都曹德裕从事方舟颜武康士骘四十二韵》卷一)皎然的思想较为庞杂,与先儒后道终佛心路历程有关,亦是儒释道三教并立盛行的社会思潮使然。

(一)儒学

皎然宿业儒学,广泛学习儒家典籍,他说:"我祖传六经,精义思朝彻。"(《五言妙喜寺达公禅斋寄李司直公孙房都曹德裕从事方舟颜武康士骘四十二韵》)一方面是家学渊源,另一方面也是为了应对科举考试。入道以后,皎然更加迫切地修习儒学,在《五言答郑方回》中说:"宗师许学外,恨不逢孔圣。"(卷一)唐代僧人有学习儒道的传统,不仅是朝廷三教论衡的需要,也是僧人与士大夫交往的必要条件。在社交场合,僧人需要熟练地运用佛教和儒学两种不同话语,不仅要禅理精到,能够开智启性,还要具有深厚的"外学"修养,才能达到劝导士大夫信仰佛教的目的。深入学习儒家经典及先士后僧的经历,使皎然受到儒家思想和价值观的深刻影响。表现在其诗歌中主要是济世明道、哀民伤时的济世情怀。他赞颂屈原追求真理的高洁情操和忠于国家的思想品质。诗云:"国殇人悲兮雨飔飔,雨飔飔兮望君时。光茫荡漾兮化为水,万古忠贞兮徒尔为。"(《吊灵均词》,卷七)他欣赏"秦时隐商山,嘉谋匡帝道"(《五言览史》,卷八)的商山四皓,对"身退无瑕摘"、"功成弃珪璧"(《五言苕溪草堂自人历三年夏新营泊秋及春弥觉境胜因纪其事简潘丞述汤评事衡四十三韵》,卷二)的鸱夷子和鲁仲连也称颂有加。这些历史人物身上,寄托着皎然对济世建功的热烈向往。即使在为僧之后,皎然仍难作到"身外空名何足论",内心充满壮志难酬的惆怅之情:"道流安寂寞,世路倦岖嶔。此意欲谁见,怀贤独难任。"(《五言晚冬废溪东寺怀李司直纵》,卷二)皎然将自己的济世热情寄予对朋友的勉励之上。在《五言送裴邕之上京》中云:"尚文须献赋，重道莫论兵。东观今多事，应高白马生"（卷四），在《五言兵后与故人别予西上至今在扬楚因有是寄》中云："辟士天下尽，君何独屏营。运开应佐世，业就可成名。"（卷二）此诗当是宝应元年（762）刘展兵乱平息后所作。这次叛乱给江南造成极大破坏，"安史之乱，乱兵不及江、淮，至是，其民始罹荼毒矣"①。刘展部将孙待封攻陷湖州时，皎然正在湖州。战争流离之苦使个人命运和国家的盛衰紧密联系起来，皎然诗中流露出深切的忧患意识。他热切地颂扬贤臣赴朝领命，盼望能扫除天下的纷乱。

皎然生活的时代，唐王朝极盛而衰，中原战乱频繁。朝廷"辇越而衣，漕吴而食"（《吕衡州集》卷六），赋税仰仗江南，过多的征敛使南方农村经济凋敝，遇到水旱灾害，盗贼蜂起，百姓更沦落到无衣无食，无处容身的悲惨境地。皎然诗中亦蕴涵有哀民伤时的儒家精神。"岁晏无斗粟，寄身欲何所？空羡鸾鹤姿，翩翩自轻举。"（《五言赠乌程李明府伯宜沈兵曹仲昌》，卷一）"戎寇夜刺闺，民荒岁伤国。赖以王猷盛，中原无凶慝。"（《五言同薛员外谊久旱感怀兼寄呈上杨使君》，卷一）引发了作者深重的忧国忧民之情。

（二）道教

皎然脱离世网后，并非疾入空门，而是先学长生，欲期仙侣。《杼山集》卷一《五言妙喜寺达公禅斋寄李司直公孙房都曹德裕从事方舟颜武康士骋四十二韵》中云："中年慕仙术，永愿传其诀。……涓子非我宗，然公有真诀。却寻丘壑趣，始与缨绂别。"《五言南湖春泛有客自北至说友人岑元和见怀因叙相思之志以寄焉》一诗中，亦有"资予长生诀"之句，下有小注云："予尝授以胎息之诀。"胎息是道教修炼内丹的方法之一。内丹术本质上是修心之术，谓"身为鼎炉，心为神室，津为华池……自形中之神，入神中之性，此谓归根复命，犹金归性物，而称还丹也"②。把人的身体当做鼎炉，把自身的精、气、神当做药物，修炼生命，从而达到长生久视的目的。道教的内丹术与禅宗明心见性宗旨相通。皎然也曾受过丹药的诱惑，然道教炼丹术费用巨大，且

---

① （宋）司马光：《资治通鉴》，上海古籍出版社1994年版，第1513页。
② 孙昌武：《道教与唐代文学》，人民文学出版社2001年版，第118页。

"不见腾云驾,徒临洗药泉。如今成逝水,翻使恨流年"(《五言经仙人渚即沈山下古人沈羲白日升仙处》,卷三),皎然最终意识到神仙道术并不能"羽化自仙骨,延年资养生",只不过是于性外空求,所以转归信仰佛教。但是道教思想不仅对皎然淡泊知足、任随自然的人生观产生影响,而且对皎然诗学主张和审美趣味也产生了很大的影响。他亦有游仙诗,如《贻李汤》、《步虚词》等。

(三)佛教

皎然所师守真律师学养庞杂,不拘门户,对佛教诸宗广泛涉猎。《杼山集》《唐杭州灵隐山天竺寺故大和尚塔铭(并序)》云:"灵隐大师虽外精律仪,而第一义谛,素所长也,……遂诣苏州支硎寺圆大师受具足戒。……后至荆府,依真公三年苦行,寻礼天下二百馀(郡,据《全唐文》补)圣教所至,无不至焉。至无畏三藏受菩萨戒香,普寂大师传楞伽心印,讲《起信宗论》三千馀遍,《南山律钞》四十遍,平等一雨,小大双机,在我圆音,未尝异也。乃发殊愿,诵持《华严》。遂于中宵梦神人施珠一颗,及觉惘然,如珠在握。是岁入五台山,转《华严经》三百遍,追宿心也。又转《大藏经》三遍,广正见也。"守真习南山律,对天台,密宗、华严、禅宗等佛教宗派的思想都有广泛涉猎,这种不拘门派,兼收并蓄的宗风对皎然产生深刻影响。

皎然师出律宗,颇重律学,"听毗尼道,特所留心"[1]。当时正是道宣创制的南山律宗在江南极为盛行的时期。江南本来流行十诵,不知四分律仪。道宣以大乘教义来解释小乘律典,明其戒体,立其戒相,一统律藏,树立佛教徒生活规范,使四分律宗成为大乘八宗之一。这一系因道宣久居终南山,世称"南山律宗"。道宣再传弟子光州谄岸奏请中宗下旨,强制推行四分律,使南山一宗遍行江左。皎然在《唐洞庭山福愿寺律和尚坟塔铭并序》中云:"暨洪唐盛明之朝,我法尤重五教四分,飙扬景张,南山律宗居天下第一。"(卷八)揭示出南山律宗当时的地位。多数诗僧亦是律宗出身,日本学者河内昭圆曾指出,大历诗僧集团具有长于律学的共同倾向。[2] 皎然更是致力于律宗的倡导,他为多

---

[1] (宋)赞宁:《宋高僧传》卷二十九,中华书局1987年版,第728页。
[2] 蒋寅:《大历诗人研究》上,中华书局1995年版,第326页。

名律宗僧人写塔铭、碑铭，为缁流所归。

皎然重视律学，但也博学他宗，不墨守成规。在《唐苏州东武邱寺律师塔铭并序》中指出："律者，圣道游人之津，为心见所瑕，多溺近果，不然则极地之阶乎？"（卷八）以为律学只是入道之津梁，极地之阶梯，寻常律师不明其义，多生执著，以至溺于近果，不能上达。皎然继承守真开放融通的宗风，他遍访法席，出入佛教诸宗，平等视之。

从皎然的作品来看，他受天台宗和禅宗的影响最大。天宝末至元和年间，天台宗九祖荆溪湛然及其徒元浩，大兴止观之学于东南，江南文人如李华、梁肃、灵澈、权德舆、刘禹锡、柳宗元等，皆深受影响，皎然也在其列。皎然与天台宗僧众往来密切。他对智者大师创立的一心三观之奥旨颇多赞颂之词，《天台和尚法门义赞》云："我立三观，即假而真。如何果外，强欲明因。万象之性，空江月轮。以此江月，还名法身。"（卷八）皎然之所以与天台宗关系密切，有师承原因。其师守真曾从天台八祖左溪玄朗学法。李华《故左溪大师碑》云："弟子……常州福业寺僧守真，……纯得醍醐，饱左溪之道味。"[①]"常州福业寺"当为杭州灵隐寺。《宋高僧传》和皎然《唐杭州灵隐山天竺寺故大和尚塔铭（并序）》均提及守真抵江陵，依真公三年练行。惠真公系天台宗玉泉寺系统中弘景法师传灯者。宋志磐《佛祖统记》卷十将守真列为左溪旁出十家之一。有了这样一层师承关系，皎然为左溪亲传弟子道遵和亦属天台一系的神皓作塔铭，就不显得那么费解了。皎然与天台宗中兴之祖湛然的传法弟子元浩为道交，和湛然的俗家弟子梁肃颇有往来，算起来他们也算同宗法兄弟。天台宗主张"止""观"双运，"定""慧"双照。前者为诗人于山石草木中体悟佛性做准备，后者的观照方式对诗禅融通有极大的启发。皎然与神皓弟子维谅多有诗文往来，其《洞庭山维谅上人院阶前孤生桔树歌》云："若言此物无道性，何意孤生来就人？"（卷七）"原上无情花，山中听经石。"自注云："圣教意：草木等器，世间虽无情而理通。又云：'郁郁黄花，无非般若'是其义。"（《五言苕溪草堂自大历三年夏新营泊秋及春弥觉境胜因纪其事简潘丞述汤评事衡四十三韵》卷二）其中隐含着天台宗"无情有性"的思想。

[①]（清）董诰等：《全唐文》卷三二〇，中华书局1982年版，第3241页。

无情有性说拉近了人与自然的距离，人通过观察体悟自然而达到悟境。皎然对天台教义十分熟悉和推崇，天台宗法显然对皎然的诗论和创作有重要影响。

禅宗始终是皎然佛学思想的主导。皎然接触禅宗大约在中年时期。《皎然传》云："及中年，谒诸禅祖，了心地法门。"《杼山集》卷八在《达摩大师法门义赞》里说："我师西来，传乎真诀。大轮当路，小乘亡辙。冥冥世人，初见日月。权迹有归，光云不灭。"赞颂禅宗始祖达摩。在《五言奉酬于中丞使君郡斋卧病见示一首》诗中说："宿昔祖师教，了空无不可。枯槁未死身，理心寄行坐……论入空王室，明月开心胸。性起妙不染，心性寂无踪。"（卷一）阐述"祖师教"的义解。皎然师守真从普寂大师习过楞伽心印，虽非嫡传，也算是普寂众多弟子之一。普寂是北宗神秀的弟子，皎然因此也自称为北宗一派。以神秀为代表的北宗禅，基本上继承了"东山法门"的主要精神，依《楞伽经》，行"一行三昧"，通过禅定修行，由定发慧，息灭妄念，发现禅者本具的清净佛性，进入无所不知，无所不照，与真如相应的境界。神会总结北禅宗禅法为："凝心入定，住心看净，起心外照，摄心内证。"[1] 摄心也即是"守心"、"安心"、"看心"。北宗主渐悟，需要念佛净心。按宗密说，神秀系禅法的主要特征是"拂尘看净，方便通经"（《圆觉经大疏钞》卷三之下），前者指渐修，后者指借助经典。

皎然中期不少诗篇表现了北禅宗"坐禅"、"看心"的证悟方式。"看心水磐后，行道雨花前"（《五言寄报德寺从上人》卷二）；"此心谁共证，笑看风吹树"（《五言出游》卷三）。皎然《二宗禅师赞》称颂老安和普寂，"曈曈大照，有迹可睹。不异六宗，无惭七祖"，以普寂为七祖，这显然是北宗的观点。

皎然在后期深受南宗影响。在《二宗禅师赞》、《能秀二祖赞》中把南北二宗祖师并列，而没有贬低某一方。《能秀二祖赞》云："二公之心，如月如日。四方无云，当空而出。三乘同轨，万法斯一。南北分宗，工言之失。"（《杼山集》卷八）带有调和色彩，皎然认为南北二宗

---

[1] （唐）独孤沛：《菩提达摩南宗是非论》，杨曾文：《神会和尚禅话录》卷二，中华书局1996年版，第30页。

是"一体殊称"、"异名同证"。于頔称他是"吻合南北宗,昼公我禅伯"(《五言郡斋卧疾赠昼上人》卷一)。南北二宗尽管有顿渐之别,但也不是绝然对立的。南禅宗主张定慧不二,戒禅一致。提倡"直指人心"、"见性成佛",强调自心的觉悟,并把自心的觉悟看作能否成佛的唯一标准。慧能曰:

> 善知识!我此法门,从上以来,顿渐皆立无念为宗,无相为体,无住为本。何名无相?无相者,于相而离相;无念者,于念而不念;无住者,为人本性,念念不住,前念、今念、后念,念念相续,无有断绝;若一念断绝,法身即离色身。①

无念是宗旨,无相是本体,无住是根本。三者同等重要。"三无"尤其是"无念"对顿悟学说的确立和修行方法的改革具有重大意义。既然成佛只在一念之间的直觉和体悟,只需"自识本心,自见本性","从于自心,顿现真如本性",那么便无须读经、念佛、坐禅等一系列修习功夫,在现实生活中亦可体悟成佛。慧能说:"法元在世间,于世出世间,勿离世间上,外求出世间。"② 从皎然的不少诗中可以发现南禅宗思想的影响。在《五言酬崔侍御见赠》中云:"市隐何妨道,禅栖不废诗。与君为此说,长破小乘疑。"(卷一)《七言山居示灵澈上人》亦云:"身闲始觉赜名是,心了方知苦行非。"(卷二)洪州马祖禅发展了慧能"即心是佛"、"见性成佛"的思想,提出了"触类是道而任心"。马祖道一认为,"道"即法界,"道不属修,若言修得,修成还坏"。"道"等同于法界,它超越于现象界,超越时空,相对,不在认识内。"平常心是道"是"触类是道而任心"的另一种表述。"谓平常心无造作、无是非、无取舍、无断常、无凡无圣。⋯⋯只如今行住坐卧,应机接物尽是道。"③ 认为世间一切无论善恶全都是佛性的体现,打破了世俗与佛门的差别和对立,将佛教的清规戒律、宁静寂灭一变而

---

① (唐)慧能著,郭朋校释:《坛经校释》,中华书局1983年版,第31页。
② 同上书,第72页。
③ 《大正藏》卷五十一,台湾新文丰出版公司影印1972年版,第440页。

为狂荡任性，率性而为。在大历、贞元年间，马祖禅风大行天下，并逐渐取代了禅宗的其他宗派，成为南宗禅的正宗。皎然在《五言独游二首》（之一）云："好僻谁相似，从狂我自安。芳洲亦有意，步上白沙滩。"（卷三）皎然中后期处世态度更加狂放不羁，认为世俗享乐不碍修禅，这种思想正是洪州禅风发展到极致的结果。皎然不再像初入佛门时那样戒律谨严，而是追求活泼适意的生活方式，《偶然五首》云："乐禅心似荡，吾道不相妨。独悟歌还笑，谁言老更狂。"皎然的诗风也随之发生了变化。

皎然与牛头禅也保持密切关系。牛头宗鹤林玄素（668—752）的弟子鹤林法海与皎然为"忘形之交"，大历年间，颜真卿撰《韵海镜源》，法海和皎然均参与。《全唐文》编者认为是集记《坛经》的慧能的弟子曲江法海，是没有根据的。① 皎然《报应传序》提到法海，他说："右若沙门法海，字文允，俗姓张氏，朱方人也。圆入一性，学阶空王，擅当代独悟之名，剖先贤不决之义。"足见其是牛头宗弟子。牛头禅以法融（594—657）为初祖，法融以下五祖均是江东人，因而有显著的区域文化色彩。牛头禅融合了道家思想，认为所谓空为"实相"、空为道本。"道本虚无，无心合道"② 是牛头禅早期的特质。道本为玄学主题，是不落于名言心思的，法融将其引入佛法，以道为佛法根本。"道无所不遍"、"无情成佛"。《禅门师资承袭图》说：

> 牛头宗意者，体诸法如梦，本来无事，心境本寂，非今始空。迷之为有，即见荣枯贵贱等事。事迹既有，相违相顺，故生爱恶等情，情生则诸苦所系。梦作梦受，何损何益？有此能了之智，亦如梦心；乃至设有一法过于涅槃，亦如梦如幻。既达本来无事，理宜丧己忘情。情忘即绝苦因，方度一切苦厄，此以忘情为修也。③

---

① 印顺：《中国禅宗史》，江西人民出版社1999年版，第216页。
② 《大正藏》卷四十八，台湾新文丰出版公司影印1972年版，第496页。
③ 《卍续藏》第110册，台湾新文丰出版公司1975年版，第436页。

牛头禅认为道是超越于心物，非心境相对所能契合，所以主张"丧己忘情"为修，达到泯灭一切有无、是非、我他、内外等差别观念的精神境界。因此，宗密在《禅源诸诠集都序》卷上之二中把牛头一系同归入"泯绝无寄宗"。在8世纪时，牛头禅大盛起来，对皎然必然产生不小的影响。这种思想在皎然诗中亦有表现。"沙鸥惯识无心客，今日逢君不解惊"（《酬郑判官湖上见赠》，卷十），"我欲长生梦，无心解伤别"（《送灵澈》，《全唐诗》卷八百一十八），"长宵漫漫角声发，禅子无心恨亦生"（《送别》，《全唐诗》卷八百二十一）。人生自古伤离别，皎然虽懂得以"无心"解"伤别"，仍然抑制不住离别的伤痛。诗人在以世俗面目真实地面对自己感情时，亦感到"无心"的矫情脆弱。牛头禅"境空心无"的境界，虽人人有达到的可能性，但实际上有很多人达不到，尤其对于一个沉浸在世俗情感中的诗人而言，未脱尘世的"妄念"更使诗境充满感情。即使如此，牛头禅对于皎然诗境理论的建构仍然给予了极大的启发。

第二节　皎然与浙西诗人群

皎然一生主要活动范围在浙西湖州一代，在他的周围形成了一个庞大的诗歌创作群体。皎然前期事迹，史传记载很少，目前还缺乏完整的考述。考察皎然交游大致可分为三个阶段，第一阶段为大历八年（773）正月之前，即颜真卿赴湖州刺史任之前，皎然在吴越一带开展文学活动，已获得地方诗会盟主地位；第二阶段是大历八年（773）至十二年（777），颜真卿任湖州刺史期间，召集盛大诗会——大历年浙西联唱。颜真卿是诗会领袖，皎然是核心人物；第三阶段是大历十二年（777）后，颜真卿离开湖州，诗会消歇。皎然与往来登历的诗人词客们的赠答联唱活动，详细考述如下。

一　皎然大历八年之前的交游

（一）第一个可考见的与皎然交游酬唱者是陆羽

《唐国史补》卷中云："姓陆名羽，字鸿渐。羽有文学，多意思，耻一物不尽其妙，茶术尤著。巩县陶者多为瓷偶人，号陆鸿渐。"①"陆羽，字鸿渐，一名疾，字季疵，复州竟陵人。不知所生，或言有僧得诸水滨，畜之。……上元初，更隐苕溪，自称桑苎翁，阖门著书。或独行野中，诵诗击木，裴回不得意，或恸哭而归，故时谓今接舆也。久之，诏拜羽太子文学，徙太常寺太祝，不就职。贞元末，卒。"②"洎至德初，秦人过江，予亦过江，与吴兴释皎然为缁素忘年之交。"③时皎然约38岁，陆羽25岁，遂结成忘年之交。

肃宗上元元年（760）八月，陆羽结庐于苕溪之滨，钻研茶道，潜心读书，皎然与之多有酬唱。《杼山集》卷一《五言寻陆鸿渐不遇》，卷二《五言访陆处士羽》、《五言赠韦早陆羽》。陆羽诗仅存三首。肃宗宝应元年（762）9月，李冶居湖州乌程县，《唐才子传》云："季兰，名冶，以字行，峡中人，女道士也。美姿容，神情萧散。专心翰墨，善弹琴，尤工格律。"④《全唐诗》小传称"吴兴人"，当是早年居峡中，此后即长期寓居江东。⑤皎然与陆羽在苕溪酬唱，李季兰多往与会，意甚相得。皎然《答李季兰》云："天女来相试，将花欲染衣。禅心竟不起，还捧旧花归。"足见戏谑融洽之态。

广德元年（763）秋，皎然避袁晁乱，沿湖北上，经毗陵（常州）至扬楚一带。在润州，皎然遇到亦因避乱移居丹阳茅山的陆羽，二人遂与当地文士唱和。有《七言远意联句》、《七言暗思联句》、《七言乐意联句》、《七言恨意联句》（卷十）四首诗，参与者仅署名或字，失姓。参与者有清昼、疾、澄、巨川、伯均、杭、从心等。即陆羽，评事裴澄，左卫率府兵曹参军朱巨川、皎然、阎伯均、杭无考、房从心。

（二）代宗永泰元年（765）冬，卢幼平自杭州刺史量移湖州，皎然与唱和。

大历三年（768）卢幼平离湖州刺史任，皎然与卢藻、卢幼平、陆

---

① 《景印文渊阁四库全书》，台湾商务印书馆发行1985年版，册1035，第430页。
② （宋）欧阳修等：《新唐书》卷一九六（简体字本），中华书局2005年版，第4310页。
③ （唐）陆羽：《陆文学自传》，（清）董诰等编：《全唐文》中华书局1982年版，第4406页。
④ （元）辛文房撰，徐明霞校点：《唐才子传》，辽宁教育出版社1998年版，第20页。
⑤ 傅璇琮：《唐才子传校笺》，中华书局1987年版，第326页。

羽、潘述、李恂等泛舟唱和。《六言秋日卢郎中使君幼平泛舟联句一首》（卷十）、《七言重联句一首》（卷十）。大历四年（769）皎然居湖州苕溪草堂。春作四十三韵简潘述、汤衡。时潘述任长城县丞，汤衡为评事。

（三）大历六年（771），陪刺史裴清唱和，与武康令韩章联句

皎然有《五言奉和裴使君清春夜南堂听陈山人弹白雪》（卷一）。韩章大历五年（770）代颜逸为武康令，《杼山集》卷四有《雪溪馆送韩明府章辞满归》云："惠爱三年积，轩车一夜远"，知韩章任武康令三年，约大历七年（772）离开。《杼山集》卷十有皎然、韩章、顾况、郑遨《五言送昼公联句》，诗云："……轻霜凋古木，寒水缩荒坡。（韩章）……草堂思偃蹇，麈尾去相随。（顾况）勿谓光阴远，禅房会一窥。"（郑遨）之句，知皎然此间曾一度离开湖州，赴润州丹阳访陆羽。皎然有诗可辅证："寒花寂寂遍荒阡，柳色萧萧愁暮禅。行人无数不相识，独立云阳古驿边。"（《杂言往丹阳寻陆处士不遇》，卷三）顾况当于本年在湖州，皎然《杼山集》卷七有《送顾处士歌》，题注曰："吴兴丘司仪之女聟，即况也。"诗云："吴门顾子予早闻，风貌真古谁似君。人中黄宪与颜子，物表孤高将片云。性背时人高且逸，平生好古无俦匹。醉书在箧称绝伦，神画开厨怕飞出。谢氏檀郎亦可俦，道情还似我家流。……满道喧喧遇君别，争窥玉润与冰清。"送顾况回苏州时作。顾况，字逋翁，苏州人。肃宗至德年进士。大历后期任杭州新亭监、永嘉盐官。建中二年（781），为润州刺史、镇海军节度使韩滉幕府判官。与柳浑、李泌善。浑辅政，以校书征；泌为相，稍迁著作郎。"善为歌诗，性诙谐，不修检操，工画山水。"[1] 顾况诗"偏于逸歌长句，骏发踔厉，往往若穿天心，出月胁，意外惊人语，非寻常所能及，最为快也。"[2] 大历五六年左右，顾况为吴兴丘司仪之女婿，当常来往湖州，与浙西诗人群体有重要的联系。皎然另有联句《五言春日对雨联句一首》、《五言春日会韩武康章后亭联句》两首，前者为皎

---

[1] （元）辛文房撰，徐明霞校点：《唐才子传》，辽宁教育出版社1998年版，第38页。
[2] （唐）皇甫湜：《华阳集原序》，《景印文渊阁四库全书》第1072册，台湾商务印书馆发行1985年版，第511页。

然与韩章两人联句，后者参与者增加了杨秦卿、仲文（失姓）。

第一时期，皎然的交往对象主要是湖州一带的地方官吏和南渡文人、隐士，以诗会友甚至形成几次小规模的诗会，与鲍防浙东联唱活动同时。值得注意的是湖州诗会中出现不少联句。这些联句体式多样，有四言、五言、六言、七言和歌行体，有人各一句、句句押韵的柏梁体；有一人两句、隔句押韵且相循环；有起首四句、余各两句；亦有人各四句的、隔句押韵等，亦有不同形式的转韵。内容颇为多样，有送别、咏物、怀古，亦有类似文字游戏和诗歌竞技，如表达"恨意"、"远意"、"乐意"、"暗思"联句，还有评述政德和文学发展历史的宏大叙述，这无疑既是文学技巧的修炼，也是思想和想象力的交集。与同期浙东相比，政治意味更淡，学术气味却相当浓厚。

这一时期，皎然在湖州诗坛盟主的地位逐渐确立。这不仅源自谢灵运裔孙头衔，更是与皎然的名僧身份和诗歌创作相关。皎然驳杂而深厚的学养，能够使他出入各种社交场合，应对不同名目的诗歌竞技。讲德、讲古文甚至对"还丹成诗"这类讲道家炼丹内容的联句都很在行。皎然亦突破了佛家戒律，与女道士李季兰相戏谑，甚至摹拟李季兰口吻写诗给其情人阎士和，① 阎士和为萧颖士的弟子，亦是皎然的方外诗友，如《杂言诮别阎士和》（卷五），《杂言古别离》（卷六）下注云："代人答阎士和"，亦有《五言和阎士和望池月答人》（卷二）。前两首均是模仿女性角色，如前一首云："今日同，明日隔。何事悠悠久为客。君怜溪上去来云，我羡磷磷水中石。"以女子口吻叙写相思离别，颇具江南民歌的情调。更为重要的是皎然深厚的佛学修养和禅隐的生活方式，对处于空虚而感伤的年代中精神迷茫的士大夫极具吸引力和示范作用。他也不遗余力地宣扬这种生活方式：

……清宵集我寺，烹茗开禅牖。发论教可垂，正文言不朽。白云供诗用，清吹生座右。不嫌逸令醉，莫试仙壶酒。皎皎寻阳隐，千年可为偶。……

——《五言苕溪草堂自大历三年夏新营洎秋及春弥觉境胜因

---

① 贾晋华：《皎然年谱》，厦门大学出版社1992年版，第42页。

纪其事简潘丞述汤评事衡四十三韵》(卷二)

他对六朝文学世族交游雅集传统的肯定和追摹,应合了"安史之乱"后宦居江南的士大夫逃避现实、追求个人安逸的苟安心理。皎然这一时期创作颇丰,多七言和歌行体,诗风逸宕,颇有李白之风。他诗集中篇幅最长的两首诗,一首四十二韵、一首四十三韵也作于此时。对于诗歌体式和写作技巧的尝试意图也颇为显著。因而这一时期的诗文酬唱活动,奠定了皎然在湖州诗坛的地位。

二 大历八年至大历十二年,浙西诗会期间皎然的交游

颜真卿于大历七年(772)九月授湖州刺史,八年正月到任。[①] 到任后首件大事,就是聚集30余位江东文士续编《韵海镜源》。开元二十四年(736),任秘书省校书郎时,颜真卿已开始编撰《韵海镜源》;出守平原、刺抚州期间又增而广之,成500卷。颜真卿《湖州乌程县杼山妙喜寺碑铭并序》中详细记述了修撰《韵海镜源》的过程和参与编撰的人员。碑文所列参与文士29人,殷亮《鲁公行状》所记增添了裴澄和清河寺僧智海。碑文和《鲁公行状》列举的名单中都无皎然,而《新唐书》及《宋高僧传》均称皎然参与其事。事实上,虽然皎然没有参与具体的编纂工作,但是在《韵海镜源》编撰之隙举行的盛大诗会中,却颇为活跃。皎然还敦促颜真卿立碑记载这一盛事。在颜真卿刺湖州近四年半间,以他和皎然为核心的诗会前后共聚集了95人。[②] 如果说,之前皎然在湖州附近的诗文交游活动,尚属以行踪为线的游击式的、小规模的唱和活动的话,那么颜真卿任湖州刺史后,以编纂《韵海镜源》为契机,聚集了湖州境内大小官吏和僧道名流及处士后学,则将诗歌唱和活动推至高峰。这种大规模的诗歌酬唱活动,与颜真卿巨大的调动能力和影响力有极大关系。当时,颜真卿早已名满四海。他历仕三朝,在平定"安史之乱"及反对藩镇割据中砥柱中流,被封

[①] (宋)留元刚:《颜鲁公集年谱》,《景印文渊阁四库全书》册1071,台湾商务印书馆发行1985年版,第697—706页。

[②] 贾晋华:《唐代集会总集与诗人群研究》,北京大学出版社2001年版,第93页。

鲁郡公。虽因为官刚正，公言直道，得罪了权相元载，由刑部尚书贬为吉州别驾，后又改刺抚州、湖州，但是在朝野内外仍具有很大影响力。颜真卿精通诗文，书法尤为精到。至湖州时，已经60余岁，远离官场倾轧，获得重续笔墨旧缘的良机。因借编撰《韵海镜源》之机，将江南大批文士聚集在周围进行诗歌联唱，成为中唐江南诗坛一件盛事。而这又与皎然对诗会的热衷、前期的诗会实践及影响分不开。皎然在随之而来的规模更大的盛会中继续发挥地主之谊，成为诗会中第二号人物。在颜真卿和皎然的主持下，湖州诗会兴盛一时。

（一）湖州诗会考述

（1）大历八年（773）春，颜真卿、刘全白、裴循、吴筠、张荐、强蒙、范缙、王纯、王修甫、魏理、颜岘、左辅元、刘茂、颜浑、杨德元、韦介、皎然、崔弘、史仲宣、陆羽、权器、陆士修、裴幼清、柳淡、释尘外、颜颛、颜项、颜须、李崿29人，登岘山观李适石尊，作联句《登岘山观李左相石尊联句》（《颜鲁公集》卷十五）。后颜真卿、陆羽、李崿、裴修、康造、汤清河、皎然、潘述等18人又作《竹山连句题潘氏书堂》（《颜鲁公集》卷十六）。

（2）袁高使湖州，与颜真卿唱和，皎然和作。时有多组联句。

《湖州乌程县杼山妙喜寺碑》曰："大历七年，真卿蒙刺是邦。时浙江西观察判官殿中侍御史袁君高巡部至州，会于此上，真卿遂立亭于东南。陆处士以癸丑岁冬十月癸卯朔二十一日癸亥建，因名之曰三癸亭。"[①] 袁高与颜真卿唱和，皎然有和作《五言杼山上峰和颜使君真卿袁侍御五韵赋得印字仍期明日登开元寺楼之会》（卷一）、《五言奉同颜使君真卿袁侍御骆驼桥玩月》（卷三）。颜真卿和袁高原作今不存。时颜真卿、皎然、李萼、李益、殷佐明、袁高、陆修士、蒋志作《三言拟五杂俎联句八首》（《杼山集》卷十）；颜真卿、李萼、张荐、皎然《三言重拟五杂俎联句四首》、《七言大言联句》、《七言乐语联句》、《七言馋语联句》，颜真卿、皎然《七言小言联句》，颜真卿、皎然、刘全白、李萼、李益《七言滑语联句》，颜真卿、皎然、刘全

[①] （唐）颜真卿：《颜鲁公集》，《景印文渊阁本四库全书》，台湾商务印书馆发行1985年版，册1071，第602—603页。

白、陆羽《七言醉语联句》，均收于《杼山集》卷十，《颜鲁公集》卷十五。《宋高僧传》卷二十九《皎然传》："好为《五杂俎》篇，用意奇险。"

（3）大历八年（773）秋，皇甫曾由越州赴湖州，与颜真卿、皎然、陆羽等唱和联句。皎然有《三言喜皇甫曾侍御见过南楼玩月联句》、《七言重联句》，预七言联句者有颜真卿、皇甫曾、皎然、李萼、陆羽、陆修士，预三言联句者增陆士修。皎然有诗《五言春日陪颜使君真卿皇甫曾西亭重会韵海诸生》（卷三）。次年春，皇甫曾北归润州。皎然有诗《七言同颜鲁公泛舟送皇甫侍御曾》（卷五）、《七言送皇甫侍御还丹阳别业》（卷四）、《杂言重送皇甫侍御》（卷四），皇甫曾有《乌程水楼留别》。①

（4）大历九年（774）春，颜真卿重修《韵海镜源》，成书三百六十卷，其间屡次宴饯，有《水堂送诸文士戏赠潘丞联句》（《颜鲁公集》卷十五），皎然有诗五言《奉和颜使君真卿修韵海毕会诸文士东堂重校》（卷五）、《五言奉和颜使君真卿修韵海毕州中重宴》（卷三）、《五言奉陪颜使君修韵海毕东溪泛舟饯诸文士》（卷五）等，真实地记录了群贤文士云集湖州之盛事。宴游人数最多一次达29人，规模之大、人数之多，几与晋永和九年春王羲之于会稽山曲水流觞、兰亭修禊相媲美。

本年八月，会稽东郭隐逸诗人张志和来湖州慕名谒见，颜真卿邀请陆羽等众名士聚会，与吴兴诸文士饮酒挥毫。这次聚会有60余人参与，可谓规模宏大。尤可注意的是，诗会唱和的是《渔父词》。《续仙传》曰："颜真卿为湖州刺史，与门客会饮，乃唱和为渔父词，其首唱即志和之词'西塞山边白鸟飞'……。真卿与陆鸿渐、徐士衡、李成矩共和二十五首，递相夸赏。"② 又《唐朝名画录》卷下将其归为"逸品"，亦云："张志和，或号曰'烟波子'，常渔钓于洞庭湖。初，颜鲁公典吴兴，知其高节，以《渔歌》五首赠之。张乃为卷

---

① （清）彭定求等：《全唐诗》卷二一〇，中华书局1960年版，第2181页。
② （宋）李昉等：《续仙传》，《太平广记》卷二十七，中华书局1961年版，第180页。

轴，随句赋象，人物、舟船、鸟兽、烟波、风月，皆依其文，曲尽其妙。"① 据此可知，颜真卿等共作25首。颜真卿等和《渔歌》已无存。皎然诗集中有和作《奉应颜尚书真卿观玄真子置酒张乐舞破阵画洞庭三山歌》（卷七）状其和着乐舞泼墨时的形态，诗云："手援毫，足蹈节，披缣洒墨称丽绝。石文乱点急管催，云态徐挥慢歌发。乐纵酒酣狂更好，攒峰若雨纵横扫。尺波澶漫意无涯，片岭崚嶒势将倒。"（卷七）亦有和作《奉和颜鲁公真卿落玄真子䴇艋舟歌》（卷七）。玄真子是张志和号。

（5）代宗大历十年（775），编撰《韵海镜源》诸文士相继离去，皎然有五言"送李侍御"、"重送横飞"、"玩月重送"联句，送李萼离湖。诗会仅靠颜真卿、皎然、陆羽等人维持。夏末秋初，"大历十才子"之一耿湋出使江南访图书，路过湖州，当时被称为东吴"三杨"②中的杨凭、杨凝也在湖州。诗会又兴盛起来。《颜鲁公集》卷十五有《水亭咏风联句》、《溪馆听禅联句》，联唱者有裴幼清、杨凭、杨凝、左辅元、陆士修、权器、陆羽、颜真卿、皎然、耿湋、□乔、陆涓、（阳）伯成。《全唐诗》卷二六八耿湋《陪宴湖州公堂》叙写诗会情景，诗曰："谢公为楚郡，坐客是瑶林。文府重门奥，儒源积浪深。壶觞邀薄醉，笙磬发高音。末至才仍短，难随白雪吟。"颜真卿、耿湋《送耿湋拾遗联句》云："镜中看齿发，河上有烟尘"，当是指大历九年冬至十年初，魏博节度使田承嗣作乱。③ 湖州诗会消歇。

（二）湖州诗会的特点

总的来说，湖州诗会，可以说是鲍防浙东诗会的延续，但规模超过了浙东诗会。湖州文人集团的唱和活动表现出以下几个特点：

（1）湖州诗会的游宴唱和活动表现出对江南优美风物的赏爱，对宁静闲适的山林隐逸价值的认同。

---

① （唐）朱景玄：《唐朝名画录》，《景印文渊阁四库全书》，台湾商务印书馆发行1985年版，册812，第372—373页。

② （唐）权德舆：《权载之文集》卷三三《杨凝集序》："早岁违难于江湖间，与伯氏嗣任、叔氏恭履，修天爵，振儒行，东吴贤士大夫号为'三杨'。"《柳宗元集》卷九《杨凝墓碣》："与季弟凌生同日，……伯兄凭，剪发为童，家居于吴，……文学者皆知诵其词，而以为模准。"

③ （宋）司马光：《资治通鉴》卷二百二十五，上海古籍出版社1987年版，第1539页。

湖州诗会诗人优游山林、品茶赋诗，表现出一种无忧无虑、陶然忘世的心情。《水堂送诸文士戏赠潘丞联句》："诗教刻烛赋，酒任连盘酌。从他白眼看，终恋青山郭。"（潘述）颜真卿《谢陆处士杼山折青桂花见寄之作》："会惬名山期，从君恣幽睹。"《七言重联句一首》："独赏谢吟山照耀，共知殷叹树婆娑。"（昼）时代的动荡丝毫没有影响这一种风雅的情趣。《送耿湋拾遗联句》是颜真卿与耿湋之联唱："楚国千山道，秦城万里人。镜中看齿发，河上有烟尘。"（耿湋）"望阙飞青翰，朝天忆紫宸。喜来欢宴洽，愁去咏歌频。"（颜真卿）当时，魏博节度使田承嗣作乱，引兵袭取相州、卫州。耿湋"镜中看齿发，河上有烟尘"。可以说是湖州唱和仅有的涉及时政的句子，耿湋对时局的忧虑似乎并没有触动颜真卿，他的联句回避了这个话题。也许是有所顾虑，耿湋毕竟依附过元载。但是从整个酬唱活动的诗歌中所表现的思想情绪来看，动荡的政治局势和对国家前途的忧虑已经被以颜真卿为首的湖州文士有意识地集体性遗忘了，其诗表现出一种远离世俗、超然高蹈的悠闲情绪。

江南优美的自然山水和人文气息，为士大夫逃避现实提供了良好的外部环境和心理依据。湖州留下了许多六朝名士高蹈脱俗的风流足迹。颜真卿《妙喜寺碑》曰：

> 其山胜绝，游者忘归。前代亦名稽留山。寺前二十步，跨涧有黄浦桥，桥南五十步，又有黄浦亭，并宋鲍昭送盛侍郎及庾中郎赋诗之所。其水自杼山西南五里黄蘖山出，故号黄浦，俗亦名黄蘖涧，即梁光禄卿江淹赋诗之所。寺东偏有招隐院，其前堂西厦谓之温阁。从草堂东南，屈曲有悬岩，径行百步，至吴兴太守何楷钓台。

梁太守柳恽昔日赋"汀洲采白苹"之处，是历来赴湖州的文人必去之处。颜真卿有感于柳恽吴均同赋《西亭五韵》之亭毁坏，"而文人嘉客不得极情于兹，愤愤悱悱者久矣"，遂修八角亭，并作《梁吴兴太守柳恽西亭记》。[①]《登岘山观李左相石尊联句》云："李公登饮处，因

[①] （唐）颜真卿：《颜鲁公集》，《景印文渊阁本四库全书》，台湾商务印书馆发行1985年版，册1071，第666页。

石为洼尊。(颜真卿)人事岁年改,岘山今古存。(刘全白)……去日往如复,换年凉代温。(颜顼)登临继风骚,义激旧府恩。(李䓘)"《吴兴志》卷十二"古迹"载:"唐开元中李适之为湖州别驾,南岘山有石䉢,可贮五斗酒。适之每携其亲友登山酣饮望帝乡,士民皆呼为李相石尊。"

湖州的山水名胜所蕴含的赋诗雅集之传统无疑是应合了安史之乱后宦居江南的士大夫苟安心理,得到了他们的肯定和追摹。对此皎然无疑起到了重要作用,《湖州乌程县杼山妙喜寺碑》曰:

> 时杼山大德僧皎然工于文什,惠达灵煜味于禅诵,相与言曰:"昔庐山东林,谢客有遗民之会;襄阳南岘,羊公流润甫之词。况乎兹山深邃,群士响集,若无记述,何以示将来?"①

可以说是僧人促进了湖州诗会对于古人风流雅集模式的认同,那么诗会中的佛禅色彩也自是必然的。诗会成员多有好佛者,皎然《唐湖州佛川寺故大师塔铭(并序)》云:"菩萨戒弟子刺史卢公幼平、颜公真卿、独孤公问俗、杜公位、裴公清,惟彼数公,深于禅者矣。"(卷九)

(2)湖州诗会的酬唱诗中突出表现出两种倾向,一种是对明秀诗境的追求,另一种是以诗为游戏的风气得到了延续。关于第一种,湖州文人的联唱之作,艺术上崇尚文采,表现出明丽隽秀的风格。

五言夜集联句:

> 寒花护月色,坠叶占风音。——皎然
> 兹夕无尘虑,高云共片心。——颜真卿

五言玩月重送联句:

> 春溪与岸平,初月出溪明。——张荐
> 璧彩寒仍洁,金波夜转清。——李䓘

---

① (唐)颜真卿:《颜鲁公集》,《景印文渊阁本四库全书》,台湾商务印书馆发行1985年版,册1071,第602—603页。

孤光远近满，练色往来轻。——颜真卿
望望随兰棹，依依出柳城。——皎然

五言重送横飞联句：

春田草未齐，春水满长溪。——李萼
出饯风初暖，攀光日渐西。——颜真卿
归期江上远，别思月中迷。——皎然

这与江南明秀的自然景色有关，也与对六朝诗风的模仿学习分不开。皎然《五言奉同颜使君真卿袁侍御骆驼桥玩月》云："乌惊宪府客，人咏鲍家诗。永夜南桥望，徘徊若有期。"（卷三）《七言重联句》："诗书宛似陪康乐，少长还同宴永和（曾）。""独赏谢吟山照耀，共知殷叹树婆娑。（昼）"值得注意的是酬唱中"境"频频出现。

境新耳目换，物远风烟异。
——皎然《五言奉和颜使君真卿与陆处士羽登妙喜寺三癸亭》

境幽神自王，道在器犹藏。（房益）
——《竹山联句题潘氏书堂》

盼睐方知造境难，象忘神遇非笔端。
——皎然《七言奉应颜尚书真卿玄真子置酒张乐舞破阵画洞庭三山歌》

披云得灵境，拂石临芳洲。
——皎然《五言同颜使君真卿李侍御萼游法华寺登凤翅山望太湖》
释事情已高，依禅境无扰。
——皎然《五言奉酬颜使君真卿王员外圆宿寺兼送员外使回》

在诗歌酬唱中，皎然能够灵活地运用"境"，并且提出"造境"，其"境"理论逐渐在这次诗会中酝酿成熟。

湖州诗会亦产生了大量的游戏诗,大言、小言、乐语、馋语、醉语。如《七言馋语联句》:拈馅舐指不知休,(李萼)欲炙侍立涎交流。(颜真卿)过屠大嚼岂知羞,(皎然)食店门外强淹留。(张荐)语言俚俗活泼,状写生动,进一步促进了诗歌娱乐休闲功能的开发。湖州诗会还有两首"五杂俎"联句,"五杂俎体亦载汉杂曲中,按是体始于汉。……齐王融《代五杂俎》一首,同其'五杂俎'、'往复还'、'不获已'三句不换。"(马上巘《诗法火传》左编卷一五)这种三言联句体,当是继皎然前期及浙东联唱后,联句体的进一步发展。湖州诗会在词的发展方面颇有创新,诗会曾唱和《渔父词》25首,只有张志和5首得以保存。

总之,湖州诗会是大历时期江南最大的诗歌酬唱活动,聚集了南北众多诗人,联句这一诗歌形式进一步在诗歌交流中发挥了重大作用。这种重大的诗歌交流活动,促进了文人思想和创作倾向的交流和认同,对于唐诗的发展起到重要作用,于南方诗人群体的培育和成长也至关重要。对于皎然而言,这种广泛的交流为其诗歌创作和诗论观念的形成和成熟起到至关重要的作用。

三 诗会余响

湖州诗会消歇后,皎然频频出访,继续与周边地区的文士酬唱。

代宗大历十一年(776),皎然离开湖州至常州,居建安寺,与李纵、崔子向等联句唱和,《五言冬日建安寺西院喜昼公自吴兴至联句一首》有:"相寻当暮岁,行李犯寒风"(卷十)句,皎然当是此年冬到常州。大历十一年李纵在京加员外郎为常州别驾,七月,归常州,故与皇甫曾、崔子向等作《五言建元寺皇甫侍御院寄李员外纵联句一首》有"寄隐霜台客,相思粉署人"之句。皎然在常州游历建安寺和建元寺,共留联句五首,联唱者有:祠部郎中王遘、驾部员外李纵、郑说、皎然、御史崔子向、前吏部郎中兼括州刺史齐翔、皇甫曾,前一首缺皇甫曾,后一首无李纵和齐翔。约大历十二年春夏,皎然回到湖州。

代宗大历十四年(779)春,皎然出访苏州,时李嘉祐闲居苏州,有诗酬答。皎然《七言奉酬李员外使君嘉祐苏台屏营居春首有怀》(卷二）诗云："昔岁为邦初未识，今朝休沐始相亲。"另外还有《五言酬刑端公济春日苏台有呈袁州李使君兼书并寄辛阳王三侍御》（卷一），《五言因游支硎寺寄刑端公》（卷二）等诗酬唱。李嘉祐除台州刺史后，皎然又与之作联句《五言与刑端公李台题庭石联句》（卷十）。

德宗建中元年（780）灵澈来湖州，与皎然交游。灵澈，曾从严维学诗。刘禹锡云："初，上人在吴兴，居何山，与昼公为侣，时予方以两髦执笔砚，陪其吟咏，皆曰孺子可教。"① 可见当时尚年少的刘禹锡亦在湖州。第二年，灵澈往江州谒见包佶。当时，包佶任江州刺史，权盐铁转运。《旧唐书·德宗纪》上云："建中二年十一月，包佶'以权盐铁使、户部郎中包佶充江淮水陆运使'。"② 皎然写有《赠包中丞书》荐之，云："有会稽沙门灵澈，年三十有六，知其有文十余年，而未识之。……及上人自浙右来湖上见存，并示制作。"（卷九）

建中二年（781）袁高刺湖州，皎然与之唱和。在袁高刺湖期间，秦系自南安北归至湖州，与皎然、袁高等唱和。《七言题秦系山人丽句亭》云："满院竹声堪愈疾，乱床花片足忘情"（《卷三》），此前皎然一度在湖州养病，故有是言。有《七言酬秦山人出山见寻》（卷一）、《五言酬秦系山人题赠》（卷一）等诗。

贞元年间，皎然先后与湖州刺史陆长源、湖州长史李洪、刺史于頔相过从。并在贞元初完成了《诗式》，《诗式中序》云："贞元初，予与二三子居东溪草堂，……至五年夏五月，会前御史中丞李公洪自河北负谴，遇恩再移为湖州长史。初与相见，未交一言，恍然神合。"③ 李洪劝说并亲自点窜，皎然与吴凭重新编录《诗式》旧稿，勒成五卷，皎然序作于贞元五年（789）。

德宗贞元八年（792）正月，集贤殿御书院敕征皎然文集。《杼山集》卷首有贞元八年正月十日，浙西观察使依集贤殿御书院转发征文牒。《杼山集》前有于頔序："贞元壬申岁，余分刺吴兴之明年，集贤

---

① （唐）刘禹锡：《澈上人文集纪》，《刘禹锡集》卷十九，中华书局1990年版，第240页。

② （后晋）刘昫等：《旧唐书》卷十二，《二十五史》第5册，上海古籍出版社1986年版，第3522页。

③ （唐）皎然著，李壮鹰校注：《诗式校注》，人民文学出版社2003年版，第2页。

殿御书院有命，征其文集。余遂采而编之，得诗笔五百四十六首，分为十卷，纳于延阁书府。"可见于頔是贞元七年任湖州刺史，与皎然有诗赠答。于頔有《郡斋卧疾赠昼上人》（《全唐诗》，卷四七三），皎然答诗《五言奉酬于中丞使君郡斋卧病见示一首》（卷一）。此时，皎然已经70余岁，交游活动逐渐减少，贞元十二年后，行踪没有记载。

从大历末至贞元九年，十几年的时间里，是皎然创作的总结期和突破期。皎然除了与老诗友如陆羽、皇甫曾等继续唱和外，新结识了不少在大历和贞元、元和诗坛有影响的人物。如李嘉祐、韦应物、李端、灵澈、朱放、秦系、梁肃、孟郊、刘禹锡，但是群体性交往酬唱明显减少。皎然的诗歌创作成就得到普遍认同，韦应物亦闻名，向皎然发出邀请。《寄皎然上人》云："叩慕端成旧，未识岂为疏。愿以碧云思，方君怨别馀。茂苑文华地，流水古僧居。何当一游咏，倚阁吟踌躇。"①梁肃、孟郊、灵澈等更是师事之。

第三节 《诗式》研究

《诗式》是整个唐代文学理论发展史上最有分量的诗学著作。胡震亨在历数唐人诗话后说："以上诗话，惟皎师《诗式》、《诗议》二撰，时有妙解。"②清人毛舒先《诗辩坻》卷三曰："论诗则刘勰《文心雕龙》、钟嵘《诗品》、皎然《诗式》、严羽《沧浪吟卷》、徐祯卿《谈艺录》、王世贞《艺苑卮言》，此六家多能发微。"③《诗式》诞生于贞元年间，既在盛唐诗与中唐诗的分界点上，又处于中国诗歌转运的关节点上，其重要性自不待言。

一 文章宗旨

《诗式》，李壮鹰认为"顾名思义，'式'者法式也。……示人以作诗所应遵从的法度"④。皎然在《诗式序》中谈到创作初衷时说："洎

---

① （清）彭定求等：《全唐诗》卷一百八十八，中华书局1960年版，第1925页。
② （明）胡震亨：《唐音癸签》，上海古籍出版社1981年版，第330页。
③ 郭绍虞选编，富寿荪校点：《清诗话续编》，上海古籍出版社1983年版，第71页。
④ （唐）皎然著，李壮鹰校注：《诗式校注》前言，人民文学出版社2003年版，第6页。

西汉以来，文体四变，将恐风雅寖泯，辄欲商较以正其源。今从两汉已降，至于我唐，名篇丽句，凡若干人，命曰《诗式》，使无天机者坐致天机，若君子见之，庶几有益于诗教矣。"① 除示人以诗法外，更重要的是为诗正名，维护诗教。皎然在诗文中屡次阐发对当时诗教沦落、庸音横行的不满和忧虑。《五言答苏州韦应物郎中》云："诗教殆沦缺，庸音互相倾"（《杼山集》卷一）；评价张九龄云："立程正颓靡，绎思何纵横。"（《五言读张曲江集》，《杼山集》卷六）皎然重视诗歌的功能，"夫诗者，众妙之华实，六经之菁英，虽非圣功，妙均于圣"。认为诗歌之妙可与圣贤比肩。皎然所谓的"诗教"与儒家传统的诗教观念是有差异的。先秦儒家强调诗歌的社会功用，将"情"限制在儒家伦理道德范围之内，"故变风发乎情，止乎礼义。发乎情，民之性也；止乎礼义，先王之泽也"。又说："国史明乎得失之迹，伤人伦之废，哀刑政之苛，吟咏情性，以风其上，达于事变而怀其旧俗者也。"② 指出诗是下情上达、保持政令畅通、改进社会风气的手段，有行政的目的。因而"情"受礼义规范限制，从根本上讲是群体之情。至魏晋时期，在文学自觉的背景下，陆机提出"诗缘情而绮靡"③，张扬个性，发扬主体情感，将诗歌所咏之情由群体导向个体，确立了诗人在诗中抒情主体的地位。至盛唐，诗人的主体情感和个性在诗歌中得到了淋漓尽致的宣泄。皎然的艺术准则即诞生在这样的背景之下。

  曩者尝与诸公论康乐，为文真于情性，尚于作用，不顾词彩而风流自然。彼清景当中，天地秋色，诗之量也；庆云从风，舒卷万状，诗之变也。不然，何以得其格高、其气正、其体贞、其貌古、其词深、其才婉，其德宏、其调逸、其声谐哉。

——"文章宗旨"《诗式校注》卷一

---

① （唐）皎然著，李壮鹰校注：《诗式校注》，人民文学出版社2003年版，第1页。李壮鹰校注本对《诗式》结构有调整，本文以此书体例、文字为准，之后引用处亦本此书，只标明篇目、卷数。

② 郭绍虞主编：《中国历代文论选》第一册《毛诗序》，上海古籍出版社1979年版，第63页。

③ （西晋）陆机：《陆机集》，中华书局1982年版，第2页。

何文焕批评曰："乃皎然论谢康乐早岁能文，兼通内典，诗皆造极，谓得空王之助。何自昧宗旨乃尔？"① 作为诗僧，他的诗学理论中不可避免地融入了佛学思想的影响。皎然所提倡的"真于情性"，颇得佛禅之助。释家亦有讲求"真性"、"天真"，这是人天然本具的心性。如《传心法要》云："天真自性，本无迷悟。"② 又《坛经·定慧品》云："真如自性起念，六根虽有见闻觉知，不染万境，而真性常自在。"③ 禅宗所追求的最高境界是对自身本性的体悟。受此影响，皎然将"真情性"作为衡量诗人诗歌的重要标准。他激赏苏李之诗，称"二子天予真性，发言自高，未有作用"。在《诗式》序言又称"天真挺拔之句，与造化争衡，可以意冥，难以言状"。由此可见，皎然所谓的"情性"不同于传统诗学，包容了儒释道的各种情感因素，且特别强调其情性之"真"。

《诗式》标举的是一种"风流自然"的美学标准。所谓"自然"，按照一般的理解，是《庄子》所说"天机自动"、"天籁自鸣"，自然流利，不加雕削。皎然的确十分推崇这样的诗歌，《诗式》卷一评价李陵、苏武诗曰："天予真性，发言自高，未有作用"，认为曹植"不由作意，气格自高"。何谓"作用"？《诗式序》云："其作用也，放意须险，定句须难。虽取由我衷，而得若神授。"皎然认为，"作用"包括"放意"和"定句"两个方面，即构思立意和字句锤炼，而作用的最终艺术表现则应是虽经用心锤炼而工巧无痕迹。皎然既然赞赏苏李曹植"未有作用"、"不由作意"，为何又将"尚于作用"的谢诗作为"文章宗旨"呢？这是因为"他认为晋宋之前诗乃表现自然而生的真意，不重意识构思，写诗并不作为文章之事，此后诗人始有意于艺术构思，于是诗为文章之性质乃显，真意与文章遂成矛盾。他认为解决这矛盾的关键是，应像谢灵运那样以'真于情性，尚于作用，不顾词采，而风流自然'为文章宗旨"④。所以皎然虽然对谢灵运之前"未见作用"和

---

① （清）何文焕：《历代诗话》，中华书局1981年版，第808页。
② （唐）裴休：《传心法要》，《大正藏》第四十八册。
③ （唐）释法海撰，丁保福注：《祖坛经笺注》，蓝吉富主编：《禅宗全书》第三十八册，北京图书馆出版社2004年版，第151页。
④ 赵昌平：《赵昌平自选集》，广西师范大学出版社1997年版，第135页。

"初见作用"的自然也给予很高的地位,但"尚于作用"的谢灵运却是皎然心目中的最高典范。他在《取境》中评曰:

> 或云,诗不假修饰,任其丑朴,但风韵正、天真全,即名上等。予曰:不然。无盐阙容而有德,岂若文王太姒有容而有德乎?又云,不要苦思,苦思则丧自然之质。此亦不然。夫不入虎穴,焉得虎子?取境之时,须至难至险,始见奇句。成篇之后,观其气貌,有似等闲,不思而得,此高手也。有时意静神王,佳句纵横,若不可遏,宛如神助。不然,盖由先积精思,因神王而得乎!
> ——《诗式校注》卷一

皎然所倡导的自然,并非"不假修饰,任其丑朴"的自然主义意义上纯客观的存在状态,而是一种符合艺术法则的艺术化了的自然。他不但于诗歌创作中引入用事,而且将之作为五格品诗的标准;对声律,虽病律家拘而多忌,失于自然,但是认为声律不外于诗歌;他提倡构思精巧,不反对词采修饰,但是在成篇之后,不能流露出斧凿之痕。因而他提出的"四不"、"四深"、"二要"、"二废"、"四离"、"六迷"、"六至"等要求,"所阐述的大抵是游刃于法度之中,从容于限制之内的自由"(《诗式》前言)。最终达到"观其气貌,有似等闲"、"至丽而自然,至苦而无迹"的自然境界。相对于钟嵘"至乎吟咏情性,亦何贵于用事","今既不被管弦,亦何取于声律"[①] 的反对用事和声律,是一种进步,符合诗歌发展的方向。

可见,皎然所倡导的自然,是为法则、规律所勒制,把法则、规律统一起来的艺术化的自然,即法度规律下、经人力熔铸后的自然,此为"自然"之底蕴。而这种"琢雕合于自然"的美学思想,是对道家"既雕且琢,复归于朴"思想在诗歌美学中的进一步发挥。对后世诗论亦颇有启发,尤其是开宋代"绚烂之极,乃造平淡"之法门。

---

① (梁)钟嵘:《诗品序》,(清)何文焕:《历代诗话》中华书局1981年版,第4—5页。

二　五格与诗评

"格",犹法,《孔子家语》云:"口不吐训格之言。"① 王肃注曰:"格,法。"五格,即五种诗法,或者五种作诗标准。皎然在"真于情性"的基础上,将用事拉入诗法的标准。为此,皎然重新定义用事,将一般意义上的用事分为借古事叙写自己情志的比兴与叙说古事之用事,既拓展了诗歌表达的自由度,又为评判诗歌的品级提供了便利。皎然根据用事含意的深浅和是否真于情性,将诗歌分为五个品格。

> 不用事第一;作用事第二;直用事第三;有事无事第四;有事无事,情格俱下第五。
> ——《诗有五格》,《诗式校注》卷一

皎然把"不用事"诗奉为第一格,认为"若情格极高,则不可屈",过多用典则会导致屈情而降格,从而破坏诗人情性的自然抒发;"语似用事,义非用事",或不用事而措意不高者,列第二格;用事直露为第三格;不论用事与否,如品格稍下,不能列第三格,列入第四格;"情格俱下"者黜第五格。在《诗式序》中皎然谈及五格论诗的目的。他说:

> 今所撰《诗式》,列为等第,五门互显,风韵铿锵,使偏嗜者归于正气,功浅者企而可及,则天下无遗才矣。

皎然一再表达了这种思想,《诗式校注》卷一不用事第一格评曰:

> 今所评不论时代近远,从国朝以降,其中无爵命有幽芳可采者,拔出于九泉之中,与两汉诸公并列,使攻言之子"体变道丧"之谈,于兹绝矣。

---

① (魏)王肃注:《孔子家语》第七,《景印文渊阁四库全书》第695册,台湾商务印书馆发行1985年版,第14页。

"五门"即五格,五格之分中显然带上品评色彩。"偏颇","攻言之子"的言论是《诗式》创作的一个重要诱因,亦是《诗式》极力在批驳中树立自己诗学主张的靶子。综观《诗式》全篇,从《总序》、卷二代序一再强调创作的针对性,到卷三代序批驳卢藏用"道丧五百年而有陈君"的言论,卷四代序为齐梁诗辩护,卷五代序提出"复古通变"观点,可以看出,《诗式》是结构完整,有极强现实针对性的诗学著作。

　　入唐以来,唐人在对待前代诗歌传统的态度上,常忽视齐梁文学,直追汉魏以至更远。唐人批判齐梁主要在于其浮艳文风和对声律藻采的讲求上。而提出齐梁"体变道丧"之论,中唐之前当有三人,最著名的是初唐陈子昂《与东方左史虬修竹篇序》云:"文章道弊五百年矣。汉魏风骨,晋宋莫传。"李白《古风》亦云:"玄风变太古,道丧无时还。"[1] 与皎然同时的诗人元结亦称"文章道丧盖久矣"[2],"风雅不兴,几及千岁"[3],都是以"道弊"或"道丧"指斥齐梁乃至六朝诗歌,但是针对性却不同。魏晋六朝诗歌是在儒学丧落后,对诗歌体式、内在规范、价值取向和审美特质的自主探寻追求中,摆脱经学和政治的束缚而走向了文学自觉的。从"诗赋欲丽"、"缘情绮靡"到四声八病的声律学,齐梁诗过分追求声采的华美,缺乏真情实感,造成"文"有余而"实"不足的弊病,为历代复古主义者所诟病。"齐梁文风的靡弱不在于吟咏情性和专以江山风月为事,而在于其情性本身的平庸无聊和肤浅,在于宫廷贵族生活视野的狭窄,所以文思失于繁细,刻画伤于绮碎,淫靡的倾向掩盖了这场变革中真正合理的实质性内容。"[4] 陈子昂指斥齐梁诗歌"采丽竞繁,而兴寄都绝",即是针对齐梁诗歌绮丽柔靡的文风,主张恢复古诗风雅比兴的兴寄传统。"兴寄"接源于汉儒说诗所开创的比兴、寄托的批评观。《毛诗》强调诗歌要具有讽喻时事,补益政治的功能。提倡"六义"、"主文而谲谏",在政教衰坏之时,"伤

---

[1] (唐)李白著,(清)王琦注:《李太白全集》卷二,中华书局1977年版,第126页。
[2] (唐)元结撰,孙望校:《元次山集》,中华书局1960年版,第100页。
[3] 同上书,第37页。
[4] 葛晓音:《汉唐文学的嬗变》,北京大学出版社1990年版,第73页。

人伦之废，哀刑政之苛，吟咏情性以风其上"①。从这个意义上讲，陈子昂"道弊""兴寄"之说，是诗歌发展的倒退。然而陈子昂的"兴寄"显然有着现实历史文化境遇，其中蕴含了处于上升时期的唐帝国文化风貌和士人精神风貌的新内容，必然是传统儒家美刺比兴的狭隘诗学观念所不能完全涵盖的，②其主要兴趣也在汉魏风骨、兴象和兴寄。相较而言，元结的复古是以儒家政教文学观为内涵的极端复古主义思潮，他在《刘侍御月夜宴会序》中云：

> 文章道丧，盖久矣。时之作者，烦杂过多，歌儿舞女，且相喜爱，系之风雅，谁道是耶。诸公尝欲变时俗之淫靡，为后生之规范，今夕岂不能道达情性，成一时之美乎。③

天宝六年（747），元结作《二风诗论》，阐明创作《二风诗》十首目的在于"欲极帝王理乱之道，系古人规讽之流"④。天宝十年（751），他为时事而作的古体《系乐府》序文中曰："尽欢怨之声者，可以上感于上，下化于下。"⑤元结的诗论主张和诗歌风格和开天诗坛呈现出截然不同的风貌。他倡导《诗经》"雅正"诗风，主张讽喻时事，崇尚古体，排斥近体诗，显然是一种极端的复古。皎然虽然没有在《诗式》中直接批判元结的诗学主张，从把《箧中集》中沈千运、孟云卿放置在"情格俱下"的第五格看来，皎然对他们评价不高。

李白亦对梁陈诗风持批判的态度。《本事诗》曰："白才逸气高，与陈拾遗齐名。先后合德，其论诗曰：'梁陈以来，艳薄斯极，沈休文又尚以声律，将复古道，非我而谁与！'"⑥其《古风五十九首》其一：

---

① 郭绍虞主编：《中国历代文论选》第一册《毛诗序》，上海古籍出版社1979年版，第63页。
② 许总：《论元结及〈箧中集〉诗人的人生态度、文学思想与创作倾向》，《徐州师范学院学报（哲学社会科学版）》1996年第1期，第44页。
③ （唐）元结撰，孙望校：《元次山集》，中华书局1960年版，第100页。
④ 同上书，第10页。
⑤ 同上书，第18页。
⑥ （唐）孟棨：《本事诗》，《景印文渊阁四库全书》，台湾商务印书馆发行1985年版，册1478，第239页。

"《大雅》久不作,吾衰竟谁陈。《王风》委蔓草,战国多荆榛。龙虎相啖食,兵戈逮狂秦。正声何微茫,哀怨起骚人。扬马激颓波,开流荡无垠。废兴虽万变,宪章亦已沦。自从建安来,绮丽不足珍。圣代复元古,垂衣贵清真。"① 李白的复古主张深受道家思想的影响,着重批判梁陈雕藻淫艳文风,着眼点在于追求自然而至极的艺术境界——清真、天真、天然。"玄风变太古,道丧无时还"(《古风·其三十》),② "圣代复元古,垂衣贵清真"(其一)。虽倡导玄风,但"贵清真"却是其诗歌革新的主旨。李白的复古主张并没有完全贯彻到其创作中,对六朝优秀诗人仍十分推崇。

三 复古通变与陈子昂

皎然主张"复古通变",以发展的眼光看待文学史。卷五《复古通变体》曰:

> 作者须知复、变之道,反古曰复,不滞曰变。若惟复不变,则陷于相似之格,其状如驽骥同厩,非造父不能辨。能知复、变之手,亦诗人之造父也。以此相似一类,置于古集之中,能使弱手视之眩目,何异宋人以燕石为玉璞,岂知周客嚧唅而笑哉?又,复变二门,复忌太过,诗人呼为膏肓之疾,安可治也,如释氏顿教,学者有沈性之失,殊不知性起之法,万象皆真。夫变若造微,不忌太过。苟不失正,亦何咎哉?如陈子昂复多而变少,沈、宋复少而变多,今代作者不能尽举。吾始知复、变之道岂惟文章乎?

"反古曰复,不滞曰变","复"和"变"就文学发展而言,是继承和发展问题。刘勰早在《文心雕龙·通变》中就探讨了文学的继承和发展问题,他说:"文律运周,日新其业。变则其久,通则不乏。趋时必果,乘机无怯。望今制奇,参古定法。"其通变观强调的是以古制今。纪昀注评曰:"齐梁间风气绮靡,转相神圣,文士所作,如出一

---

① (唐)李白著,(清)王琦注:《李太白全集》卷二,中华书局1977年版,第87页。
② 同上书,第126页。

手,故彦和以通变立论。"① 黄侃解释《通变》篇亦曰:"彦和此篇,既以通变为旨,而章内乃历举古人转相因袭之文,可知通变之道,惟在师古。所谓变者,变世俗之文,非变古昔之法也。"② 皎然的"复变之道"则倾向于变,他说"若惟复不变,则陷于相似之格",复变二门中,若"复太过",就如同"膏肓之疾",难以救治。与此相反,他说:"不滞曰变","夫变若造微,不忌太过,苟不失正,亦何咎哉"?"造微"指精深微妙。皎然提倡以变革创造精微的境界,"苟能下笔合神造,误点一点亦为道"(《七言周长史昉画毗沙门天王歌》《杼山集》卷七),即使"变"有些过,带有某些奇异的色彩,只要不使文章陷入偏激、乖谬之途,也是无妨的。从整部《诗式》所表现出来的倾向看,皎然强调一个"变"字,着重于积极追求艺术形式与艺术技巧的发展创变。而这种倾向,比较集中地反映在他对陈子昂和齐梁诗的评价之中。《诗式校注》卷三评曰:

  卢黄门《序》,评贾谊、司马迁"宪章礼乐,有老成之风",让长卿、子云"'王公大人'之言,溺于流辞。"又云:"道丧五百年而有陈君乎!"予因请论之曰:司马子长《自序》云,周公卒五百岁而有孔子,孔子卒五百岁而有司马公。迩来年代既遥,作者无限,若论笔语,则东汉有班、张、崔、蔡;若但论诗,则魏有曹、刘、三傅,晋有潘岳、陆机、阮籍、卢谌,宋有谢康乐、陶渊明、鲍明远,齐有谢吏部,梁有柳文畅、吴叔庠,作者纷纭,继在青史,如何五百之数独归于陈君乎?藏用欲为子昂张一尺之罗盖,弥天之宇,上掩曹、刘,下遗康乐,安可得耶?又,子昂《感寓》三十首,出自阮公《咏怀》,《咏怀》之作,难以为俦。子昂诗曰:"荒哉穆天子,好与白云期。宫女多怨旷,层城蔽蛾眉。"曷若阮公"三楚多秀士,朝云进荒淫。朱华振芬芳,高蔡相追寻。一为黄雀哀,涕下谁能禁?"此《序》或未湮沦千载之下,当有识者,得无抚掌乎?

---

① (清)纪晓岚:《纪晓岚评文心雕龙》,江苏广陵古籍刻印社1997年版,第22页。
② 黄侃:《文心雕龙札记》,中国人民大学出版社2004年版,第101页。

以"复变"的文学史观来看,陈子昂片面否定六朝文学的发展实绩的复古主张是"复多变少",犯了"复忌太过"之弊。故皎然不赞同卢藏用"道丧五百年而有陈君"之说。另一方面,皎然认为陈子昂《感遇》30首诗出自阮籍《咏怀》,而艺术表现却在阮籍之下。陈子昂《感遇》主"兴寄",针对现实有感而发,侧重说理,故不如阮诗感慨遥深。王弇州云:"陈正字淘洗六朝铅华都尽,托寄大阮,微加断裁,第天韵不及。"① 清代王夫之在《唐诗评选》卷一中评价陈子昂《感遇》曰:"似诵,似说,似狱词,似讲义,乃不复似诗。"皎然在第三、四、五格各选陈子昂一首,认为他的诗用事直露,缺乏情致,是恰切的。

显然,皎然对以陈子昂为代表的复古派的批判建立在艺术创新的基础上。他认为陈子昂等人贬斥齐梁诗是未达五言诗道之旨。《诗式》卷四《齐梁诗》中曰:"夫五言之道,惟工惟精。论者虽欲降杀齐梁,未知其旨。若据时代,道丧几之矣。诗人不用此论。"皎然不赞同时变道丧之论,对诗人的评判更多倾向于诗歌体式特征和艺术特质。值得注意的是,皎然所说的"道"似与陈子昂所言之"道"不同。亦不同于批驳卢藏用的颜真卿所持之论。颜真卿在永泰元年(765)所写《孙逖文公集序》中曰:

> 古之为文者,所以导达心志,发挥性灵,本乎咏歌,终乎雅颂。帝庸作而君臣动色,王泽竭而风化不行。政之兴衰,实系于此。然而文胜质,则绣其鞶帨,而流血漂杵;质胜文,则野于礼乐,而木讷不华。历代相因,莫能适中。故诗人之赋丽以则,词人之赋丽以淫,此其效也。汉魏以还,雅道微缺;梁陈斯降,宫体聿兴,既驰骋于末流,遂受嗤于后学。是以沈隐侯之论谢康乐也,乃云灵均以来,此未及睹;卢黄门之序陈拾遗也,而云道丧五百岁而得陈君。若激昂颓波,虽无害于过正,榷其中论,不亦伤于厚诬!何则?雅郑在人,理乱由俗。桑间濮上,胡为乎绵古之时?正始皇风,奚独乎凡今之代?盖不然矣。其或斌斌彪炳,郁郁相宣,膺期

---

① (明)胡震亨:《唐音癸签》卷五,上海古籍出版社1981年版,第45页。

运以挺生,奄寰瀛而首出者,其惟仆射孙公乎?①

胡震亨称:"唐人推重子昂,自卢黄门后,不一而足。……独颜真卿有异论,僧皎然采而著之《诗式》。"② 皎然虽然受颜真卿影响,但是两人立论出发点却不同。孙逖与颜真卿是座主和门生的关系,开元二十二年、二十三年,孙逖知贡举时,拔取了颜真卿、贾至、李颀、萧颖士、李华、赵骅、柳芳、李萼等一批进士,这些人正是天宝贞元年间复古思潮的始作俑者。因而颜真卿称之为"人文之宗师,国风之哲匠"。此文抨击卢藏用过高评价陈子昂,有拔高孙逖、为天宝复古张目之意。抛开此因素,从中亦可窥出天宝贞元年间复古派所倡导的风雅观念与由陈子昂初倡、开天文人大力推助的具有新内涵的通达风雅观念存在重要的分歧,更倾向于向儒家纯正风雅观念回归。较之陈子昂、颜真卿、元结等人的复古主张,皎然有意识地淡化政治意味。虽然在谈《诗式》创造目的时,他说:"将恐风雅寝泯,辄与商教,以正其源","庶几有益于诗教",但是一直停留在观念上。他所说的"诗教","犹言'诗道',偏重于指诗歌内部的艺术规律"③。他追求"制体创词,自我独致",要求不依傍、不模拟,必须有新创造,新面目,但并不排斥学习与借鉴古人。甚至把这种借鉴分为"语"、"意"、"势""三不同"。皎然一再强调的创新虽是就诗歌体式而言,亦有强烈的现实针对性,皎然通过"复古通变"批驳陈子昂复古主义,其实是力纠当时颜真卿、元结等人的极端复古的偏颇。

四 皎然对唐诗的接受

《诗式》并不是一部系统的诗评著作,对时代风格、诗歌品类的评判散乱在各个部分,我们只能从作者只言片语的评论和分属于不同品类、层次的例句中去收集、解读皎然诗学观点中所透露出的对于唐代诗风的接受、理解和评判。

---

① (清)董诰:《全唐文》卷三三七,中华书局1982年版,第3415页。
② (明)胡震亨:《唐音癸签》,上海古籍出版社1981年版,第44—45页。
③ (唐)皎然著,李壮鹰校注:《诗式校注》,人民文学出版社2003年版,第7页。

（一）初唐

从《诗式》所列例句来看，初唐最多，这说明皎然很关注初唐诗歌创作。在19品中，皎然例举了180多篇诗，涉及46人（含无名士）。其中，盛唐诗5首，初唐诗15首。不用事第一格，引诗33例，没有唐诗。作用事第二格，引诗40多家，唐诗16例，初唐13例，盛唐3例。宋之问5例，沈佺期3例，李峤、孟浩然各2例，杨师道、杜审言、阎朝隐、王维各1例。直用事第三格引唐诗18家，初唐7家21首，盛唐6家17首，大历5家7首。其中宋之问7首，张九龄8首，唐太宗4首，陈子昂、王昌龄、王维、钱起等各3首，祖咏、沈佺期、崔融各2首，崔颢、杜甫、章玄同、刘长卿、朱放等各1首。有事无事第四格，引用唐诗29家，初唐19家，盛唐4家，王维13首，祖咏6首，及常建、綦毋潜4家共21首诗，中唐钱起5首，皇甫冉2首，严维、神迥各1首。有事无事、情格俱下第五格选唐诗35家，主要为初中唐诗人。

从皎然所列例诗看，显然初唐最多。所举诗人主要有宋之问、沈佺期、李峤、杜审言、杨师道、阎朝隐、陈子昂等。除陈子昂外，其余诸家均为初唐宫廷诗人。他们诗歌内容虽然狭窄，但是在诗律、诗艺方面都颇有创新。李峤、杜审言、苏味道和崔融并称"文章四友"。其中，杜审言最有诗才，是五律、七律的首倡者，其诗作达到了较高的艺术水准。胡震亨云："初唐无七言律，五言亦未超然。二体之妙，杜审言实为首倡。"[①] 皎然在"意"中引杜审言诗一首，他解释曰："立言盘泊曰意"，李壮鹰阐释："谓诗中之言，委婉曲折而不质直，故含深微之意。"[②] 切合杜审言诗风。《艺苑卮言》亦云："杜审言华藻整栗小让沈宋，而气度高逸，神情圆畅，自是中兴之祖，宜其矜率乃尔。"[③] 皎然对沈约酷裁八病，碎用四声不满，认为过于讲究声对，使诗歌风雅殆尽，丧失自然之质。他说："律家之流，拘而多忌，失于自然，吾常所病也。必不得已，则削其俗巧，与其一体。一体者，由不明诗对，未阶大道。"[④] 皎然并不反对律诗，对初唐律诗音律和艺术的探索和规范非

---

① （明）胡应麟：《诗薮》，上海古籍出版社1958年版，第67页。
② 李壮鹰：《诗式校注》，人民文学出版社2003年版，第85页。
③ 丁福保辑：《历代诗话续编》，中华书局1983年版，第1004页。
④ 张伯伟：《全唐五代诗格汇考》，凤凰出版社2002年版，第204页。

常关注，对所取得的成就亦不吝褒奖之词。《律诗》评曰：

> 楼烦射雕，百发百中，如诗人正律破题之作，亦以取中为高手。洎有唐以来，宋员外之问、沈给事佺期，盖有律诗之龟鉴也。但在矢不虚发，情多、兴远、语丽为上。不问用事格之高下。宋诗曰："象溟看落景，烧劫辨沈灰。"沈诗曰："咏歌《麟趾》合，箫管《凤雏》来。"凡此之流，尽是诗家射雕之手。假使曹、刘降格来作律诗，二子并驱，未知孰胜。
>
> ——《诗式校注》卷二

皎然认为沈宋为律中正宗，所贵在于虽有韵法之缚，但是能深于声对而"律不滞"。如王世贞《艺苑卮言》卷四所云："五言至沈宋，始可称律。律为音律、法律，天下无严于是者，知虚实平仄不得任情而度明矣。二君正是敌手，排律用韵稳妥，事不傍引，情无牵合，当最为胜。"① 以遵守粘对规则为声律格式的五律的定型是由宋之问和沈佺期完成的，在唐代近体诗的演变过程中具有关键意义，不仅成功地将永明体四声发展为唐诗的平仄律，为律诗的创作提供了完整有效的声律法则，而且成为其他近体诗体式，如五言排律、五言绝句和七律产生的母体。皎然评价沈宋为"律诗之龟鉴"，是中肯的，亦见出他卓越的识见力。他认为沈宋"矢不虚发，情多、兴远、语丽"，所引宋之问"象溟看落景，烧劫辨沈灰"句，出自《奉和晦日幸昆明池应制》。② 方回评曰："池象溟海而观浴日，既已壮丽，又引胡僧劫灰事为偶，则尤精切，可谓极天下之工矣。"③ 沈佺期句小见于应制诗《岁夜乐安公主满月侍宴》，④ 内容上乏善可陈，皎然主要举其在艺术上的成就，《石洲诗话》曰："沈宋律句匀整，格自不高。杼山目以'射雕手'当指字句精巧胜

---

① 丁福保辑：《历代诗话续编》，中华书局1983年版，第1004页
② （清）彭定求等：《全唐诗》卷五十三，中华书局1960年版，第647页。
③ （元）方回选评，李庆甲集评校点：《瀛奎律髓汇评》卷十六，上海古籍出版社1986年版，第587页。
④ （清）彭定求等：《全唐诗》卷九十八，中华书局1960年版，第1030页。

人耳。"① 皎然对于沈宋等律派的重视是与其复古通变、以变为主的观念是相通的。

(二) 盛唐

相较初唐,《诗式》对盛唐的关注显然不多,评价也比较片面。综观盛唐,《诗式》对王孟山水田园派颇为留意。《诗式校注》卷一评曰:

> 古人于上格分三品等,有上上、逸品,今不同此评,但以格情并高可称上,上品不合分三。又,虽有事非用事者,若论其功,合入上格;又有三字物名之句,仗语而成,用功殊少,如襄阳孟浩然云:"气蒸云梦泽,波撼岳阳城。"自天地二气初分,即有此六字;假孟生之才加其四字,何功可伐,即欲索入上流邪?若情格极高,则不可屈;若稍下,吾请降之于高等之外,以惩后滥。如此,则诗人堂奥,非好手安可扪其枢哉?又,宫阙之句,或壮观可嘉,虽有功而情少,谓无含蓄之情也,宜入"直用事"中,不入第二格,无作用故也。

从中可以见出皎然评诗的两个标准,一要创新,不能"仗语而成,用功殊少",二看"格情",即体格情调。例诗出自《望洞庭湖赠张丞相》首联。皎然认为"云梦泽"、"岳阳城"取用事物现成名目,并非诗人创造,所以认为诗人"用功殊少",所以屈格以置。而此诗所表达的是希望张丞相汲引之情,情调亦不高。且无含蓄之情,所以降格置之。胡震亨《唐音癸签》云:"孟氏洞庭一联,皎然论诗,降居中驷,良有深指。"② 足见皎然对作诗创意造言之严格。《文镜秘府论·南卷》引皎然诗云:"凡诗者,虽以敌古为上,不以写古为能。立意于众人之先,放词于群才之表,独创虽取,使耳目不接,终患依傍之手。或引全章,或插一句,以古人相黏二字三字为力,厕丽玉于瓦石、殖芳芷于败兰,纵善,亦他人之眉目,非己之功也,况不善乎?"③

---

① (清) 翁方纲:《石洲诗话》卷一,中华书局1985年版,第2页。
② (明) 胡震亨:《唐音癸签》卷五,上海古籍出版社1981年版,第47页。
③ [日] 弘法大师撰,王利器校注:《文镜秘府论校注》,中国社会科学出版社1983年版,第321页。

《诗式》只选李白、杜甫诗歌各一首。卷一调笑格一品《戏俗》选李白《上云乐》,《直用事第三格》中引用了杜甫的《哀江头》,卷一《重意诗例》"二重意"中引用了王维的《送歧州源长史归》。对于盛唐诗歌的轻忽,使其识见力遭到质疑。有学者认为皎然"对唐诗的评价偏低,特别对盛唐诗的伟大成就认识不足。……对大诗人李白、杜甫则缺乏认识"[1],《诗式》确实对盛唐诗歌着墨不多,但是一个重要的原因是《诗式》体式所限。从写作缘起上看,诗式、诗格是"为了适应初学者或应举者的需要而写,诗话则往往是以资文人圈中的同侪议论"[2],二者并不能完全等同。《诗式》既以后学为对象,必然更多的是从可操作的诗法着眼来解析诗歌,盛唐诗大多意境浑凝,难以句摘,皎然只解析了孟浩然两句诗后,即言"诗人堂奥,非好手安可扪其枢哉?"(《诗式校注》卷一)他倡导创新、苦思,是因为存在着这样的忧虑:"后辈若乏天机,强效复古,反令思扰神沮。何则?夫不工剑术,而欲弹抚干将、太阿之铗,必有伤手之患,宜其诫之哉。"《诗式》卷五虽谈复古,但皎然认为,启发后学应从方便可行的诗法着手,从易到难学习。因而《诗式》多从诗歌形式创新的成功范例入手来引导后学,而非泛泛地评论诗人诗歌优劣。

事实上,皎然对盛唐大家非但没有轻忽,相反十分重视。李白宝应元年(762)卒于当涂,当涂令李阳冰编纂其诗为《草堂集》十卷,皎然当时居湖州,与李阳冰有过往来,必然阅读过李白诗。大历年间,皎然好作七言歌行,不能说没有接受李白诗歌并受其影响。杜甫最早集子《杜工部小集》六卷是樊晃大历五年(770)或者下年,于润州编定的,其序曰:"江左词人所传诵者,皆公之戏题剧论耳,曾不知君有大雅之作,当今一人而已。"《诗式》必当受过《论诗绝句》的影响,卷三所选《哀江头》诗,"为现存唐人选本中最早选录杜诗者"[3],《诗式》中反复强调的"苦思",取境时的"至险"、"至难"和《诗议》中"采奇于象外,状飞动之趣,写真奥之苦",与杜甫所云"精微穿溟涬,飞

---

[1] 王运熙、杨明:《隋唐五代文学批评史》,上海古籍出版社1994年版,第376页。
[2] 张伯伟:《全唐五代诗格汇考·诗格论》,凤凰出版社2002年版,第4页。
[3] 贾晋华:《皎然年谱》,厦门大学出版社1992年版,第53页。

动摧霹雳"①,"意惬关飞动,篇终接混茫"②的精神是一致的。据赵昌平统计,以皎然为主的吴中派七人诗歌,亦与杜甫一样,喜用拗体,占其近体诗近20%,"比善于用拗的杜甫也高出许多"③,足见杜甫的影响。而王维的诗歌可以说影响了整个大历诗坛,皎然前期诗歌创作也深受王维影响。因而说,皎然与盛唐诗坛关系密切,他本人青壮年时代即是在盛唐度过的,他的诗集中还保存不少盛唐风格的诗,只是他没能在《诗式》中明确品评盛唐诸贤,的确是一件遗憾的事情。

(三)大历贞元时期

皎然在《齐梁诗》中谈及大历诗人的创作,云:

> 大历中,词人多在江外,皇甫冉、严维、张继、刘长卿、李嘉祐、朱放,窃占青山白云、春风芳草以为己有。吾知诗道初丧,正在于此,何得推过齐梁作者?迄今余波尚寝,后生相效,没溺者多。大历末年,诸公改辙,盖知前非也。如皇甫冉《和王相公玩雪诗》:"连营鼓角动,忽似战桑乾。"严维《代宗挽歌》:"波从少海息,云自大风开。"刘长卿《山鹧鸪歌》:"青云杳杳无力飞,白露苍苍抱枝宿。"李嘉祐《少年行》:"白马撼金珂,纷纷侍从多。身居骠骑幕,家近滹沱河。"张继《咏镜》:"汉月经时掩,胡尘与岁深。"朱放诗:"爱彼云外人,来取涧底泉。"已上诸公,方于南朝张正见、何胥、徐摛、王筠,吾无间然矣。
>
> (卷四)

皇甫冉、严维、张继、刘长卿、李嘉祐、朱放六人是大历时期活跃在吴越一带的诗人,与皎然关系密切,皎然对他们的诗风变化必然十分了解。在当时社交氛围十分浓郁的状况下,这样严厉的批评也是需要相当自信和勇气的。

从肃宗上元年间至大历初年,是盛唐文学与大历文学的交汇时

---

① (清)彭定求等:《全唐诗》卷二百十六,中华书局1960年版,第2263页。
② (清)彭定求等:《全唐诗》卷二百二十五,中华书局1960年版,第2427页。
③ 赵昌平:《"吴中诗派"与中唐诗歌》,《赵昌平自选集》,广西师范大学出版社1997年版,第145页。

期。在这一时期盛唐哲匠相继辞世。上元二年（761）王维卒于长安，代宗宝应元年（762）李白卒于当涂，永泰元年（765）高适卒于长安，大历四年（769）岑参卒于成都，大历五年（770）杜甫卒于耒阳。文学的盛唐时代完全结束，但是在诗坛的余响仍存，王、孟的诗歌模式仍为大历诗人所承继。他们多以秀雅精致的语言构筑山水意境，以青山、白云、春风、芳草意象入诗确是其一个重要特点。刘长卿诗云："白云依静渚，芳草闭闲门。"① 李嘉祐诗曰："独向西山聊一笑，白云芳草自知心。"② 这是山水诗人常会用到的意象，而皎然说："吾知诗道初丧，正在于此。"以此即认为皎然批评他们"嘲风月，弄花草"，脱离社会现实生活，无补于正统的政治教化，显然是不恰当的。皎然所言之"诗道"，并不是儒家的诗教传统。皎然所谓的大历诸公改辙后之作亦多是咏物酬唱之作，并没有反映社会现实，也没有多少深刻的内含。诸公改辙后参照的标杆是南朝张正见、何胥、徐摛、王筠等人。此四人是梁陈宫体诗人。齐梁诗坛的创作倾向，初唐以来一直遭到众人声讨。唐初魏徵曾批评梁诗风"梁自大同之后，雅道沦缺，渐乖典则，争驰新巧"③。后来陈子昂也严厉批评："齐梁间诗，彩丽竞繁，而兴寄都绝"④。盛唐殷璠在《河岳英灵集·序》里亦曰南朝诗"都无兴象，但贵轻艳"，"自萧氏以还，尤增矫饰。"⑤ 如果皎然谨遵循儒家诗教，怎会以南朝宫体诗人作为改辙后诸公的标杆呢？显然并非如此。

宫体诗是由永明体而来的又一次新变。《梁书·庾肩吾传》曰："齐永明中，文士王融、谢朓、沈约文章始用四声，以为新变，至是转拘声韵，弥尚丽靡，复逾于往时。"⑥《梁书·徐摛传》曰："（摛）属文好为新变，不拘旧体。……摛文体既别，春坊尽学之，'宫体'之号，自斯而起。"⑦ 宫体诗不但追求精致的结构、妍丽的声词，而

---

① （清）彭定求等：《全唐诗》卷一百四十八，中华书局1960年版，第1512页。
② （清）彭定求等：《全唐诗》卷二百六，中华书局1960年版，第2144页。
③ （唐）魏徵等：《隋书》卷七十六，中华书局1973年版，第1730页。
④ 张燕瑾编：《中国古代文学作品选》，中国社会科学出版社2010年版，第349页。
⑤ （唐）元结等：《唐人选唐诗》，中华书局1958年版，第40页。
⑥ （唐）姚思廉：《梁书》，中华书局1973年版，第690页。
⑦ 同上书，第446—447页。

且要"性情卓绝"、"情灵摇荡",这种"情性"与儒家传统"情志"是不同的。正如萧纲《序愁赋》所描绘:"情无所治,志无所求,不怀伤而忽恨,无惊猜而自愁。玩飞花之入户,看斜晖之广寮。虽复玉觞浮椀,赵瑟含娇,未足以祛斯耿耿,息此长谣。"① 他所言的"情"、"志"是对传统情志内容的否定,是纯粹的审美经验,是一种非政治的,通俗性的情感。历来评论齐梁文学,多指责为文风浮艳,内容空虚。皎然评大历诗歌以宫体诗人为标格,批评大历前期诗坛沿用居正宗地位的王、孟诗歌模式缺乏情感和创新之弊,实在是惊人之论。缺乏创新的模拟,必然导致诗歌境界狭窄,新奇不足,这当是皎然着力批评之处。如高仲武评刘长卿:"诗体虽不新奇,甚能炼饰,大抵十首已上,语意稍同,于落句尤甚。"② 皎然独重江南诗人在大历末年的作品,认为"大历末年诸公改辙",为我们研究大历诗风演变提供了一则重要的信息。然而,皎然所举六家资料缺乏,难以为其诗歌编年,改辙后诸家诗歌究竟呈现出何种风貌,尚需要仔细的考察和分析。

大历末期,上述六位诗人在江南为宦,隐居已经十多年,江南独特的地域文化已经融入他们的性情和创作之中。江南秀美的自然风貌安慰了仕途失意的江南诗人,也养就了他们对大自然的敏锐感受。长期奔波流离,接触社会较为深入,因此他们的诗歌中,反映的生活也较为丰富,尤其是外界变化对内心的冲击,描摹得更是细腻、真切。他们的诗风发生了很大的变化。而在与皎然同时的高仲武所编的《中兴间气集》中,对诸家颇多褒扬。

评李嘉祐:

> 自振藻天朝,大收芳誉,中兴高流,与钱郎别为一体,往往涉于齐、梁,绮靡婉丽,盖吴均、何逊之敌也。③

---

① (清)严可均校辑:《全上古三代秦汉三国六朝文》,(全四册)第三册,中华书局1958年版,第2995页。
② (唐)高仲武:《中兴闻气集》,《唐人选唐诗》,中华书局1958年版,第290页。
③ 同上书,第271页。

评皇甫冉：

> 巧于文字，发调清奇，远出情外。①

评张继：

> 诗体清迥，有道者风。②

顾况《右拾遗吴郡朱君集序》：

> 立意皆新，可创离声乐友之什。③

独孤及在《唐故左补阙安定皇甫公集序》曰：

> 其诗大略以古之比兴，就今之声律，涵泳《风》《骚》，宪章颜谢。至若丽曲感动，逸思奔发，则天机独得，非师资所奖。每舞雩咏归，或金谷文会，曲水修禊，南浦怆别，新声秀句，辄加于常时一等，才钟于情故也。④

足见他们的诗风颇为世所重，呈现出有别于大历十才子的独特风貌。这主要表现在，江南文化气质，不但渗入他们的精神气质，也表现在其作品之中，为他们的诗歌增添了灵秀之气和神秘色彩。李嘉祐在被贬鄱阳时作《夜闻江南人家赛神因题即事》、《江南曲》等，大量以楚地风物入诗，抒写迷离怅惘的情绪。刘长卿被贬南巴，途经鄱阳访李嘉祐，赠诗云："稚于能吴语，新文怨楚辞。"⑤诗人从充满离骚精神的楚

---

① （唐）高仲武：《中兴间气集》，《唐人选唐诗》，中华书局1958年版，第275页。
② 同上书，第289页。
③ （清）董诰等：《全唐文》，中华书局1983年影印，第5367页。
④ （唐）独孤及：《毘陵集》十三，《四部丛刊正编》第33册，台湾商务印书馆印行1985年版，第85页。
⑤ （唐）刘长卿：《初贬南巴至鄱阳题李嘉祐江亭》，（清）彭定求等：《全唐诗》卷一百四十九，中华书局1960年版，第1546页。

地风物中,不仅获得了人生境遇上的认同,而且深受风物的熏陶。这在其他江南诗人作品中也可见出,这亦可称为大历江南诗人的群体性特征。刘长卿《湘妃》、《斑竹》、《江南怀古》,皇甫冉《杂言迎神词二首》,严维、鲍防、谢良辅等人所作的《状江南十二咏》等。江南以诗会友的诗会和酬唱活动,也促使江南诗人在竞技中对于诗歌形式的探索和对新奇表达的发现。如果说十才子更典型的代表大历时代的风貌,那么大历江南诗人后期的创作,则已透露出新的时代气息与艺术变革精神。从江南的人文民俗中汲取创作灵气,在诗友间平等的酬唱聚会切磋中,逐渐呈现出个性化的创作。当大历十二年元载、王缙被收治,整个政局发生了重大的变化,京城诗坛失去了像"大历十才子"那样的创作中心,整个诗风也开始由天宝浮华余气中走出来,而这时的江南诗人创作更为活跃。[①] 江南诗歌的独立特性也日益凸显出来。稍后的顾况、秦系、灵澈等吴中诗人承继了这一创作倾向,从理论到实践上开启了富于创新精神、独特个性和江南特色的诗歌风貌。

(四) 皎然的诗学追求和贞元江南诗人

《诗式》成书于贞元五年(789),当时江南诗坛的格局已有了很大的变化。无论是江南本土诗人如皎然、灵澈、陆羽、严维、秦系、朱放、顾况、戴叔伦,还是北方南渡诗人如李嘉祐、刘长聊、韦应物、刘太真等诗人的创作思想和诗艺追求,均在《诗式》中集中地体现出来。

皎然的诗学观,总的来说是主张"真情,精思,奇势,险境、高格"。《诗式》开篇《明势》,揭示了作诗要注重整体气势的起伏和变化之美,曰:"高手述作,如登荆、巫,觌三湘、鄢、郢山川之盛,萦回盘礴,千变万态。或极天高峙,崒焉不群,气腾势飞,合沓相属。或修江耿耿,万里无波,欻出高深重复之状。古今逸格,皆造其极妙矣。"文章开阖变化之势是内蕴外显的一种张力,是好诗的前提。奇势要求立意新奇,"立意于众人之先,放词于群才之表"。皎然推崇谢灵运,即是由于谢诗符合其追求奇势的审美趣味。王夫之在《姜斋诗话》中就指出谢灵运诗善于取势的特性:"以意为主,势次之。势者,意中之神

[①] 参见查屏球《从游士到儒士——汉唐士风与文学论稿》,复旦大学出版社 2005 年版,第 489 页。

理也。唯谢康乐为能：取势宛转屈伸，以求尽其意，意已尽则止，殆无剩语，夭矫连蜷，烟云缭绕，乃真龙，非画龙也。"① 皎然诗中亦大力倡言"变态"，《五言读张曲江集》云："逸荡子山匹，经奇文畅俦。沉吟未终卷，变态纷难数。"（《杼山集》卷六。）《张伯英草书歌》云："先贤草律我草狂，风云阵发愁钟王。须臾变态皆自我，象形累物无不可。"（《杼山集》卷七）"变态"即是指幽微巧妙而不拘常格。

皎然亦求"奇趣"。在五格十九体外，又立三格四品，将"越俗"、"骇俗"、"淡俗"、"戏俗"四个品目，分列于"跌宕格"、"淈没格"和"调笑格"中。皎然解释"越俗"为"其道如黄鹤临风，貌逸神王，杳不可羁"；"骇俗"评曰："其道如楚有接舆，鲁有原壤，外示惊俗之貌，内藏达人之度。"淈没格之为浊乱之意。寓贞正之旨于浊俗之言中。淈没格只有淡俗一品。淡俗条下皎然评曰："此道如夏姬当垆，似荡而贞；采吴楚之风，虽俗而正。"调笑格一品为戏俗，皎然说此格"非雅作，足以为谈笑之资矣"。三品四格，尤其是"越俗"、"骇俗"二格"实有感于当时诗坛上'古俗'与'时俗'的两种倾向"②。皎然立纠其弊，主张向古今民间歌谣学习，"化偕俗为奇崛"，追求跌宕不羁的风格。

吴中诗人生活中通脱狂放，艺术上则追求不主故常、惊世骇俗、以谐俗为奇崛的逸格。这种生活态度和艺术追求即是《诗式》诗学理论的结晶，也是最生动的实践者。

就皎然自身而言，早年杂学旁收，放逸轻狂。后又求仙访道，学仙不成才皈依空门，但仍然"性放逸，不缚于常律"③。他在诗中多以狂士自诩，大历末年，马祖禅风行江南，皎然深受影响，更加狂放不拘，诗歌亦呈现出狂荡色彩。皎然《五言偶然五首》："说禅颠倒是，乐杀金王孙"（《杼山集》卷六），对禅理也采取一种嘲谑的态度，正是当时江南诗僧人生态度与心理特征的典型写照。这反映在文学创作方面，促生了狂放奇诞的审美趣味。这不仅表现在其大量的创作实践中，而且亦

---

① 郭绍虞主编：《四溟诗话·姜斋诗话》，人民文学出版社1961年版，第146页。
② 赵昌平：《吴中诗派与中唐诗歌》，《赵昌平自选集》，广西大学出版社1997年版，第140页。
③ 傅璇琮：《唐才子传校笺》（二），中华书局1987年版，第204页。

构成其诗歌理论的精神核心。

吴中最狂放不羁的诗人是顾况。他性诙谐,能诗善画解乐,又出释入道。而这些学养、禀才本身又赋予他迥异常人的艺术感受力和表达方式,表现在其大部分诗作着意追求新奇怪异之美,呈现出奇诞险奥的特点。在诗歌语言方面,顾况有意识打破熟词套语,如《长安道》"长安道,人无衣,马无草,何不归来山中老"①;《山中》"野人爱向山中宿,况在葛洪丹井西。庭前有个长松树,夜半子规来上啼"②。俚语、俗语、散文语均可入诗,以拙换巧,笔力矫变;在诗歌体式方面,顾况进而变整伤为散漫,句式长短错落,完全摆脱了句法的束缚。《范山人画山水歌》云:

> 山峥嵘,水泓澄,漫漫汗汗一笔耕,一草一木栖神明。忽如空中有物,物中有声。复如远道望乡客,梦绕山川身不行。③

极错综变化之能事,这些显然与自开天一直延续到大历时代的精雅工丽的美学范式截然相反,而与元和"尚怪"精神接近。元和年间从韩愈学古文、追求奇僻险奥文风的皇甫湜给予顾况极高的评价:

> 吴中山泉气状,英淑怪丽,太湖异石,洞庭朱实,华亭清唳,与虎丘天竺诸佛寺钩号秀绝。君出其中间,禀轻清以为性,结泠汰以为质,煦鲜荣以为词,偏于逸歌长句,骏发踔厉,往往若穿天心、出月胁,意外惊人语,非寻常所能及,最为快也。李白、杜甫已死,非君将谁与哉?
>
> ——《唐故著作左郎顾况集序》④

认为顾况堪与李杜比肩,正是看到了顾况与韩孟派"尚怪"诗风的传承关系。吴乔称其"有气骨,七言长篇粗硬中杂鄙语,有高调,

---

① (清)彭定求等:《全唐诗》卷二百六十五,中华书局1960年版,第2941页。
② 同上书,第2965页。
③ (清)彭定求等:《全唐诗》卷二百六十五,中华书局1960年版,第2945页。
④ (清)董诰等:《全唐文》,中华书局1983年影印,第7026页

非雅音"①。

　　陆羽、秦系、朱放亦可称为隐士,虽都有为官经历,但是时间不长,与江南地方官过往密切。三人身世资料和诗作非常少,从中很难了解他们的全部生活和创作状况。与吴中其他诗人一样,三人亦是狂士。陆羽存诗一首,《陆羽歌》:"不羡黄金罍,不羡白玉杯,不羡朝入省,不羡暮入台。唯羡西江水,曾向金陵城下来。"② 秦系《山中赠诸暨丹丘明府》:"荷衣半破带莓苔,笑向陶潜酒瓮开。纵醉还须上山去,白云那肯下山来。"③ 以俚言口语入诗而意态奇崛,正如《诗式》所言"外示惊俗之貌,内藏达人之度"(骇俗)。均具有吴中奇崛逸荡诗风。权德舆在《秦征君校书与刘随州唱和诗序》中评秦系曰:"(刘长卿)尝自以为'五言长城',而公绪用偏伍奇师,攻坚击众,虽老益壮,未尝顿锋。词或约而旨深,类乍近而致远,若珩珮之清越相激,类组绣之元黄相发,奇采逸响,争为前驱。"④ 顾况评朱放:"朱君能以烟霞风景,补缀藻绣,符于自然……立意皆新,可创离声乐友之什,情思最切。"⑤

第四节　皎然的诗境与禅境

　　皎然的诗学思想和诗歌创作与其禅悟境界密不可分。皎然的禅境里闪动着诗境的轻盈倩影,诗境中亦荡溢着禅境的圣洁灵光,诗境与禅境达到融通无碍境界。这无疑是其僧侣和诗人的双重身份所决定的。皎然以禅境创构诗之意境,保持诗境与禅境之间的血脉关系,其禅学的心路历程必然反映到诗学思想和诗歌创作中,并对其产生影响。这无疑为目前较为薄弱的皎然诗歌创作和诗歌境界研究提供了新途径。

一　境——禅与诗沟通的中介

　　禅宗属于宗教哲学思维,与艺术形象思维不同,将二者融会贯通要

---

① 郭绍虞编选,富寿荪校点:《清诗话续编》,上海古籍出版社1983年版,第564页。
② (清)彭定求等:《全唐诗》卷三百八,中华书局1960年版,第3492页。
③ (清)彭定求等:《全唐诗》卷二百六十,中华书局1960年版,第2901页。
④ (清)董诰等:《全唐文》,中华书局1983年影印,第5003页。
⑤ 同上书,第5367页。

依靠中间环节才能实现,"境"便应运而生。"境"是佛学用语,《俱舍诵疏》卷一释曰:"心之所游履攀援者,故称为境。如色为眼识所游履,谓之色境;乃至法为意识所游履,谓之法境。"① 佛学之"境"是佛教一个十分重要的概念,佛教诸家都有阐释。按照禅宗的理解,"境"就是人的认识和所认识的对象相缘相生,从心与境的关系来看,一是识缘境而生。《坛经》有云:"解义离生死,著境生灭起,如水有波浪,即名为此岸。离境无生灭,如水常通流,即名为彼岸。"② 心不能离开境而生起,必须以境为根据和条件。二是境由心而造。《大乘起信论》有云:"一切诸法,唯依妄念而有差别,若离心念则无一切境界之相。"境与人的心灵活动是分不开的。皎然对"境"颇为偏爱,诗作中"境"出现不下三十次。在《唐苏州开元寺律和尚坟铭(并序)》曰:"境非心外,心非境中,两不相存,两不相废。"(《杼山集》卷八)"境"一方面是心外之物生发的,另一方面又是人们感知外物的结果。心和境的辩证关系中,心具有主观能动性。如"高明依月境,萧散蹑庭芳"(《因游支硎寺寄刑端公》,《杼山集》卷二);"灵境若可托,道情知所从"(《杼山集》卷三);"心境寒花草,空门青山月"(《杼山集》卷一),皎然对"境"的使用十分灵活,随物赋形。其《诗议》曰:

> 夫境象不一,虚实难明。有可睹而不可取,景也;可闻而不可见,风也。虽系乎我形,而妙用无体,心也;义贯众象而无定质,色也。凡此等,可以对虚,亦可以对实。

——《诗式校注》附录二

皎然明确认识到"境"已不仅是象内实境,如景,如风,亦可是诗人构思之时的内心之境或称心象,与作为艺术表现的意象有相通之处了。皎然诗学以心为宗,取"境"虚实之说,显然也得力于空王之道。

---

① 丁福保:《佛教大词典》,文物出版社1984年版,第1247页。
② (唐)释法海撰,丁保福校:《六祖坛经笺注》,蓝吉富主编:《禅宗全集》第三十八册,北京图书馆出版2004年版,第110页。

佛禅向诗歌美学的渗透，不仅使艺术思维方式因得到它的印证而变得更加明确、更加自觉起来，理论阐述也得以深化。

首先，将"境"置于禅与诗之中介位置，使它发挥作用的当是王昌龄。王昌龄在《诗格》中将"境"分为物境、情境和意境三种形态。他在《论文意》中曰：

夫置意作诗，即须凝心，目击其物，便以心击之，深穿其境。如登高山绝顶，下临万象，如在掌中。以此见象，心中了见，当此即用。如无有不似，仍以律调之定，然后书之于纸，会其题目。山林、日月、风景为真，以歌咏之。犹如水中见日月，文章是景，物色是本，照之须了见其象也。①

"王昌龄突破了'唯识宗'的'唯识无境界'说，将'心似种种外境相现'能动地改造为诗家的审美境界。"②继王昌龄之后，皎然从诗家审美艺术的角度提出了"取境"说。他崇尚自然美，但是亦反对"不假修饰，任其丑朴"，应该精心地营造：

取境之时，须至难至险，始见奇句。成篇之后，观其气貌，有似等闲，不思而得，此高手也。有时意静神王，佳句纵横，若不可遏，宛如神助。不然，盖由先积精思，因神王而得乎？

——《诗式校注》卷一

"取境"是指诗人在构思时营造意象或境界，以诗人的气质、才力、感情对外界的"境象"进行审美的再创造。这里所说的"取境"之"境"，并不单纯指外在景物，而是经过审美主体心灵化了的心理幻象。皎然认为取境包括"取象"和"取义"。"取象曰比，取义曰兴，义即象下之意。凡禽鱼草木、人物名数，万象之中义类同者，尽入比兴。"（《用事》，卷一）"取境"决定着诗歌的审美品格和风格。"夫诗人之思初发，

---

① 张伯伟：《全唐五代诗格汇考》，凤凰出版社2002年版，第162页。
② 陈良运：《中国诗学批评史》，江西人民出版社2001年版，第219页。

取境偏高，则一首举体便高；取境偏逸，则一首举体便逸。才性等字亦然。"（《辩体有一十九字》，卷一）皎然认为取境时必须"精思"，"精思一搜，万象不能藏其巧"（《总序》）。唯有"精思"，才能洞察对象的底蕴，然后形诸文字，"始见奇句"。但是他反对走极端，要求"至丽而自然，至苦而无迹"，达到"有似等闲，不思而得"的境界。

"造境"之说，亦来源于佛经，涉及境界本身的审美特质。诗人要把自己所得到的情志体验传达给接受者，让其获得审美感受，就必须超越单纯的情志感发、意象或境界的营造，而进一步诉诸语言表达。"取境"偏于诗人的主观趋向，造境却是和才力、情感、气质相关的审美再创造。皎然"盼睐方知造境难，象忘神遇非笔端"（《奉应颜尚书真卿观玄真子置酒张乐舞破阵画洞庭三山歌》，《杼山集》卷七），"象忘神遇"是造境的最佳心态。在评画时说："吾知真象本非色，此中妙用君心得。苟能下笔合神造，误点一点亦为道。"（《周长史昉画毗沙门天王歌》，《杼山集》卷七）强调创作中主体所能发挥的能动作用。好的艺术作品，虽然通过"言"与"象"的媒介诉诸接受者的感官，但它能在心中启示、诱发其丰富的想象，从而寻绎出那有限的"言"、"象"之外的无穷情味来。皎然多次提到"文外"、"象外"、"言外"在造境中的重要地位。所谓"象外"即是假象见意，意藏象外。《重意诗例》云："两重意已上，皆文外之旨，若遇高手如康乐公览而察之，但见情性，不睹文字，盖诣道之极也。"（《诗式校注》卷一）他说："或曰诗不要苦思，苦思则丧于天真。此甚不然。固须绎虑于险中，采奇于象外，状飞动之句，写冥奥之思。"（《诗式校注》附录二）比王昌龄"了然境象"，明显拓展了诗歌的表现空间。皎然诗论中亦提及"境象"，认为诗境有虚有实，虚中有实，实中有虚，难以判别。这显然是皎然的独创之处。把握住了境象的审美实质。对诗境论的完善和发展起到极大的作用。

意境创造的最高阶段是"缘境"。"缘境"也可以溯源至佛教经典。唯识宗大师窥基解释色法为："所依之根唯五，缘之境则六。"[①] 唯识宗

[①]（唐）释玄奘译，窥基注：《大乘百法明门论解》卷下，大正新修大藏经第四十四册，第 1836 页。

认为缘境可以生发新"识"。皎然提出"诗情缘境发"(《五言秋日遥和卢使君游何山寺宿扬上人房论涅槃经义》,《杼山集》卷一),进一步将境和情连接起来,认为境是诗情产生和存在的根基。他又说"缘境不尽曰情"(《辩体有一十九字》),强调境外情、象外情,这样,把境、意、情三者连为一体。创作者精心取境,潜心造境,缘境生情,形成一个不断反复的过程。使作品情景交融,象外有象,"但见情性,不睹文字",创造出一个美妙深邃的"象外"境界。

二 诗境与禅境

皎然的诗论和创作密切联系在一起,其诗风格多样,上承天宝,下启元和,此间诗歌的演变和发展如同化石般蕴藏在皎然诗集中。皎然《诗式》称大历末年,江南诗人的诗歌创作发生转变。其实在创作中,皎然在大历初年就探索建立新的诗风。几经探索、发展,到建中、贞元初才基本定型。皎然诗风的变化与禅风发展有极大的关系。皎然集中的写景诗、抒怀诗无法纪年,只能从目前可大致纪年的酬唱赠答诗中,来分析其诗风的演进和禅境的变化。

(一)早期诗歌("安史之乱"结束前)

皎然早期行历资料稀少,难以考证创作情况,无法窥见其诗歌风貌,仅举几例姑且论述。现可基本确定的是,皎然早年在长安参加科举,落第后客居长安,作《五言晨登乐游原望终南积雪》(《杼山集》卷六),诗云:

> 凌晨拥弊裘,径上古原头。雪霁山疑近,天高思若浮。
> 琼峰埋积翠,玉嶂掩飞流。曜彩含朝日,摇光夺寸眸。
> 寒空标瑞色,爽气袭皇州。清眺何人得,终当独再游。

整首诗严整壮丽,意象堆砌,雕饰过甚,有初唐宫廷诗之风。这反映早年皎然学律诗于初唐。从《诗式》大量引用初唐成句可知他对初唐律诗颇有研究。《杼山集》卷六中有《五言效古》自注"天宝十四年",诗曰:

日出天地正，煌煌辟晨曦。六龙驱群动，古今无尽时。
夸父亦何愚，竞走先自疲。饮干咸池水，折尽扶桑枝。
渴死化爝火，嗟嗟徒尔为。空留邓林在，折尽令人嗤。

此诗明写夸父逐日之事，实则讥刺安禄山叛乱是自不量力的愚蠢行为。皎然另有《七言塞下曲二首》。其一：

寒塞无因见落梅，羌人吹入笛声来。
劳劳亭上春应度，夜夜城南战未回。

其二：

都护今年破武威，尘沙万里鸟空飞。
旄竿瀚海扫云出，毡骑天山踏雪归。（杼山集卷六）

这是两首边塞诗，前一首暗用四个典故：笛子曲"落梅花"、"劳劳亭"、"春风度"、"战城南"。"落梅"，高适《塞上听吹笛》"借问梅花何处落，风吹一夜满关山"[①]，与本诗均有双关意；"战城南"是乐府诗题；"春应度"，化用王之涣《凉州词》中"春风不度玉门关"[②]句；"劳劳亭"，本始建于三国东吴时期，是古时送别之所。李白漫游金陵时写下千古闻名的《劳劳亭》。从诗意中看，皎然显然对盛唐三位大诗人的作品是有所接受和化用的，意欲翻陈出新。这首"塞下曲"所写战争与以往已有极大不同。所以作者才大量引用盛唐经典边塞诗句入诗，虽新奇，但是意境却欠浑凝。虽想语用双关，但是因动词不够精当，使诗句稍显散乱。整首诗两联之间缺乏呼应。第二首，颇具气势，但失之空泛。若干年后，皎然诗艺颇有创获，为后生学子学诗便利而写《诗式》，融汇了自己学诗体会。他专门从语、势、意三方面，谈诗歌

---

① 《全唐诗》一作《和王七玉门关听吹笛》，字句与此时多有不同。参见（清）彭定求等《全唐诗》卷二百十四，中华书局1960年版，第2243页。

② 《全唐诗》作"春光不度玉门关"。参见（清）彭定求等《全唐诗》卷二百五十三，中华书局1960年版，第2849页。

用事。他说:"偷语最为钝贼",其次是"偷意",再次是"偷势"。为什么"偷语"最拙笨呢?因为最易被人识破,"无处逃刑"。皎然的《塞下曲》化用了盛唐三大诗人诗语,虽颇费机巧,推陈出新,难免不被人认为是"用功殊少",投机取巧。所以在《诗式》中将之列为对学诗者而言,最是笨拙而有害的行为。

在这一时期,皎然由儒入道转而入释,这个求索、选择的过程虽艰辛,却丰富了他的思想,开阔了他的视野,也使其诗风呈现出多样性。经历了开、天时代,盛唐诗歌的余韵犹存,皎然不少诗还保留着盛唐诗歌的风味。有些诗颇有王、孟之风。如《五言寻陆鸿渐不遇》:

移家虽带郭,野径入桑麻。近种篱边菊,秋来未著花。
扣门无犬吠,欲去问西家。报道山中去,归时每日斜。

(《杼山集》卷一)

这首诗约作于乾元二年(759)皎然居湖州期间。以散淡的笔法简约地描绘作者访友经历及朋友居间环境,抒发闲逸疏放的隐者情怀,流露出随缘任运的禅意。语言清淡,颇似孟浩然《过故人庄》,但比孟诗更为放逸。黄生《唐诗摘抄》评曰:"极淡极真,绝似孟襄阳笔意。此全首不对格,太白浩然集中多有之。"[①]《诗境浅说》:"此诗晓畅,无待浅说。四十字振笔写成,清空如话。唐人五律,间有此格,李白《牛渚夜泊》诗亦然。作诗者于声律对偶之余,偶效为之,以畅其气,如五侯鲭馔,杂以蔬笋烹芼,别有隽味,若多作则流于空滑。况李白诗之英气盖世,此诗之潇洒出尘,有在章句外者,非务为高调也。"[②]均指出皎然所受盛唐诗人之影响。

皎然诗中的禅境也颇具特色,与其禅修境界相关。《五言妙喜寺逵公院赋得夜磬送吕评事》云:

一磬寒山至,凝心转清越。细和虚籁尽,疏绕悬泉发。
在夜吟更长,停空韵难绝。幽僧悟深定,归客忘远别。

[①] 陈伯海主编:《唐诗汇评》,浙江教育出版社1995年版,第3105页。
[②] 俞陛云:《诗境浅说》,北京出版社2003年版,第31页。

寂历无性中，真声何起灭。

（《杼山集》卷六）

在屏心静虑，心性几乎寂灭的禅定状态下，皎然内心的纯粹意识转化为直觉状态，对磬声产生了类似物我一体的直觉洞见和体悟，"虚籁尽"这样细微的声响亦可被感知捕捉到。这正是将知觉、意念抛除在经验领域之外的一种最接近原初印象的直觉再现。如《杂言山雨》：

一片雨，山半晴。长风吹落西山上，满树萧萧心耳清。
云鹤惊乱下，水香凝不然。风回雨定芭蕉湿，一滴时时入昼禅。

（《杼山集》卷六）

作者在静穆禅定的状态下，心境空明，对境观心而道契玄微，对自然的观察极为细致，感觉非常敏锐。山雨来时，半山急雨半山晴的奇丽景象，雨起时的萧萧长风，云鹤惊慌；雨收后，芭蕉上水珠滴落的细微声响，尽是静观寂照的直觉印象，诗境澄澈清幽。这与王维的"夜坐空林寂，松风直似秋"[1]，孟浩然的"荷风送香气，竹露滴清响"[2]，有异曲同工之妙，都能于空明寂静处见生气流动，韵味清远而空灵。这些禅诗均可看到北禅宗的影子。北宗提倡"方便通经"、"由定入慧"、"念佛净心"。以"净心"为目标，以离念为方便，主张"凝心入定，住心看静；起心外照，摄心内证"[3]。这两首诗正是写山林静坐时的禅悟体验。皎然亦有不少诗直接抒写禅修的困惑或证悟佛理的过程。宝应元年（762）春，皎然由避难的扬、楚一带返还湖州。[4] 刘展之乱对湖州造成极大的破坏，对皎然的触动很大，多首诗提及"兵乱"。《七言兵后经永安法空寺寄悟禅师（其寺贼所焚）》云：

---

[1] （唐）王维：《过感化寺昙兴上人山院》，（唐）王维撰，陈铁民校注：《王维集校注》卷五，中华书局1997年版，第437页。

[2] （唐）孟浩然：《夏日南亭怀辛大》，（清）彭定求等《全唐诗》卷一百五十九，中华书局1960年版，第1620页。

[3] 胡适：《新校定的敦煌写本神会和尚遗著两种》，蓝吉富主编：《禅宗全集》第36册，北京图书馆出版2004年版，第637页。

[4] 贾晋华：《皎然年谱》，厦门大学出版社1992年版。

> 常说人间法自空，何言出世法还同。
> 微踪旧是香林下，余烬今成火宅中。
> 后夜池心生素月，春天树色起悲风。
> 吾知世代相看尽，谁悟浮生似影公。
>
> （《杼山集》卷一）

皎然亲历兵乱，看到熟悉的家园被毁，寺院满目疮痍，不但无法参悟到法相为空、浮生若影之"无生"，而且不由得像王粲一样要赋感伤世事的《七哀》。情感与佛理之间的矛盾纠葛一直困惑着皎然，使他难以超悟，亦渗透在许多证悟诗中。

（二）中期后期诗歌与禅境

大历时期，皎然开始探求诗风新变。《五言和杨明府早秋游法华寺》云：

> 释事出县合，初闻兹山灵。寺扉隐天色，影刹遥丁丁。
> 碧峰委合沓，香蔓垂冀苓。清景为公有，放旷云边亭。
> 秋赏石潭洁，夜嘉杉月清。诵空性不昧，助道迹又经。
> 是以于物理，纷然若未形。移来宇人要，全与此道冥。
>
> （《杼山集》卷三）

雕丽的语言、繁密的意象、情理掩映的形式，可以说深得谢氏三昧。传统评论认为，谢灵运山水诗有酷不入情、景理两截之弊，皎然并不这样认为。在《诗式·文章宗旨》中，皎然评谢诗"真于情性，尚于作用，不顾词采，而风流自然"，将之作为整个诗论的宗旨。谢诗并非无情、寡情，在当时险恶的政治环境下，谢灵运只能以山水游赏排遣内心的忧闷郁结，以免招致祸患。其山水诗一般在景线之外，暗藏情线，时隐时显的出现于诗中。皎然显然深谙于此。他了解南朝谢氏在王权更迭和政治斗争中如临深渊的心态，所以能解读其山水诗中蕴含的情感。《诗式·重意诗例》曰："两重意已上，皆文外之旨。若遇高手如康乐公，览而察之，但见情性，不睹文字，盖诣道之极也。""且如

'池塘生春草'，情在言外。'明月照积雪'，旨冥句中。风力虽齐，取兴各别……意有盘礴者，谓一篇之中，虽词归一旨而兴乃多端，用识与才，躁践理窟。"认为谢诗的景中有情有理，景、情、理合一。

皎然此诗也是如此，由"初闻"领起情线和理线，亦增加文势，接着叙景，禅理融景中。"清景"、"放旷"句，已由景句转入主观的感受、景色兴发的爱意与冥悟的抒写。"这种风格，当然要求更精巧的构思，来使繁密的景物丽而不滞，使情景之间不至断裂。"[①] 王维诗亦对谢诗有所接受和发展，他更完美地融合了诗歌中的情、景、理之间的关系，借随念的感兴，体现出不即不离的空灵境界，从而使大谢体的客观描摹发展为虚实相生的兴象，由物境的空寂解悟人生的幻灭，虽仍注重物境的营构，却能加以超越。

皎然为什么先学王孟后转而又学谢诗呢？笔者认为，皎然有意识的纠正和改变大历诗坛盛行的模拟王孟之风。在《诗式·齐梁》皎然对此已有认识和反思，并点名批判，这也包括他自己的创作。且不说王孟诗风在当时已不合时宜，而且有限的意象被使用得熟烂，高度类型化。何以纠正当时文风呢？从这首诗里，我们可以看到端倪。此诗中之景并不是王维式的寂灭空无的印象性笔触，而恰恰是大谢式的繁复质实摹写。皎然完整记录了游山行踪，即景即事不忘兴谕，因而这样的景物是生动的、个性化的，意绪的流动。但是，他仍然没有改善谢氏的句末议论之弊，甚至比谢诗更甚。谢灵运诗末多是由景而生道悟，皎然则是直接的说理。为什么呢？因为皎然要表达的是佛禅之理，而禅宗强调的是万物皆由心生，这无疑使皎然面对着一个矛盾：像谢灵运那样通过对山水逼真的再现演绎出自然之趣，则不符合禅宗以万相为空、万法皆由心生的思维方式。

在追求诗歌新变的尝试中，皎然亦有学习楚辞倾向。"楚思入诗清，晨登岘山情"(《五言岘山送崔子向之宣州谒裴使君》，《杼山集》卷五)，"诗教殆沦缺，庸音互相倾。忽观风骚韵，会我夙昔情"(《五言答苏州韦应物郎中》，《杼山集》卷一)，好用楚地风物，多用楚辞语言。如《五言送潘秀才之舒州》："楚水清风生，扬舲泛月行。荻洲寒露彩，雷岸曙

[①] 《先秦汉魏六朝诗鉴赏》，上海古籍出版社1998年版，第319页。

潮声。东道思才子，西人望客卿。从来金谷集，相继有诗名。"（《杼山集》卷五）这也是皎然突破大历时期诗歌陈熟模式的另一种尝试。

建中年间，皎然诗风忽然变得狂荡不羁。诗中出现大量"戏赠"、"戏呈"、"戏作"、"戏题"。约建中三年（782），《七言酬秦系山人戏赠》曰：

> 正论禅寂忽狂歌，莫是尘心颠倒多。
> 白足行花曾不染，黄囊贮酒欲如何。　　（《杼山集》卷二）

《七言酬秦系山人题赠》曰：

> 云林出空鸟未归，松吹时飘雨浴衣。
> 石语花愁徒自苦，吾心见境尽为非。　　（《杼山集》卷二）

《七言戏呈吴冯》曰：

> 世人不知心是道，只言道在他方妙。
> 还如瞽老望长安，长安在西向东笑。　　（《杼山集》卷二）

这与洪州禅的影响有关。马祖道一约在大历七年七月下旬到大历八年九月之间，移锡洪州开元寺弘法。至建中年间，在开元寺"居仅十祀，日临扶桑，高山先照；云起肤寸，大雨均霈"①。马祖道一继承了慧能的南禅思想，也明确主张"自心是佛"。与慧能相比。马祖禅把与自心佛性本源相应的全部生命现象称为"妙用"或"不思议用"，他说："平常心是道。何谓平常心？无造作，无是非，无取舍，无断常，无凡无圣，经云：'非凡夫行，非圣贤行，是菩萨行。'只如今行住坐卧，应机接物，尽是道。"② 这个体现于我们日常的实际生命、生活中

---

① （宋）赞宁：《宋高僧传》，中华书局1987年版，第222页。
② 《马祖道一禅师语录》，《卍续藏经》第119册，台湾新文丰出版公司影印本1983年版。

的现前一念心具有不可思议的无限妙用,是宇宙万法的根本或本源,宇宙万法都由此心源而生,所以"一切法皆是心法,此一念心可以说是心法一体或心物一元同体的绝对心,具有形而上的本体意义,是宇宙万法的绝对本体。如果能识取这个作为本源绝对心的平常一念心,那么一切相对的、差别的现象也就具有了绝对的、平等的意义了,一切名皆是心名"[①]。若识取此本源绝对心,则可以超越对经教教理的知见执著。这与慧能禅不废弃经教文字,说法不离经说是不同的。皎然《五言哀教》曰:"本师不得已,强为我著书。知尽百虑遣,名存万象拘。……"(《杼山集》卷六)马祖禅这种不须修证,不必执著的禅法,一下子把皎然从烦琐的禅修证悟中解脱出来。在此禅风影响下,皎然的精神和思想得到极大的解放,人生情趣有了相当大的变化。《五言禅思》云:"空何妨色在,妙岂废身存。寂灭本非寂,喧哗曾未喧"。(《杼山集》卷六)在洪州禅看来,真正的自觉自由即在心灵放松时的自然心态之中,就像凡夫日常所行所为,处处都是禅意。寂灭与喧哗,就像相与非相、空与色一样,没有了差别。皎然从长期以来被律行、修悟束缚到思想和行为彻底放开,变得狂荡放逸,充分的享受着人生的悠闲与适意。原来汲汲求取的声名亦变得虚无,成为一种负累。"虚名谁欲累,世事我无心"(《五言答孟秀才》《杼山集》卷一);"脱略文字累,免为外物撄。书衣流埃积,砚石驳藓生"(《五言答苏州韦应物郎中》,《杼山集》卷一)。

这种思想表现在创作中,用皎然一句诗概括即"高情放浪出常格"(《观李中丞洪二美人唱歌轧筝歌》,《杼山集》卷七)。在皎然诗中,这个变革呈现出两种倾向:

一是突破格律,篇幅变长,语言充满张力,主观色彩更强,感情更加浓郁,诗风更加放逸不羁。表现在禅诗创作上,诗中多有"我"的存在,突出写禅悟、禅境。景物是身边景,不刻意地摹写,带有即兴而发,不假雕饰的特色。《七言戏题松树》云:

为爱松声听不足,每逢松树遂忘还。

[①] 伍先林:《慧能与马祖禅教学精神之比较研究》,《中国哲学史》2006年第3期。

翛然此外更何事，笑向闲云似我闲。

（《杼山集》卷六）

不事偶对，不拘常法，直白地阐发主观情志。诗人在观照外物时，已经不是体悟清净佛性，亦不是抒写万虑洗然，而以自身"爱"、"趣"为出发点来选择物象作为观照对象。因而在诗人的直观经验下，万象活泼而充满生活趣味。诗中的"松"、"云"、"泉"已经不是事物自足自在的状态，而是"以我观物"，达到主客同体之境。可以说洪州禅解放了皎然，使其活脱脱的本性得到极大地展露。皎然多取其神而遗其象，如他所言："象忘神遇非笔端"（《奉应颜尚书真卿观玄真子置酒张乐舞破阵画洞庭三山歌》，《杼山集》卷七），"神"是皎然诗学中一个重要的术语，他多次强调"神"的重要性，"吾知真象本非色，此中妙用君心得。苟能下笔合神造，误点一点亦为道"（《周长史昉画毗沙门天王歌》，《杼山集》卷七），"须臾变态皆自我，象形类物无不可"（《张伯英草书歌》，《杼山集》卷七），皎然始终注重诗人主观能动性的发挥，并不刻意追求形似，这与王维"传神写照，审象求形"的观点不同。王维重视物象的选取刻画，以万物生灭变幻之真相暗合、引证一己之性空之真。空明澄净的禅境是通过诗境表现出来的。皎然则更进一步，超脱于物象的刻画而注重对无所拘系的主观感悟的表抒，所谓"殊不知性起之法，万象皆真"，在皎然的诗境中，禅悟已深入到诗的核心，摆脱了客观物象的媒介作用，达到诗禅同一的境界。

二是追求奇趣。《奉陪陆使君长源、裴端公枢春游东西武丘寺》曰：

云水夹双刹，遥疑涌平陂。入门见藏山，元化何鬸窥。
曳组探诡怪，停骢访幽奇。情高气为爽，德暖春亦随。
瑶草自的皪，蕙楼争蔽亏。金精落坏陵，剑彩沉古池。
一览匝天界，中峰步未移。应嘉生公石，列坐援松枝。

（卷三）

以奇崛诡怪的山林景物入诗，体现皎然求奇的审美倾向。这与他在

《诗式》中所表达的"取境之时,须至难至险,始见奇句"的追求是一致的。总之,皎然后期诗歌体裁以排律、长篇古体、歌行居多,兼有绝句。诗多变体,不讲偶对,语言也更加豪奇恣肆,形成豪宕放逸的风格。

第四章 大历时期其他诗僧

第一节 大历诗僧导其源者——灵一

灵一是江南诗僧中开风气之先者。刘禹锡《澈上人文集纪》曰："世之言诗僧多出江左。灵一导其源。"①《唐国史补》亦认为"楚僧灵一，律行高洁，而能为文。吴僧皎然，亦名昼，盛工篇什，……近代文僧，二人首出"②。如果仅从时间上划分创作时期，灵一当属于盛唐诗僧。灵一卒年与李白、王维、高适几乎相同。本书之所以将灵一划归中唐僧人群体，主要出于以下几点考虑。首先，虽然灵一卒年与王维等诗人相近，但是，灵一却只活到36岁，其师法慎圆寂之前，灵一的交游很少。其主要文学活动在天宝七年（748）以后。与灵一交往密切的，如李华、朱放、皇甫冉、李嘉祐等都是中唐诗人。他们与中唐江南诗僧群体其他成员亦保持着密切联系。其次，灵一主要生活在扬州、越州一带，远离北方政治文化中心，与中唐诗僧有共同的思想、信仰和文化环境。另外，诗僧作为一个相对封闭的创作群体，他们之间创作习性和诗风的相互作用比世俗文人的影响更大、更直接。将灵一划归于中唐正是着眼于灵一对僧人作诗之风的开启和对中唐诗僧的示范作用。

一　生平思想

灵一（727—762），俗姓吴，扬州人。9岁出家，20岁受具足戒。又随扬州龙兴寺法慎学相部律。《宋高僧传·灵一传》称："自尔叩维

---

① （唐）刘禹锡著，卞孝萱校订：《刘禹锡集》，中华书局1990年版，第240页。
② 《景印文渊阁四库全书》册1035，台湾商务印书馆发行1986年版，第444页。

扬法慎师，学相部律，造乎微而臻乎极。"① 天宝七载（748），法慎涅槃，缁素弟子，望哭者千族，会葬者万人，而年方22岁的灵一以上首弟子身份参加悼念，当时已有籍籍声名。《义宣传》曰："毗陵多出名士僧，有三宣，慧、德、义是欤。时于江都习业，与会稽昙一、闽川怀一、庆云灵一同门为朋也。晋陵既有三宣，慎门复出三一焉。江表资为美谈。"② 法慎门既成就了后来在江淮一带"蔚为法主"的高僧昙一，亦产生江南第一位诗僧灵一，显然与他融通的宗风有关。法慎自幼为僧，从瑶台成律师受具足戒，又学律于太原寺东塔怀素。还扬州后，又习天台止观之法和东山法门，谓："天台止观，包一切经义；东山法门，是一切佛乘。色空两亡，定慧双照，不可得而称也。"③ 李华对此颇为赞赏，曰："夫沙门奉律，犹世间行礼。若备中和易直之心，而无升降周旋之节，于义为非，为义非为半人。恭惟世间，皆归佛性。体无分别，俱会一乘。胜妙法蠡，爰倾海水，明彻宝器，方贮醍醐。禅律二门，如左右翼。"④ 法慎颇融合佛教和儒家思想，"和尚与人子言，依于孝；与人臣言，依于忠；与上人言，依于敬。佛教儒行，合而为一"。显然在与世俗交往时，对于儒家话语运用得十分纯熟恰当，法慎对文字表现亦十分重视，"以文字度人，故工于翰墨，法皆佛法，兼采儒流"。（同上）法慎的思想和行为方式对士大夫有相当大的吸引力。黄门侍郎卢藏用亦慕味循环，不能离坐，叹曰："宇宙之内，信有当人！"（同上）太子少保陆象先，兵部尚书毕构，少府监陆馀庆，吏部尚书崔日用，秘书监贺知章，礼部尚书裴宽，中书侍郎严挺之，河南尹崔希逸，太守房琯，中书侍郎平章事崔涣，礼部尚书李憕等士大夫甘愿"瞻奉"，词人汜水尉王昌龄等愿同"洒扫"。法慎融通的宗风无疑是迎合了士大夫文人"外服儒风，内修梵行"之趣尚和追求，对灵一亦产生重要影响。

法慎卒后，灵一"初舍于会稽南山之南悬溜寺焉，与禅宗之达者释隐

---

① （宋）赞宁：《宋高僧传》卷十五，中华书局1987年版，第359页。
② 同上书，第363页。
③ （宋）赞宁：《宋高僧传》卷十四，中华书局1987年版，第346页。
④ （唐）李华：《扬州龙兴寺经律院和尚碑》，《全唐文》卷三百二十，中华书局1982年版，第3245页。

空、虔印、静虚相与讨十二部经第一义谛之旨。"① 法慎推崇弘忍"东山法门",显然启发了灵一。他向禅师请教解惑后接受了东山法门。刘长卿《西陵寄一上人》诗云:"东山访道成开士,南渡隋阳作本师。了义惠心能善诱,吴风越俗罢淫祠。室中时见天人命,物外长悬海岳期。多谢清言异玄度,悬河高论有谁持。"② 可以说是灵一学"东山法门"的明证。弘忍《修心要论》曰:夫修道之本体,须识当身心,本来清净,不生不灭,无有分别,自性圆满,清净之心,此乃本师,乃胜念十分诸佛。"③ 修道要自识本来清净的心性,守本净心,需要以坐禅观心,心净成佛。灵一对心性颇有感悟,著《法性论》,亦启迪了他对自然物象的关注。"既辨惑,徙居余杭宜丰寺。邻青山,对佳境,以岭松涧石为梵宇,竹风月露为丈室。超然独往,与法印俱。自是师资两忘,空色皆遣。"灵一师承了法慎重视文字表达的门风,"每禅诵之隙,辄赋诗歌事",以诗歌来接引士大夫和后学,"盖将吻合词林,与儒墨同其波流,然后循循善诱,指以学路"④。灵一实现了诗与禅的融合,不仅把作诗看成明佛证禅的手段,而且重视诗歌艺术本身,成为诗僧之第一人。开创了中晚唐诗僧诗歌创作的自觉时代。宝应元年(762)冬,灵一终杭州龙兴寺,春秋36岁。

二 交游活动

灵一,天生超颖却早卒,生平行迹史料甚少,其诗歌《全唐诗》仅存42首。很难对其生平事迹作出较为完备的考述,只能大致勾勒出一个轮廓。大体而言,安史之乱前,灵一主要活动于广陵,交游活动多以佛理为主。现存唱和诗多是安史之乱后所作,主要活动于两浙,而行迹所至则远达衡、庐。

(一)前期交游活动

前期交游资料很少,只知道天宝七年法慎卒前,灵一主要活动于

---

① (唐)独孤及:《唐故扬州庆云寺律师一公塔铭并序》,《全唐文》卷三百九十,中华书局1983年版,第3963页。
② (清)彭定求等:《全唐诗》卷一百五十一,中华书局1960年版,第1571页。
③ (唐)弘忍:《最上乘论》,《卍续藏经》第110册。
④ (唐)独孤及:《唐故扬州庆云寺律师一公塔铭并序》,《全唐文》卷三百九十,中华书局1983年版,第3963页。

扬州一带。《唐吴兴法海传》载："天宝中，预扬州法慎律师讲肆，同昙一、灵一等推为颜、冉焉。"① 《灵一传》载："友善者慧凝、明幽、灵祐、会稽昙一、晋陵义宣、同门三益，作者七人也。一咳唾尘境，继日经行，宴坐必择山椒树下。"与灵一友善者多为名士僧。何谓名士僧？仅据《宋高僧传》所举僧而言，有共同之处。义宣："玄儒旁综，长在篇章，卒问捷给。"② 法海亦是"周览群经"、"外学六籍该通……复与杼山昼公为忘形之交，林下之游。黑白二徒，多从求益焉"③。"同门三一"之一闽僧怀一亦是如此，崔颢《赠怀一上人》云：

>……
>观生尽入妄，悟有皆成空。净体无众染，苦心归妙宗。
>一朝敕书至，召入承明宫。说法金殿里，焚香清禁中。
>传灯遍都邑，杖锡游王公。天子挹妙道，群僚趋下风。
>我法本无著，时来出林壑。因心得化城，随病皆与药。
>上启黄屋心，下除苍生缚。一从入君门，说法无朝昏。
>帝作转轮王，师为持戒尊。……④

怀一曾被征召入宫，从"传灯遍都邑，杖锡游王公"来看，他极善于和士大夫交往，在京城颇具声名。"我法本无著，时来出林壑"，"无著"，即"无住"，与禅宗"以无念为宗，无相为体，无住为本"的宗旨是一致的。

同门昙一是最有名的律宗高僧。昙一学兼儒释子史，曾从褚无量学《周易》，从司马贞论《史记》，真可谓是"渔猎百氏，囊括六籍"。在师从法慎之前，已经名动京师。"长老闻风而悦服，公卿下榻以宾礼。由是与少保充国陆公象先、贺宾客知章、李北海邕、徐中书安贞、褚谏

---

① （宋）赞宁：《宋高僧传》卷六，中华书局1987年版，第115页。
② （宋）赞宁：《宋高僧传》卷十五，中华书局1987年版，第363页。
③ （宋）赞宁：《宋高僧传》卷六，中华书局1987年版，第115页。
④ （清）彭定求等：《全唐诗》卷一百三十，中华书局1960年版，第1322页。

议庭诲及泾县令万齐融为儒释之游、莫逆之友。其导世皆先之以文行。"① 开元二十五年（737）杖锡东归，次年为越州开元寺主。著《发正义记》十卷，会合律部三宗。以德名素高被请奏为僧统。昙一在江淮名气很大，度人十万计。

这些"名士僧"均有外学修养，长于应对，擅长社交。朱学东称："称士僧必须是士，精通儒学、膺服儒教，名士就要有声誉，为士者师，僧必须懂得佛家教义、遵守佛教清规。名僧应在缁流中享有清誉，成为僧者师。名士僧的联系网应该兼有名士与名僧的特点，是士林名流与禅园精英的一个相互渗透、相互交织的互联网。"② 大抵如此。这些通达的名士僧之间的交游学术活动，无疑砥砺了禅艺，活跃了思想，促进了六朝名士僧交游雅集活动在唐代的复活，为以诗名世的"名士僧"灵一的出现奠定了思想基础。

（二）后期的交游

《唐故扬州庆云寺律师一公塔铭并序》称灵一"与天台道士潘清、广陵曹评、赵郡李华、颍川韩极、中山刘颖、襄阳朱放、赵郡李纾、顿邱李汤、南阳张继、安定皇甫冉、范阳张南史、清河房从心相与为尘外之友，讲德味道，朗咏终日"。这些交游活动大多发生在安史之乱爆发后，当时大批文人士大夫南奔，灵一南下亦当是在此时。《塔铭并序》云："初舍于会稽山南悬溜寺"、"复居余杭宜丰寺"，可见他后期主要来往于越州和杭州。

灵一有《酬皇甫冉将赴无锡于云门寺赠别》，皇甫冉赴无锡尉任是在肃宗至德二年（757），此时灵一在越州云门寺。李嘉祐亦有《同皇甫冉赴官留别灵一上人》，皇甫冉有诗《赴无锡寄别灵一净虚二上人云门所居》。时刘长卿在长洲尉任，有《云门寺访灵一上人》，严维登第后授诸暨尉。约第二年，灵一居杭州宜丰寺，与李华、朱放、李纾、张继、皇甫冉、张南史等交游唱和。李华本年贬杭州司曹。时朱放、李纾、皇甫冉、张南史等均避乱南来。宝应元年（762），灵一驻锡云门寺，与朱

---

① （唐）梁肃：《越州开元寺律和尚塔碑铭（并序）》，董诰等：《全唐文》卷五百二十，中华书局1982年版，第5288页。
② 朱学东：《经论传缁侣，文章遍墨卿——论灵一诗僧在唐代诗禅文学史上的禅地位及创作》，《湘潭大学社会科学学报》2001年第2期，第81页。

放赠答，后回杭州宜丰寺，作《宜丰新泉》，刘长卿、严维和作。

灵一喜游历山水，如闲云野鹤，萍踪莫定。《唐才子传》称："两浙名山，暨横、庐诸甲刹，悉所经行。"① 灵一和诗友的酬唱诗中经常以庐山结社、支许之游自喻。刘长卿《和灵一上人新泉》："东林一泉出，复与远公期。"② 李嘉祐《同皇甫冉赴官留别灵一上人》："法许庐山远，诗传休上人。"③ 朱放《云门寺赠灵一上人》："请住东林寺，弥年事远公。"④ 严维《哭灵一上人》："一公何不住，空有远公名。"⑤ 灵一《题僧院》："虎溪闲月引相过，带雪松枝挂薜萝。"⑥《同使君宿大梁驿》："若问匡庐事，终身愧远公。"尚作有《安公》、《远公》、《林公》。

晋代支遁在剡山与文士许询共修般若，慧远在庐山与名士刘遗民、雷次宗结莲社共研净土，所栖息之处均是风景清幽的绝佳之地。他们于山水自然之中体悟玄佛之理，最终走上佛诗兼修之路。盛、中唐之际饱受离乱流寓之苦的诗人名流避乱江左，江南明秀清幽的自然风光和浓郁的诗禅文化气息吸引着士人，而其所蕴含着的名士高僧风流雅集、高蹈超脱的精神内核更有助于他们忘记现实的痛苦。他们一再以支许之游、庐山雅集相标榜，不过是在追摹先贤行为中寻找一种文化的认同和心理慰藉。高仲武云："自齐梁以来，道人工文多矣。罕有入其流者，一公乃能刻意精妙，与士大夫更唱迭和，不其伟欤？"⑦ 这种交游方式得到唐人的认可和赞赏。

三 诗歌创作

灵一诗现存仅四十多首。就内容来看有酬答赠别、咏史、写景诗。

---

① （元）辛文房：《唐才子传》，辽宁教育出版社1998年版，第33页。
② （清）彭定求等：《全唐诗》卷一百四十七，中华书局1960年版，第1495页。
③ （清）彭定求等：《全唐诗》卷二百六，中华书局1960年版，第2159页。
④ （清）彭定求等：《全唐诗》卷三百十五，中华书局1960年版，第3540页。
⑤ （清）彭定求等：《全唐诗》卷二百六十三，中华书局1960年版，第2921页。
⑥ （清）彭定求等：《全唐诗》卷八百九，中华书局1960年版，第9125页。灵一诗均在《全唐诗》卷八百九，本节不再详细标注。
⑦ （唐）高仲武：《中兴间气集》卷下，《唐人选唐诗十种》，上海古籍出版社1958年版，第295页。

(一) 酬答赠别诗

酬答赠别无疑是文人与诗僧交游的一个重要内容。灵一赠别诗大多写得情真意切，世俗色彩较浓。这些诗中，有的抒写对朋友的留恋，如《送范律师往果州》云："远客归心苦，难为此别情。"《送殷判官归上都》云："向背堪遗恨，逢迎宿未期。水容愁暮急，花影动春迟。"有的则表达对朋友的殷切嘱咐，如《赠别皇甫曾》："若到云峰外，齐心去住间。"《送明素上人归楚觐省》："前路倍怜多胜事，到家知庆彩衣新。"亦有以情人比拟友情的，如：

凭高莫送远，看欲断归心。别恨啼猿苦，相思流水深。
翠云南涧影，丹桂晚山阴。若未来双鹄，辽城何更寻。
——《送别》

垂涕凭回信，为语柳园人。情知独难守，又是一阳春。
——《送人得荡子归倡妇（一作行不归)》

这两首诗都是以女性的视角，以情人间的隔绝之痛来写朋友别离时不忍之情。依托女子口吻抒写君臣之义、别离之情在文人诗中有悠久的历史。僧人中开其源的当属汤惠休，"怨别余"已经成为僧人诗歌抒写世俗情感的代表，被唐人普遍引用。从诗题和内容来看，这两首诗当产生于歌宴唱和场所。能在公众场合写出感情如此浓烈、外露的诗歌，表现出灵一豁达不拘的个性，亦可见出他洗刷僧气向士人靠近的努力。

灵一在与名士的交游活动中，坚守着慧远不过虎溪的持守。《塔铭》曰："自知道至于返真，双履不践居士之门"。从他现存酬唱诗来看，他确实做到了这一点，交游酬唱不脱僧寺，为唐代僧俗交游树立了典范。灵一酬唱诗内容亦极少涉及世俗事务，多是扣禅论道之作。《送朱放》："苦见人间世，思归洞里天。纵令山鸟语，不废野人眠。"抒写隐居情致。《自大林与韩明府归郭中精舍》："不道还山是，谁云向郭非。禅门有通隐，喧寂共忘机。"灵一的禅风通达，无论是在山林还是闹市，只要灭绝机心，亦是禅隐。

（二）咏史诗

吟咏历史品评人物是文人诗歌一个重要题材。灵一现存的咏史诗多是品评历史人物。《项王庙（一作栖一诗）》写楚霸王项羽，写得颇有气势，最终归结为"今日悠悠空浪花"，一个"空"字倒也不失僧家本色。另有《远公》、《安公》、《林公》，评述慧远、道安、支遁这三位六朝高僧的事迹，类似人物评传。值得注意的是灵一的侧重点并不在他们佛教义理上的功绩，而是他们风流雅集的生活方式。称道安"弘道识行藏，匡时知进退……西方浮云间，更陪龙华会"（《安公》）。《林公》曰：

> 支公信高逸，久向山林住。时将孙许游，岂以形骸遇。
> 幸辞天子诏，复览名臣疏。西晋尚虚无，南朝久沦误。
> 因谈老庄意，乃尽逍遥趣。谁为竹林贤，风流相比附。

《远公》：曰

> 远公逢道安，一朝弃儒服。真机久消歇，世教空拘束。
> 誓入罗浮中，遂栖庐山曲。禅经初纂定，佛语新名目。
> 钵帽绝朝宗，簪裾翻拜伏。东林多隐士，为我辞荣禄。

崇尚他们隐迹山林，交游接引士大夫，风流雅集的生活方式。这也为唐代僧人与士大夫交游作根据和铺垫。

（三）写景诗

灵一诗工于写景，注重烘托气氛，善于营造空净清冷的禅境。《题东兰若》云：

> 上人禅室路萦回，万木清阴向日开。寒竹影侵行径石，秋风声入诵经台。
> 闲云不系从舒卷，狎鸟无机任往来。更惜片阳谈妙理，归时莫待暝钟催。

《宜丰新泉》云：

泉源新涌出，洞澈映纤云。稍落芙蓉沼，初淹苔藓文。
素将空意合，净与众流分。每到清宵月，泠泠梦里闻。

二诗所取意象都极清幽，前一首诗写寒竹、径石、秋风、闲云，后一首诗写幽泉、纤云、古松等，这些意象构筑出一种清冷、荒寒、空灵的诗境，其中"空、了、净"等禅宗思想显现无疑，灵一以其虚空的心境，通过空寂的自然感悟着超尘出世、无彼无我的佛境禅意。

灵一诗歌工于写景，善于刻画摹写景物的瞬间变化。如"近夜山更碧，入林溪转清"（《溪行即事》）；"松风静复起，月影开还黑"（《栖霞山夜坐》）；"泉涌阶前地，云生户外峰"（《宿天柱观（一作宿灵洞观）》），自然物象颜色、光线，哪怕是一阵细微响动的变化都能被诗人准确地捕捉到，尔后以精心陶练的语言表达。如《唐诗品》所评："一公诗虽复剪刻，弥精律调，要之泓泛微波，未胜皎然，而净密之致，终当独步。"

灵一诗心敏锐细腻，常以灵动的感知触角去感受物象，使物象打上主体情感的烙印。如"别恨啼猿苦，相思流水深"（《送别》）；"晴光拆红萼，流水长青苔"（《春日山斋》）；"水容愁暮急，花影动春迟"（《送殷判官归上都》），与他的感物方式有关，接受了佛家"于境观心"、"心造万物"的观照模式，在心灵的内省中用不以目接而以神遇的方式观物，又在意中之象的呈现上体验自我的心境，最终使"我"与"物"融为一体，既将"我"的情感渗入自然景象，也使自然景象表现出"我"的情感。如独孤及所云："神清气和，方寸地灵，与太初元精合其纯粹……潘阮之遗韵，陶谢之缺文，公能缀之。"[①]

第二节　护国、清江和法振的诗歌创作

据刘禹锡《澈上人文集纪》："世之言诗僧，多出江左。灵一导其

[①] （唐）独孤及：《唐故扬州庆云寺律师一公塔碑铭并序》，《全唐文》卷三百九十，中华书局1983年版，第3963页。

源，护国袭之，清江扬其波，法振沿之……"，护国、清江、法振当是灵一首出之后，相继出现在江南诗坛的诗僧。

一 护国

护国，生卒不详，依刘禹锡所言，当在灵一同时而稍后，大历时期诗僧。张谓有《哭护国上人》诗。晚唐杜荀鹤有《题护国大师塔》曰：

> 莫认双林是佛林，禅栖无地亦无金。
> 塔前尽礼灰来相，衲下谁宗印了心。
> 笠象胤明双不见，线源分派寸难寻。
> 吾师觉路余知处，大藏经门一夜吟。①

可见护国是禅门中人。《全唐诗》录有护国12首诗。《唐诗纪事》卷七三录两首。从现存诗来看，护国是一个汲汲于荣名，有很强的世俗之心的诗僧。如：

《赠张驸马斑竹柱杖》：曰

> 此君与我在云溪，劲节奇文胜杖藜。
> 为有岁寒堪赠远，玉阶行处愿提携。②

《山中寄王员外》曰：

> 为问幽兰桂，空山复若何。芬芳终有分，采折更谁过。
> 望在轩阶近，恩沾雨露多。移居傥得地，长愿接琼柯。

这两首诗全然不类僧诗，护国反用传统的象征隐士气质的竹兰桂意

---

① （清）彭定求等：《全唐诗》卷六百九十二，中华书局1960年版，第7964页。
② （清）彭定求等：《全唐诗》卷八百十一，中华书局1960年版，第9140页。护国诗均在《全唐诗》卷八百十一，本节不再详细标注。

象来表达渴望招携的世俗荣名利欲，亦可谓新奇。护国已经越过灵一曾坚守的僧俗界限，不失时机向世俗权力靠近。实质上，护国诗中这种思想和行为十分普遍。《怆故人旧居》："命与时不遇，福为祸所侵。空馀行径在，令我叹人吟。"《别盛安》："欲除豺虎论三略，莫对云山咏四愁。亲故相逢且借问，古来无种是王侯。"这些言论没有一点僧气，完全像是出自充满用世精神的士人之口。对于世俗得失嗟叹惋惜难以忘怀，并没有将荣名看成虚空。护国整个诗中，几乎没有表现佛禅境界的诗句。《题王班水亭》云："待月归山寺，弹琴坐暝斋。布衣闲自贵，何用谒天阶。"这样一种欲盖弥彰的标榜，更像出自一个待招隐士之口，而不是禅僧。《归山作》云：

喧静各有路，偶随心所安。纵然在朝市，终不忘林峦。
四皓将拂衣，二疏能挂冠。窗前隐逸传，每日三时看。
靳尚那可论，屈原亦可叹。至今黄泉下，名及青云端。
松牖见初月，花间礼古坛。何处论心怀，世上空漫漫。

虽也在表达"空"，但是所用全是隐士的典故，以屈原和靳尚作比，归结点仍是"名及青云端"，整首诗虽在写隐士情怀，但是最终不免暴露出名利之心来。如蒋寅所言："护国诗给人的感觉，就像一个半路出家的僧人，常欲显示向道之心却时时克制不住昔日俗念、露出故我面目来。"[1] 表述极为恰切。

二 清江

清江，会稽（今浙江绍兴）人，姓氏不详。幼入空门，师从开元寺律僧昙一，讽诵经法，寓目俱通，被目为"释门千里驹"，"于浙阳天竺戒坛求法，与同学清源从守直和尚下为弟子"[2]。守直当为守真，据皎然《唐杭州灵隐山天竺寺故大和尚塔铭（并序）》称，守真大历二年，移籍天竺寺，至五年三月，卒于龙兴净土院。清江从守真学法当在

---

[1] 蒋寅：《大历诗人研究》上编，中华书局1995年版，第340页。
[2] （宋）赞宁：《宋高僧传》卷十五，中华书局1987年版，第368页。

此时。后又返回开元寺从昙一习《四分律疏》和《四分律钞》,"间岁精义入神,举皆通畅"。后离师四海游方,遍预律筵后终悟:"天下行半,少有如我本师者。"遂返一公门下忏悔哀求,复为师弟子如初,此当在大历六年(771)昙一圆寂前。大历八年(773),清江从南阳慧忠国师习禅观之学,得密传心要。大历十一年(776)前归越中。建中年间,清江复游京都,至建中末南归。晚年移居襄州辩觉寺,卒年约在元和初。与之交游唱和的诗人有卢纶、皎然、朱湾、严维、耿湋、姚南仲等。

清江主要师法律学,"凡云律筵无不预者",法照赠诗称"一国诗名远,多生律行高"①。清江工于诗文,《宋高僧传》称其"善篇章,儒家笔语,体高辞典,又擅一隅之美,时少伦拟"②。《又玄集》卷下选其诗二首,《全唐诗》存诗21首,有多首诗作者难辨。

清江聪慧,有颖悟,虽有寓目俱通之才,但是褊懆之性注定他难以为佛法佛律所缚。清江现存诗作大多作于羁旅漂泊期间,开阔的视野和丰富的经历使他突破了诗僧题材的狭窄性,将笔触从山林伸向广阔的社会生活。亲眼目睹了战争的威胁和疮痍满目的社会现实,使清江的诗歌带有现实色彩。如《早发陕州途中赠严秘书》云:

> 此身虽不系,忧道亦劳生。万里江湖梦,千山雨雪行。
> 人家依旧垒,关路闭层城。未尽交河虏,犹屯细柳兵。
> 艰难嗟远客,栖托赖深情。贫病吾将有,精修许少卿。③

作于建中年间(780—783),清江北游长安寄居于严维家中。④ 时河北三镇合纵叛乱,李希烈攻陷汝州,陕州一带告急,清江滞留京城。此诗真实地描述了战争前夕关中的气氛,引发诗人深沉的忧国哀民之叹和思乡之情。处身于战乱之中,生活的苦难和忧患扣击着诗人的心灵,

---

① (清)彭定求等:《全唐诗》卷八百十,中华书局1960年版,第9135页。
② (宋)赞宁:《宋高僧传》卷十五,中华书局1987年版,第368页。
③ (清)彭定求等:《全唐诗》卷八百十二,中华书局1960年版,第9144页。清江诗均在《全唐诗》卷八百十二,本节不再标注。
④ 傅璇琮主编:《唐才子传校笺》第一册,中华书局1995年版,第539页。

使他不但难以超脱，反而和现实生活更加息息相关。"微才如可寄，赤县有乡亲。"(《早春书情寄河南崔少府》)"家贫知索行，心苦见清溪。越客初投分，南枝得寄栖。禅机空寂寞，雅趣赖招携。"(《春游司直城西鸬鹚谿别业》)清江诗中的"赖招携"与护国汲汲于荣名附势是不同的，是由现实情境引发的生存危机。他厌倦了贫病难寄的生活，亦对自己的宗教信仰产生了怀疑。

面对战乱、贫病、衰老这样的痛苦，佛教强调觉悟，是以一种超越的智慧去觉悟人生和宇宙的绝对真实。在佛国世界里，僧徒们可以通过学佛证禅，通过苦修涤除客尘烦恼，获得大智大慧、大彻大悟。死亡在他们只不过是跨向佛国天堂的一扇门而已。然而在现实的困境面前，僧侣越是掌握般若智慧，越会认识到佛教所追求的彼岸世界的虚幻不实。清江清醒地认识到，人生只不过是过眼烟云，匆匆几十年，人不可能凭借任何东西永远地活在世上，"修行未尽身将尽"(《月夜有怀黄端公兼简朱孙二判官》)。在身老与病痛面前，诗人亦发出人生如梦的慨叹，对生命有限的真切体验表现出前所未有的敏锐和痛切："病身空益老，愁鬓不知春。宇宙成遗物，光阴促幻身。"(《早春书情寄河南崔少府》)对生命的终结表现出无比的忧虑与恐惧。其实诗人最为痛苦的莫过于由般若智与现实认知的矛盾而产生的无所归依的空虚感和失落感。"月照疏林惊鹊飞，羁人此夜共无依。青门旅寓身空老，白首头陀力渐微。"(《月夜有怀黄端公兼简朱孙二判官》)"禅意归心急，山深定易安。清贫修道苦，孝友别家难。雪路侵溪转，花宫映岳看。到时瞻塔暮，松月向人寒。"(《送赞律师归嵩山》)

也许正是内心的矛盾和痛苦成就了清江诗歌的激烈感情和宏壮气势。面对着人生"五苦"，清江心中常会萌发难言的迷惘之情，产生莫名的摇落之悲。如《长安卧病》云：

身世足堪悲，空房卧病时。卷帘花雨滴，扫石竹阴移。
已觉生如梦，堪嗟寿不知。未能通法性，讵可免支离。

抱着恹恹病身，回想悲惨的一生，恰似雨摧花残，日移竹影，生命日渐衰弱凋零，多少酸楚，尽在不言之中。更堪嗟叹的是法性未通，成佛无望，一生的修持付诸东流，这种精神失落的痛苦强烈得难以自持。

清江诗善于抒写情志，在一定程度上秉承了诗歌的言志功能。"恰恰是他对自己宗教信仰的怀疑，使他成为东南诗僧中最富于宗教意味的一位。"①

清江还有一首描写爱情的诗《七夕》：

> 七夕景迢迢，相逢只一宵。月为开帐烛，云作渡河桥。
> 映水金冠动，当风玉珮摇。惟恐更漏促，离别在明朝。

诗人以柔情地笔调描绘牛郎织女仅只一宵的相逢之中所浓缩的缱绻恩爱，意态摇曳，情思缠绵。这种细腻的柔情冲破了道性的堤防，毁坏了禅佛的禁规，所以横遭非议。《云溪友议》卷上"四背篇"云："卢员外纶作拟僧之诗，僧清江作七夕之咏，刘随州有眼作无眼之句，宋雍无眼作有眼之诗，诗流以为四背，或云四倒，然辞意悉为佳致乎？"②清江因为丝毫没有流露出僧家本色而被誉为"四背"之一，宋僧赞宁曾为此替清江辩护，他说：

> 江尝为《七夕》诗，或谓之四背中一背也。通曰："诗人兴咏，用意不伦。慧休《怨别》，陆机《牵牛星》，屈原《湘夫人》，岂为色邪？皆当时寓言兴类而已。若然者，言火则焚口，说食则疗饥也矣。江之舍师，后乃扬师之美，反权合道也。实为此诗警世无常，引令入佛智焉，其故何也？详江遇忠国师大明玄理，无以域中小乘法拘之哉！"③

赞宁从僧人角度阐明《七夕》反权合道，有"令入佛智"之深意，实有牵强之处。诗情与道情有相通之处，更有矛盾之处。以道性遏制诗情，对那些有七情六欲的僧人来说要彻底做到见性忘情非常困难。对于徘徊于世俗和佛性之间的清江更是如此，在外在尘俗世界的吸引与内在

---

① ［美］宇文所安著，贾晋华译：《盛唐诗》，三联书店2004年版，第325页。
② （唐）范摅：《云溪友议》，四部丛刊续集（五四），商务印书馆1934年版，第14页。
③ （宋）赞宁：《宋高僧传》卷十五，中华书局1987年版，第369页。

情欲世界的需求这两重力量的作用之下,清江诗歌冲破佛律道规的围栏是必然的。事实上不只是清江,越来越多僧诗都渐渐走向它的反面:越来越多地包容了世俗的生命意志,越来越多地融入了诗歌的"缘情"性质。而人们对这些作品似贬实褒的猎奇态度反而刺激了此类诗歌的创作。

清江诗感情浓烈,境界阔大,无论从内容、从格调上说,都没有僧诗常有的蔬笋气。从意象来看,清江喜欢选用明丽的意象。"花"在其诗中最为常见。

> 春深花蝶梦,晓隔柳烟鞯。韶景浮寒水,疏杨映绿堤。
> ——(《春游司直城西鸬鹚溪别业》)

> 流水知乡近,和风惜别遥。云山零夜雨,花岸上春潮。
> ——(《送坚上人归杭州天竺寺》)

> 卷帘花雨滴,扫石竹阴移。
> ——(《长安卧病》)

> 江头旌旆去,花外卷帘空。夜色临城月,春声渡水风。
> ——(《喜皇甫大夫同宿大梁驿》)

清江写春天的意象,花、柳、山、石、水、雨等均色彩明丽,创造出明秀的意境,亦善于运用富有表现力的动词来增加诗歌流宕之美。

三 法振

法振,大历贞元时期诗僧。刘禹锡谓:"清江扬其波,法振沿之。"[1] 当与清江同时稍后。李益《送贾校书东归寄振上人》云:"为向东州故人道,江淹已拟惠休诗。"[2] 贾弇东归是在大历初年[3],此时法

---

[1] (唐)刘禹锡:《刘禹锡集》,中华书局1990年版,第240页。
[2] (清)彭定求:《全唐诗》卷二百八十三,中华书局1960年版,第3219页。
[3] 傅璇琮主编:《唐才子传校笺》卷三,中华书局1987年版,第546页。

振已有诗名。另外，法振曾与李益联唱《赋应门照绿苔》。

法振的诗歌有闲适雅静的隐逸情调。《张舍人南溪别业》曰：

> 新田绕屋半春耕，藜杖闲门引客行。
> 山翠自成微雨色，溪花不隐乱泉声。
> 渔家远到堪留兴，公府悬知欲厌名。
> 入夜更宜明月满，双童唤出解吹笙。①

诗中所写的景色和事件都被赋予乡村的田园生活气息，新耕的农田绕屋，远来的渔翁。在这样一种充满生活气息的环境中，诗人的心境平和悠闲，有风雅的生活情趣。法振的这种村居的隐士情怀在多首诗中有反映，他笔下的环境是诗人生活的一部分，并不仅仅是观照对象。《越中赠程先生》云：

> 纱帽度残春，虚舟寄一身。溪边逢越女，花里问秦人。
> 古塞连山静，阴霞落海新。有时城郭去，暗与酒家亲。

皇甫冉《寄振上人无碍寺所居》中云："恋亲时见在人群，多在东山就白云。独坐焚香诵经处，深山古寺雪纷纷。"② 恋亲当是其生活在俗世的原因，法振现存诗歌中佛教话语非常少，也未流露出僧诗常用的禅观方式，诗风亦不类诗僧。法振与李益亦有《赋应门照绿苔》，收于《全唐诗》卷七百八十九联句中，诗云：

> 官阙何年月，应门何岁苔。清光一以照，白露共裴回。（益）
> 珠履久行绝，玉房重未开。妾心正如此，昭阳歌吹来。（法振）

法振拟怨妇口吻写咏物诗，与李益风格完全不同。从现存的诗歌来看，

---

① （清）彭定求：《全唐诗》卷八百十一，中华书局1960年版，第9142页。法振诗均收在《全唐诗》卷八百十一，不再注释。
② （清）彭定求：《全唐诗》卷二百五十，中华书局1960年版，第2816页。

法振亦是一个宗教意识淡薄的诗僧，当是和唐中期禅风变化有很大关系。

四 其他诗僧

（一）道标

道标，富阳人，俗姓秦，世为汧陇大族，晋朝时南渡杭州。幼随灵隐山白云峰海和尚出家，永泰初受具足戒于灵光寺顗律师。道标是一位护戒严谨的律僧，又兼修禅学。任华《送标和尚归南岳便赴上都序》称他："性聪惠颖悟，通于禅门，精于律仪，善于说法，该于儒术。是以禅师伯之，律师仰之，法师宗之，儒流服之。"（《全唐文》卷三七六）道标喜好文学，"经行之外，尤练诗章，辞体古健，比之潘、刘。当时吴兴有昼，会稽有灵澈，相与酬唱，递作笙簧，故人谚云：'霅之昼，能清秀；越之澈，洞冰雪；杭之标，摩云霄'。每飞章寓韵，竹夕花时，彼三上人当四面之敌，所以辞林乐府常采其声诗"[1]。由此可知，道标曾与皎然、灵澈交游。曾在南越驻锡。当时右庶子李益称他"重名之下果有斯文"，并在京师为其延誉。与其交游的公卿文人极多，有相国李吉甫、大司空严绶、右仆射韩皋、礼部侍郎吕渭、滑亳节制卢群、襄阳节制孟简、同州刺史李敷、凤翔尹孙璹、浙东廉访使贾全、中书舍人白居易、随州刺史刘长卿、户部侍郎丘丹、外郎裴枢、秘阁严维、小谏朱放、越廉问薛戎、夕拜卢元辅等。刘长卿与道标唱和较多，有二首送别诗：《送道标上人归南岳》、《重送道标上人》，前一首云：

悠然倚孤棹，却忆卧中林。江草将归远，湘山独往深。
白云留不住，渌水去无心。衡岳千峰乱，禅房何处寻。

——《全唐诗》卷一百四十八

道标诗今不存。于长庆三年（823年）卒于杭州灵隐寺，年八十四。宋释契嵩《杭之标摩云霄》云：

标师之高摩云霄，在德岂在于沉寥。

---

[1] （宋）赞宁：《宋高僧传》卷一五，中华书局1987年版，第374页。

> 一庵岭底寄幽独，抗迹萧然不入俗。
> 有时虚陟层崖眺，不闻其语闻清啸。
> 当时陆羽事幽讨，曾入青云预闻道。
> 取雨救旱驱神龙，此与人间事岂同。
> 冥机感异心之苗，此公所以称道标。①

契嵩是宋倡导儒释融合的代表人物，诗中主要赞颂道标高标脱俗的品格。

（二）法照

法照，大历、贞元间僧。与清江、钱起交往，有诗赠送。《宋高僧传》载有两篇法照传，卷二十五载《唐陕府法照传》谓其立行多轻率，游方不恒，"长庆元年（821）入逆旅避雨"②。而清江元和初已故去，而钱起也于建中年间去世，疑不是此法照。卷二十一《唐五台山竹林寺法照传》称法照为大历、贞元时人。大历二年（767），栖止衡州云峰寺，大历五年（770）至五台山修净土，后建竹林寺居之。修习净土宗，为净土宗四祖。往来于五台山、长安弘法。现存诗三首，收在《全唐诗》卷八百十。《寄钱郎中》云：

> 闭门深树里，闲足鸟来过。五（一作驷）马不复贵，一僧谁奈何。药苗家自有，香饭乞时多。寄语婵娟客，将心向薜萝。

有劝化之意。

《送清江上人》云：

> 越人僧体古，清虑洗尘劳。一国诗名远，多生律行高。
> 见山援葛藟，避世著方袍。早晚云门去，侬应逐尔曹。

---

① （宋）契嵩：《镡津集》卷十，蓝吉富主编：《禅宗全集》第40册，北京图书馆出版社2004年版，第456页。

② （宋）赞宁：《宋高僧传》卷二十五，中华书局1987年版，第636页。

语言平易清雅，两首诗表达的均是鄙弃俗世荣名，安禅乐道的思想，抒写对山林闲适、恬淡生活的喜爱。亦有对士大夫钱起接引之意。

（三）大易

大易，又作太易，公安僧。杜甫大历三年（768）经公安，有《留别公安太易沙门》云：

隐居欲就庐山远，丽藻初逢休上人。
数问舟航留制作，长开箧笥拟心神。
沙村白雪仍含冻，江县红梅已放春。
先踏炉峰置兰若，徐飞锡杖出风尘。①

大易曾与司空曙唱和。司空曙有《送太易上人赴东洛》云："饵药将斋折，唯诗与道亲。"（《全唐诗》卷二百九十二）大易存诗二首：《湘夫人》、《赠司空拾遗》。后一首诗云：

侍臣何事辞云陛，江上微云（一作吟）见雪花。
望阙（一作阁）未承丹凤诏，开（一作掩）门空对楚人家。
陈琳草奏才还在，王粲登楼兴未赊。
高馆更容尘外客，仍令归去待琼华。

——《全唐诗》卷二百七十二

"司空拾遗"，即司空曙，"大历十才子"之一。大历五年（770）任左拾遗，约于大历末贬长林（今湖北荆门西北）丞。此诗当为赠别司空曙。对即将离去诗友道侣以鼓励。

（四）释泚

释泚，王圻《续文献通考》称大历时僧人。存诗两首，收在《全唐诗》卷八百十。《游元象泊》曰：

---

① （唐）杜甫著，（清）钱谦益笺注：《钱注杜诗》卷十七，上海古籍出版社2009年版，第610页。

空水潮色净，澹然湖上心。
舳舻轻且进，汀洲如可寻。
秋风洄溯险，落日波涛深。
寂寞武陵去，中流方至今。

《北原别业》曰：

野外车骑绝，古村桑柘阴。
流莺出谷静，春草闭门深。
学稼农为业，忘情道作心。
因知上皇日，凿井在灵林。

语言雅洁，受大历诗风影响，明净透彻的诗境中透出淡淡的禅意。

第三节　大历最后诗僧——灵澈

灵澈，是皎然之后在北方诗坛引起极大反响的江南诗僧。通过与贞元、元和诗人刘禹锡、柳宗元、权德舆等密切交往，将大历、贞元时期江南诗坛新变的诗风直接传输给贞元诗坛。灵澈起到沟通大历、贞元、元和诗歌演变的作用，是启发元和新变的有影响力人物之一。

一　生平思想

灵澈，《灵澈传》云："灵澈，不知何许人也。"[①] 刘禹锡《澈上人文集纪》（以下简称"文集纪"）云："上人生于会稽，本汤氏子。聪察嗜学，不肯为凡夫，因辞父兄出家，号灵澈，字源澄。"[②] 亦有写作"灵彻"，"澈"与"彻"唐人通用。灵澈生年，《文集纪》称："元和十一年，终于宣州开元寺，年七十有一"，如此算来，其当生于天宝四年（745）。刘禹锡自幼与灵澈交游，其记载应较为可信。《灵澈传》称

---

① （宋）赞宁：《宋高僧传》卷十五，中华书局1987年版，第369页。
② （唐）刘禹锡著，卞孝萱校订：《刘禹锡集》，中华书局1990年版，第240页。

其为"唐会稽云门寺灵澈",可见其当在云门寺为僧。灵澈曾从神邕学法,《唐越州焦山大历寺神邕传》载其"上首弟子"中列有灵澈,称"咸露锋颖,禅律互传"。神邕宗法颇杂,曾依法华寺玄俨,通《四分律钞》,又从左溪玄朗师习《天台止观》、《禅门》、《法华玄疏》、《梵网经》等四教三观等义。善于接遇文人士大夫,能言善辩,被称为"尘外摩尼,论中师子"。《神邕传》曰:

> 旋居故乡法华寺,殿中侍御史皇甫曾、大理评事张河、金吾卫长史严维、兵曹吕渭、诸暨长丘丹、校书陈允初赋诗往复,卢士式为之序,引以继支许之游,为邑中故事。邕修念之外,时缀文句,有集十卷,皇甫曾为序。①

神邕与越州地方官的诗文唱和及"修念之外,时缀文句"的风习对灵澈产生重要影响,他亦参与了当时的诗歌酬唱活动。《文集纪》称灵澈"虽受经论,一心好篇章。从越客严维学为诗,遂籍籍有闻"。皎然《赠包中丞书》中有"知其有文十余年,而未识之。此则闻于故秘书郎严维、随州刘使君长卿、前殿中皇甫侍御曾,常所称耳"②。当是此时,灵澈已经结识众多文坛名流。从皎然"知其有文十余年"来看,灵澈极有可能参与了大历年间包防、严维的浙东诗歌唱和。贾晋华《〈大历浙东联唱集〉与浙东诗人群》将其列入"可能参加者"③是可信的。

严维故去后,灵澈来湖州访皎然。时皎然已62岁,灵澈36岁,二人一见如故。《灵澈传》称:"澈游吴兴,与杼山昼师一见为林下之游,互相击节。"贞元八年(792)左右,灵澈再次到湖州与皎然游从,二人均有《九日和于使君思上京亲故》。皎然有诗《五言灵澈上人何山寺七贤石诗》(卷六)、《五言妙喜寺高房期灵澈上人不至重招之一首》(卷一)、《七言山居示灵澈上人》(卷一)、《七言宿法华寺简灵澈上

---

① (宋)赞宁:《宋高僧传》,中华书局1987年版,第422页。
② (唐)皎然:《皎上人文集》卷九,四部丛刊初编影印本,第10页。
③ 贾晋华:《唐代集会总集与诗人群研究》,北京大学出版社2001年版,第78页。

人》(卷一)、《兵后西日溪行并序》(卷七)、《送灵澈》(《全唐诗》卷八百十八)等。灵澈诗大部分散佚,没有存留与皎然酬唱诗。皎然不遗余力将灵澈引荐给包佶,称其文章"不下古手,不傍古人"。贞元三年(787)又荐之权德舆,称其"具文章,挺璨奇,自齐梁已来诗僧未见其偶"①。刘禹锡《文集纪》曰:

> 包得之大喜,又以书致于李侍郎纾。是时以文章风韵主盟于世者,曰包、李。以是,上人之名由二公而扬,如云得风,柯叶张王。以文章接才子,以禅里说高人,风仪甚雅,谈笑多味。贞元中,西游京师,名振辇下。缁流疾之,造飞语激动中贵人,因侵诬得罪,徙汀州。会赦,归东越,时吴楚间诸侯多宾礼招延之。

在两次游湖州期间,灵澈曾游历庐山,经洪州归越,权德舆有《送灵澈上人庐山回归沃州序》云:"夏五月,上人自庐峰言旋,复于是邦。"② 灵澈与温州刺史路应唱和作《奉和郎中题仙岩瀑布十四韵》。灵澈"西游京师"当在湖州访皎然后。时集贤殿御书院承旨征皎然文集,南方诗人的诗歌在京城已经有相当大的影响力。其故交权德舆于贞元八年(792)入朝,刘禹锡贞元九年(793)中进士。贞元十一年(795)前后,刘禹锡任太子校书,权德舆任起居舍人,吕温任礼部侍郎。《文集纪》称:"后相遇于京洛,与支、许之契焉。"权德舆亦谓"西方社里最相亲"③,在这种情境下,灵澈在京"名振辇下"是必然的。灵澈来往于京洛之间,与诗人吕温、陈羽、柳宗元、杨于陵多有交游酬唱。这些人多是诗坛新贵,是稍后元和诗坛的领军人物。卢纶亦有诗《酬灵澈上人》:"军人奉役本无期,落叶花开总不知。走马城中头雪白,若为将面见汤师。"④ 足见灵澈当时声名之盛。

关于灵澈获罪被贬,《文集纪》云:"缁流疾之,造飞语激动中贵人,因侵诬得罪。"说得虽笼统,但亦透露出两点信息。灵澈显赫的声

---

① (唐)皎然:《皎上人文集》卷九,四部丛刊初编影印本,第12页。
② (唐)权德舆撰,郭广伟校点:《权德舆诗文集》,上海古籍出版社2008年版,第574页。
③ 同上书,第37页。
④ (清)彭定求等:《全唐诗》卷二百七十七,中华书局1960年版,第3144页。

名是引起京城缁流嫉恨主要因素之一。从其现存非常有限的诗歌来看，灵澈与士大夫交往密切，与高门贵幸亦多往来，在当时显赫一时。在《元日观郭将军早朝》云："欲曙九衢人更多，千条香烛照星河。今朝始见金吾贵，车马纵横避玉柯。"① 郭将军是郭子仪子郭曙，灵澈与之往来密切。在《送鉴供奉归蜀宁亲》曰："林间出定恋庭闱，圣主恩深暂许归。双树欲辞金锡冷，四花犹向玉阶飞。梁山拂汉分清境，蜀雪和烟惹翠微。此去不须求彩服，紫衣全胜老莱衣。"这种对荣名的过分热情和露骨的表述亦给排挤者以口实。

另一方面，从灵澈交往者来看，关系密切者多为王叔文革新团体成员。刘禹锡《敬酬彻公见寄二首》之一云："凄凉沃州僧，憔悴柴桑宰。别来二十年，唯余两心在。"② 时刘禹锡在贬所，灵澈已经遇赦回到越州。二人交情逾20年而弥坚。元和十一年（817）灵澈卒，柳宗元在贬所，从韩泰书中得知灵澈亡故消息后，有诗《韩漳州书报彻上人亡寄二绝》、《闻彻上人亡寄侍郎杨文》。柳宗元诗云："独吟遗句立秋风"、"挥泪何时到甬东"③，表现出深切的哀痛，并把这消息转告给御史杨文。吕温在《张荆州画赞并序》中说："曹溪沙门灵澈，虽脱离世务，而犹好正直。"④ 正直而不通世务不知通变的灵澈成为保守势力宦官旧臣清算改革势力的牺牲品，最终被诬得罪，贬至汀州。从《初到汀州》中"旧交容不拜，临老学梳头"来看，灵澈当时亦被削去僧籍。其诗《听莺歌》云：

> 新莺傍檐晓更悲，孤音清泠转素枝。口边血出语未尽，岂是怨恨人不知。不食枯桑葚，不衔苦李花。偶然弄枢机，婉转凌烟霞。众雏飞鸣何踼促，自觊游蜂啄枯木。玄猿何事朝夜啼，白鹭长在汀洲宿。黑雕黄鹤岂不高，金笼玉钩伤羽毛。二江七泽去不得，风烟日暮生波涛。飞去来，莫上高城头，莫下空园里。城头鸱乌拾膻

---

① （清）彭定求等：《全唐诗》卷八百十，中华书局1960年版，第9131页。灵澈诗均在《全唐诗》卷八百十，本节不再标注。
② （唐）刘禹锡撰，卞孝萱校订：《刘禹锡集》，中华书局1990年版，第512页。
③ （唐）柳宗元：《柳河东集》，上海古籍出版社2008年版，第708页。
④ （清）董诰等编：《全唐文》卷六二九，中华书局1982年版，第6349页。

腥，空园燕雀争泥滓。愿当结舌含白云，五月六月一声不可闻。

以莺自喻，心中充满愤懑不平。这次事件对灵澈有很大的触动，在流放生涯中，他对京城的过往进行剖白反思，于山水中涤除尘虑，复归清净自我。被贬成为灵澈思想和创造的转折点。在以后的岁月中，灵澈大都保持一种清平淡定、几近寂灭的心境。汀州流放几年后遇赦，灵澈并没有径回越州，而是选择去庐山东林寺。李肇《东林寺经藏碑铭并序》云："元和四年，云门僧灵澈，流窜而归，栖泊此山。将去，言于廉问武阳韦公，公应之如响。"① 韦公即江西观察使韦丹。灵澈与之有诗酬唱。范摅《云溪友议》卷中载：

> 江西韦大夫丹，与东林灵澈上人，暨忘形之契。篇什唱和，月唯四五焉……《寄庐山上人澈公》诗曰："王事纷纷无暇日，浮生冉冉只如云。已为平子归休计，五老岩前必共君。"澈公奉酬诗曰："年老身闲无外事，麻衣草座亦容身。相逢尽道休官去，林下何曾见一人。"②

灵澈对于韦丹抒写的士大夫隐逸情怀并没有迎合赞誉，而是以一种温和的讽刺来回应，这表明他的心境宁静淡泊，亦无须维持僧俗唱和惯有的虚假的平和。相对前期汲汲于荣名而言，灵澈真正地领悟了佛教"空"、"无"境界。

元和四年（810），灵澈返回吴越。《皎然传》谓："元和四年，太守范传正、会稽释灵澈同过旧院，就影堂伤悼弥久。"③ 知灵澈是年赴吴兴妙喜寺旧院凭吊皎然。窦庠亦有《于阗钟歌送灵彻上人归越》诗。灵澈居越后，刘禹锡多有诗寄赠，《送僧仲剬东游兼寄呈灵澈上人》有"一旦扬眉望沃州，自言王谢许同游。凭将杂拟三十首，寄与江南汤慧休"④。当时刘禹锡仍在贬所。吕温亦有《戏赠灵澈上人》。灵澈元和十一年卒于

---

① （清）董诰等：《全唐文》卷七二一，中华书局1983年版，第7417页。
② （唐）范摅：《云溪友议》，世界书局1978年版，第27—28页。
③ （宋）赞宁：《宋高僧传》卷二十九，中华书局1987年版，第729页。
④ （唐）刘禹锡著，卞孝萱校订：《刘禹锡集》，中华书局1990年版，第391页。

宣州，时范传正任宣歙观察使，[①] 灵澈当是访游期间而卒。据《文集纪》载，灵澈门人于越州天柱峰建塔并迁葬之。刘禹锡为灵澈作纪，他说：

> 上人没后十七年，予为吴郡，其门人秀峰捧先师之文，来乞词以志，且曰："师尝在吴，赋诗仅二千首，今删取三百篇，勒为十卷。自大历至元和，凡五十年间，接词客闻人酬唱，别为十卷。今也思行乎昭世，求一言羽翼之。

足见当时灵澈诗歌数量之多，而且分作两部分，一为诗集十卷，一为与名人词客的酬唱诗集十卷。《新唐书》卷六十《艺文志》载灵彻诗集十卷，灵澈酬唱集十卷，然而到陈振孙《直斋书录题解》著录灵澈集仅一卷，从南宋起灵澈诗歌已大量佚失。灵澈著《律宗引源》二十一卷，今亦不存。

灵澈是大历江南诗人中经历中唐前后期的唯一人物。他与中唐诗人尤其刘柳关系密切，他对于沟通大历和贞元诗坛，尤其是对于开启元和诗风起到重要作用。

二 诗歌创作

灵澈存诗甚少，《全唐诗》现存诗16首，残句11句，很难反映出创作的真正风貌，也许从前人的评价中可窥出其诗风特征：

> 观其风裁，味其情致，不下古手，不傍古人，则向之严、刘、皇甫所许。畴今所觌，则三君之言，犹未尽上人之美矣！
> ——皎然《赠包中丞书》（《杼山集》卷九）

> 吴兴长老昼公，掇六义之清英，首冠方外。入其室者，有沃洲灵澈上人。心冥空无，而迹寄文字，故语甚夷易，如不出常境，而诸生思虑，终不可至。
> ——权德舆《送灵澈上人庐山回归沃洲序》[②]

[①] 郁贤皓：《唐刺史考全编》卷一五六，安徽大学出版社2000年版，第2228—2229页。
[②] （唐）权德舆撰，郭广伟校点：《权德舆诗文集》，上海古籍出版社2008年版，第574页。

昼公后，澈公承之。至如《芙蓉园新寺诗》云："经来白马寺，僧到赤乌年。"《谪汀州》云："青蝇为吊客，黄耳寄家书。"可谓入作者阃域，岂独雄于诗僧间邪？
——刘禹锡《澈上人文集纪》

彻上人诗，初若散缓，熟味之有奇趣。字随不工，有胜韵。想其风度清散，如北山松下见永道人耳。公虽游戏翰墨，而持律甚严。与道标、皎然齐名……
——《题彻公石刻》①

由上列评价可知，灵澈在中唐诗僧中的地位仅次于皎然。现在来分析几首皎然推崇的诗。《道边古墓》云：

松树有死枝，冢上唯莓苔。石门无人入，古木花不开。

颓败的古墓，垂死的老树，厚厚的莓苔透出的是幽冷死亡之气。诗人极力渲染墓地死寂，"石门无人入，古木花不开"，一切生命的迹象似乎都不存在了。然而已有死枝的松树一定也曾欣欣向荣；垂死的古木也曾姹紫嫣红；而冢中的枯骨也曾有过青春容颜，但所有一切犹如过眼烟云、转瞬即逝，这即是诗歌所展示的生命真谛。语言凝练平易，不着痕迹，却内涵深刻。灵澈另有《归湖南作》云：

山边水边待月明，暂向人间借路行。
如今还向山边去，只有湖水无行路。

灵澈此篇令皎然生罢笔之意。皎然在《赠包中丞书》中曰："此僧诸作皆妙，独此一篇使老僧见欲弃笔砚。"这首诗语言散漫，颇不讲

---

① （宋）惠洪者，释觉慈编：《石门文字禅》卷二十五，蓝吉富主编：《禅宗全集》第95册，北京图书馆出版2004年版，第352页。

究,似绕口令,用极为简单的"水"、"月"、"山"三个意象,却创造出"我法两空"、人境俱夺的境界,诚如黄宗羲《平阳铁夫诗题辞》所云:"诗为至清之物。僧中之诗,人、境俱夺,能得其至清者。"① 再如《天姥岑望天台山》曰:

  天台众峰外,华顶当寒空。有时半不见,崔嵬在云中。

  这首诗的视点颇奇特,站在天姥山遥望天台山,天姥、天台各据天台县西和北。前两句极写其势,后两句突出其韵。天台山崔巍孤峭、高标独绝的神韵呼之欲出。
  灵澈诗语言平易简洁,构思精巧,以奇取胜。灵澈诗中之奇,引起不少评家注意,皎然称"挺璨奇";惠洪谓"熟味之有奇趣";白居易《读灵澈诗》云:"东林寺里西廊下,石片镌题数首诗。言句怪来还校别,看名知是老汤师。"② 赵昌平亦曰:"善营清迥之境,警策之句,颇见逸荡之气;又每以仄韵促节,助成拗峭意象,显见寒山一脉的影响。"③
  灵澈是江南诗僧中唯一跨越大历、贞元进入元和的诗人,亦是对元和诗坛影响最有力的一个诗人。他奇崛的诗风显然开启了韩孟诗派"尚奇"诗风产生;追求语言平易和口语化风格对元白派也产生一定的影响。白居易创制的《新乐府》中《秦吉了》体式即绝类灵澈之《听莺歌》。然相较而言,灵澈对于刘柳的影响更直接,亦更深刻。柳宗元《韩漳州书报彻上人亡因寄二绝》曰:

  早岁京华听越吟,闻君江海分逾深。
  他时若写兰亭序,莫画高僧支道林。

  频把琼书出袖中,独吟遗句立秋风。
  桂江日夜流千里,挥泪何时到甬东。④

---

① (清)黄宗羲:《黄梨洲文集》,中华书局出版1959年版,第372页。
② (唐)白居易著,顾学颉校点:《白居易集》卷十六,中华书局1979年版,第348页。
③ 施蛰存、袁行霈、金兴尧等撰:《唐五代诗鉴赏》,上海古籍出版社1998年版,第354页。
④ (唐)柳宗元:《柳宗元集》卷四十二,中华书局1979年版,第1181页。

《闻彻上人亡寄侍郎杨文》：

> 东越高僧还姓汤，几时琼佩触鸣珰。
> 空花一散不知处，谁采金英与侍郎。①

灵澈的江南诗风给当时刚踏上诗坛的柳宗元留下深刻的印象，以致流贬岁月中仍"频把琼书出袖中，独吟遗句立秋风"。足见灵澈诗影响之深。刘禹锡自幼与皎然、灵澈游从，几十年来往来酬唱不辍，更是深得灵澈诗法精髓，不仅为灵澈诗集作序，而且对诗僧现象也进行了研究和梳理。权德舆《送灵澈上人庐山回归沃州序》评灵澈诗风曰：

> 其变也，如风松相韵，冰玉相叩，层峰千仞，下有金碧。耸鄙夫之目，初不敢视，三复则淡然天和，晦于其中，故睹其容，览其词者，知其心不待境静而静。②

柳宗元取其冷峭简淡，而刘禹锡则取其放逸清丽，各臻其极。

---

① （唐）柳宗元：《柳宗元集》卷四十二，中华书局1979年版，第1183页。
② （唐）权德舆撰，郭广伟校点：《权德舆诗文集》，上海古籍出版社2008年版，第574页。

第五章　贞元、元和和长庆时期诗僧

第一节　供奉僧广宣

诗僧广宣，以诗供奉，在中唐诗坛颇为活跃，与刘禹锡、李益、白居易等过从甚密，与韩愈、杨巨源、令狐楚等多名诗人唱和。著有《红楼集》，《新唐书·艺文志》著录《僧广宣与令狐楚唱和》诗一卷，今皆不存。《全唐诗》卷八百二十二编其诗为一卷。

一　生平经历

广宣的研究资料很少，《宋高僧传》无传，《唐书》亦无传。《唐诗纪事》曰："宣，会昌间有诗名，与刘梦得最善。"[①] 从唱和活动来看，广宣活跃在贞元、元和时期。《唐才子传》录名无传，称"名既隐僻，事且微冥"[②]。《全唐诗》小传称："宣，姓廖氏，蜀中人。"当是据张籍《赠广宣师》（一作《赠道士宜师》），诗云："自到王城得几年，巴童蜀马共随缘。两朝侍从当时贵，五字声名远处传。"[③] 然而，杨巨源《供奉定法师归安南》云："故乡南越外，万里白云峰。……心到长安陌，交州后夜钟。"[④] 另有一诗名为《送定法师归蜀法师即红楼院供奉广宣上人兄弟》，可知二人为兄弟，为交州（今越南河内）人。然从薛涛《宣上人见示与诸公唱和》、刘禹锡《广宣上人寄在蜀与韦令公唱和

[①]　（宋）计有功：《唐诗纪事》卷七十二，中华书局1965年版，第1066页。
[②]　（元）辛文房著，徐明霞校点：《唐才子传》，辽宁教育出版社1998年版，第34页。
[③]　（唐）张籍撰，徐礼节、余恕诚校注：《张籍集系年校注》，中华书局2011年版，第447页。
[④]　（清）彭定求等：《全唐诗》卷八百三十三，中华书局1960年版，第3722页。

诗卷因以令公手札答诗示之》，可知广宣曾在蜀中寄居过。约于贞元年间，与以中书令充任剑南西川节度使的韦皋唱和。约在元和间至长安①，从杨巨源《春雪题兴善寺广宣上人竹院》，可知曾居大兴善寺。后奉诏居安国寺红楼院，白居易有《广宣上人以应制诗见示因以赠之诏许上人居安国寺红楼院以诗供奉》。红楼在长乐坊安国寺，为睿宗在藩时舞榭。广宣在宪宗、穆宗两朝以诗供奉十余年。"广宣两入红楼，得罪遣归。"②唐宋野史笔记对广宣颇多非议。《唐国史补》卷中载："韦相贯之，为尚书右丞，入内。僧广宣赞门曰：'窃闻阁下不久拜相。'贯之叱曰：'安得不轨之言！'命纸草奏，僧恐惧走出。"③宋孙光宪《北梦琐言》卷六曰："道士文如海注《庄子》，文词浩博，恳求一尉，与夫汤惠休、廖广宣旨趣共卑也，惜哉！"④广宣在当时社会地位甚高，出入宫闱，陪侍皇帝左右，频繁游走于士大夫之间，寄赠酬答颇为活跃。过度倾注于社交，终因入世太深，越过僧俗之大防，被士林认为是旨趣卑下的利禄之徒。韩愈《广宣上人频见过》："学道穷年何所得，吟诗竟日未能回。天寒古寺游人少，红叶窗前有几堆。"⑤"反佛斗士"韩愈诗中不加掩饰地表达出对广宣频繁来访的厌烦和讥讽，显然不单是从排佛观点出发。这不由得使人想起韩愈另一首送僧诗《和归工部送僧约》："汝既出家还扰扰，何人更得死前休？"⑥诗僧终日游走凡尘，不仅已失去方外之人的本分，还要凭借诗僧的名头厕身名利场，必然为文士所不容。胡震亨历数从灵澈以来遭到贬黜的诗僧后说："毕竟诗为教乘中外学，向把茅底只影苦吟，犹恐为梵网所未许，可挟之涉世，同俗人俱尽乎？"⑦正代表了士大夫的普遍心理。

其实，在中唐禅宗进一步世俗化，无须静坐、也无须诵经，即心即佛，行处坐卧均能成佛，禅宗已经把诗僧从佛事中解放出来。如广

---

① 傅璇琮主编：《唐才子传校笺》第一册，中华书局1987年版，第541页。
② （明）胡震亨：《唐音癸签》，上海古籍出版社1981年版，第302页。
③ 《景印文渊阁四库全书》第1035册，台湾商务印书馆1985年版，第435页。
④ 《景印文渊阁四库全书》第1036册，台湾商务印书馆1985年版，第39页。
⑤ （明）方世举撰，郝润华、丁俊丽整理：《韩昌黎诗集编年笺注》，中华书局2012年版，第466页。
⑥ 同上书，第173页。
⑦ （明）胡震亨：《唐音癸签》，上海古籍出版社1981年版，第302页。

宣《圣恩顾问独游月磴阁直书其事庆制》"自解刹那知佛性，不劳更喻几尘沙"① 所言，诗僧从佛教戒规和烦琐的证悟中解脱出来，走出寺院，因为才艺特出而被皇帝罗致左右，享受着和士大夫一样的荣宠时，那些饱读诗书、经过科举重重考验才博得出身，或者仍困在举场的士子们情何以堪？"道林谈论惠休诗，一到人天便作师。香积筵承紫泥诏，昭阳歌唱碧云词。红楼许住请银钥，翠辇陪行蹋玉墀。惆怅甘泉曾侍从，与君前后不同时。"② 虽是赞颂，对于此等荣宠多少带有些艳羡和心理失衡。广宣也意识到这种危机，诗中多次表明与士大夫接洽，不过是为接引佛道，"霄汉路殊从道合，往来人事不相乖"（《九月十五日夜宿郑尚书纲东亭，望月寄杜给事》），广宣所面临社交过度的压力，使他不得不公开辩解。而广宣两入红楼得罪谴归的经历，必是世俗非议的结果。

二 交游活动

广宣热衷以诗会友，现存为数不多的诗中，多为主动"寄送"、"寄贺"、"见示"之作。广宣交游极广，唱和者多达23人。与李益、白居易、刘禹锡、令狐楚、杨巨源等交往密切。

李益（748—829），字君虞，大历四年（769）进士，授华州郑县（今陕西华县）尉。多次从军边塞出任幕僚，脱离军府后漫游江淮，《唐才子传》谓："风流有辞藻，与宗人贺相埒，每一篇就，乐工赂求之，被于雅乐，供奉天子。……往往鞍马间为文，横槊赋诗，故多抑扬激厉悲离之作"③，元和后入朝，历秘书少监、集贤殿学士、左散骑常侍等职。与广宣酬唱当在长安仟职期间。两人感情甚笃，交往频繁，李益有5首赠答广宣诗：《答广宣供奉问兰陵居》、《诣红楼院寻广宣不遇留题》、《喜入兰陵望紫阁峰呈宣上人》、《乞宽禅师瘿山罍呈宣供奉》、《赠宣大师》，两人另有5首联句诗。其《赠宣大师》曰：

---

① （清）彭定求等：《全唐诗》卷八百二十二，中华书局1960年版，第9271页。广宣诗均在《全唐诗》卷八百二十二，本节不再标注。

② （唐）白居易：《广宣上人以应制诗见示因以赠之诏许上人居安国寺红楼院以诗供奉》，见白居易著，顾学颉校点：《白居易集》第一册，中华书局1979年版，第300页。

③ （元）辛文房撰，徐明霞校点：《唐才子传》，辽宁教育出版社1998年版，第48页。

> 一国沙弥独解诗，人人道胜惠休师。
> 先皇诏下征还日，今上龙飞入内时。
> 看月忆来松寺宿，寻花思作杏溪期。
> 因论佛地求心地，只说常吟是住持。①

李益对广宣的诗评价颇高，认为广宣是僧人中唯一懂诗、解诗者。李益何以对广宣如此高的评价？考察二人诗风，确有相似之处。李益诗重气。贞元四年（788），他应左补阙卢景亮之约辑录了《从军诗》50首相赠，自序云："从事十八载，五在兵间，故为文多军旅之思。或因军中酒酣，或时塞上兵寝，投剑秉笔，散怀于斯，文率皆出乎慷慨意气。"② 长期的军旅生活，练就了慷慨意气的秉性，也形成了壮大、生动、慷慨多气的诗风。而广宣的诗，尤其是七言，气象颇为壮大，有僧诗中颇为少见的慷慨之气。二人联句《中秋夜独游安国寺山亭院步月李益迟明至寺中求与联句》。

广宣云：

> 九重城接天花界，三五秋分一夜风。行听漏声云散后，遥闻天语月明中。

李益云：

> 含凉阁近通仙掖，承露盘高出上官。谁问独愁门外客，清谈不与昨宵同。③

二人诗艺相敌，诗调相近。李益《与师携瘿樽归杏园联句》广宣联句云："儒释事虽殊，文章意多偶"④，在写法上与情感基调上，二人

---

① （清）彭定求等：《全唐诗》卷二百八十三，中华书局1960年版，第3230页。
② （宋）计有功：《唐诗纪事》卷三十，中华书局1965年版，第461页。
③ （宋）计有功：《唐诗纪事》卷七十二，中华书局1965年版，第1068页。
④ 同上。

与大历诗风有极大的不同。所以惺惺相惜,成为诗友和知音,酬唱相激的愿望亦颇为迫切。而频繁的唱和联句,又促进了诗风的趋同。

刘禹锡(772—842),《旧唐书·刘禹锡传》称:"禹锡精于古文,善五言诗,今体文章复多才丽。"[①]《唐诗纪事》谓广宣"与刘梦得最善"[②]。刘禹锡与广宣唱和诗现存3首,其一是《送慧则法师归上都因呈广宣上人》,广宣、慧则是刘禹锡贬谪之前结识的长安僧人。刘禹锡贬为朗州司马后,慧则前去讲法拜见刘禹锡。临别,刘禹锡作此诗为慧则送行,拜托问候广宣。诗中云:"休公久别如相问,楚客逢秋心更悲。"[③]他们贞元间在长安交游,结下深厚的情谊。广宣在游蜀时有唱和诗寄赠。刘禹锡《广宣上人寄在蜀与韦令公唱和诗卷因以令公手札答诗示之》云:

　　碧云佳句久传芳,曾向成都住草堂。
　　振锡常过长者宅,披衣犹带令公香。
　　一时风景添诗思,八部人天入道场。
　　若许相期同结社,吾家本自有柴桑。[④]

对广宣的诗才颇为赞赏,表达了结社同游的愿望。另有《宣上人远寄和礼部王侍郎放榜后诗因而继和》。

白居易(772—846),与广宣往来密切。有两首送别赠答诗。广宣诗今不存。白居易《赠别宣上人》云:"上人处世界,清净何所似。似彼白莲花,在水不着水。性真悟泡幻,行洁离尘滓。修道来几时,身心俱到此。嗟予牵世网,不得长依止。离念与碧云,秋来朝夕起。"[⑤]诗中表达对佛悟境界的向往及对广宣禅学修养的敬仰。真心离念,使自己万缘放下,令真心自显。真心本来离念如如不动,只是众生自己不觉知

[①] (后晋)刘昫等:《旧唐书》(二十四史简体字本)卷一百六十,中华书局2000年版,第2867页。
[②] (宋)计有功:《唐诗纪事》卷七十二,中华书局1965年版,第1066页。
[③] (唐)刘禹锡撰,卞孝萱校订:《刘禹锡集》,上海古籍出版社1990年版,第393页。
[④] 同上书,第390页。
[⑤] (唐)白居易著,顾学颉校点:《白居易集》第一册,中华书局1979年版,第282页。

而已。白居易精通佛理，懂得倘若真能做到万缘放下，则真心必现，当真心自显之时，即可在无造作中圆满一切修证。但是为现实生活所牵绊，纠结在仕宦与修禅矛盾之中，终难达到悟境。只能将心中矛盾感慨向广宣倾诉。广宣将应制诗寄赠白居易，时皇帝诏许居安国寺红楼以诗供奉，白居易有诗云："道林谈论惠休诗，一到人天便作师。香积筵承紫泥诏，昭阳歌唱碧云词。……"① 二人主要为道交。

杨巨源（755—?），字景山，后改名巨济。河中（治所今山西永济）人。贞元五年（789）进士。大约元和间，由秘书郎擢太常博士，迁虞部员外郎。出为凤翔少尹，复召授国子司业。长庆四年（824），辞官退休。《唐诗纪事》说："巨源以'三刀梦益州，一箭取辽城'得名"②，他耽于吟咏，作诗格律工致，风调流美，颔颈二联，时见佳句。《因话录》卷二谓其"诗韵不为新语，体律务实"③。与广宣亦有4首唱和诗。《和权相公南园闲涉寄广宣上人》曰："问师登几地，空性奈诗何。"④ 多请益禅修，二人为道侣。

郑絪（752—829），字文明，郑州荥阳人，宪宗即位，拜同中书门下平章事，进门下侍郎。居相位凡四年。后自河中节度入为检校尚书左仆射。广宣有《九月十五日夜宿郑尚书絪东亭，望月寄杜给事》，郑絪作有《奉酬宣上人九月十五日东亭望月见赠因怀紫阁旧游》："中年偶逐鸳鸾侣，弱岁多从麋鹿群。紫阁道流今不见，红楼禅客早曾闻。松斋月朗星初散，苔砌霜繁夜欲分。一览彩笺佳句满，何人更咏惠休文。"⑤ 对广宣诗颇多赞颂。

王起（764—835），《旧唐书·王起传》云："穆宗即位，拜中书舍人。长庆元年，迁礼部侍郎。其年，钱徽掌贡士，为朝臣请托，人以为滥。诏起与同职白居易覆试，覆落者多。徽贬官，起遂代徽为礼部侍郎。掌贡二年，得士尤精。"⑥ 广宣《贺王起（一作贺王侍郎典贡放

---

① （唐）白居易著，顾学颉校点：《白居易集》第一册，中华书局1979年版，第300页。
② （宋）计有功：《唐诗纪事》卷三十五，中华书局1965年版，第546页。
③ 《景印文渊阁四库全书》第1035册，台湾商务印书馆1985年版，第477页。
④ （清）彭定求等：《全唐诗》卷三百三十三，中华书局1960年版，第3722页。
⑤ （清）彭定求等：《全唐诗》卷三百十八，中华书局1960年版，第3581页。
⑥ （后晋）刘昫等：《旧唐书》（二十四史简体字本）卷一百六十四，中华书局2000年版，第2915页。

榜)》有："从辞凤阁掌丝纶，便向青云领贡宾。再辟文场无枉路，两开金榜绝冤人"，足见广宣颇为关注时事，并乐于置身其中，对王起的评价颇公允。王起和诗《广宣上人以诗贺放榜和谢》："延英面奉入春闱，亦选功夫亦选奇。在冶只求金不耗，用心空学秤无私。龙门变化人皆望，莺谷飞鸣自有时。独喜至公谁是证？弥天上人与新诗。"① 王起榜颇得士心，此诗引起众多文士追和。

广宣还与张籍交往过，张籍有《赠广宣师》："自到王城得几年，巴童蜀马共随缘。两朝侍从当时贵，五字声名远处传。旧住红楼通内院，新承墨诏赐斋钱。闲房暂喜居相近，还得陪师坐竹边。"② 另外，段文昌、曹松、雍陶都与广宣有诗酬唱。令狐楚曾与广宣多有唱和，集诗一卷，现不存。令狐楚元和末为相，才思俊丽，能文工诗，为一代文宗。

三　诗歌

广宣诗歌，《全唐诗》录 17 首，另有与李益联句 5 首。其中应制诗 14 首，寄赠酬谢诗 3 首。应制诗是应帝王之命而作，是皇家宴集、巡游的产物。体式特殊，有一定的语体规范和审美特征。宋人陈善《扪虱新话》云："帝王文章，自有一般富贵气象"③，写给帝王看的诗亦不脱此气象。宋葛立方《韵语阳秋》曰："应制诗非他诗比，自是一家句法，大抵不出于典实富艳尔，……若作清癯平淡之语，终不近尔。"④ 应制诗是贵族文学，所以要雅致、华丽、典重，便于诗人呈露丰富的学养外，尚需适时营造欢愉和谐的氛围。因而，应制诗多为颂美之作，诗调雍容华美。应制诗虽有一定的体式规范和审美特征，但是，诗人的创作个性和艺术技巧也是完成创作的重要环节。

广宣应制诗，多是五言、七言律诗。《降诞日内庭献寿应制》曰：

---

① （清）彭定求等：《全唐诗》卷三百四十六，中华书局 1960 年版，第 3873 页。
② （唐）张籍撰，徐礼节、余恕诚校注：《张籍集系年校注》，中华书局 2011 年版，第 447 页。
③ （宋）陈善：《扪虱新话》卷二上集，中华书局 1985 年版，第 20 页。
④ 参见（清）何文焕辑《历代诗话》卷二，汉京文化公司 1983 年版，第 498 页。

> 庆寿千龄远，敷仁万国通。登霄欣有路，捧日愧无功。
> 仙驾三山上，龙生二月中。修斋长乐殿，讲道大明宫。
> 此地人难到，诸天事不同。法筵花散后，空界满香风。

这是宪宗李纯寿诞日，广宣写的庆贺应制诗，诗大样，又脱套。对仗工整，"此地人难到，诸天事不同"最是妙对，佛教语运用恰当，结句收束颇为圆转。整首诗典雅壮大，气格不俗。《贺幸普济寺应制》云：

> 南方宝界几由旬，八部同瞻一佛身。
> 寺压山河天宇静，楼悬日月镜光新。
> 重城柳暗东风曙，复道花明上苑春。
> 向晚銮舆归凤阙，曲江池上动青苹。

普济寺，"贞元十三年四月敕：曲江南弥勒阁，宜赐名贞元普济寺。"[①] 刘得仁《宿普济寺》诗说"曲江临阁北，御苑自墙东"（《全唐诗》卷五百四十五），可见普济寺在曲江和芙蓉苑附近。诗句法整严，写景几句气象壮大。《唐音癸签》曰："广宣应制诸篇，气色高华，允哉紫衣名衲。"[②]

广宣之所以被以"诗"供奉，主要在于他的诗能言佛语、佛事和佛理。《安国寺随驾幸兴唐观应制》曰：

> 东林何殿是西邻，禅客垣墙接羽人。
> 万乘游仙宗有道，三车引路本无尘。
> 初传宝诀长生术，已证金刚不坏身。
> 两地尽修天上事，共瞻銮驾重来巡。

---

① （宋）王溥撰：《唐会要》第 8 册，丛书集成初编，中华书局 1958 年版，第 852 页。
② （明）胡震亨：《唐音癸签》卷五，上海古籍出版社 1981 年版，第 82 页。

应制诗是命题作诗，首先需符合皇帝诏命的要求，有主题和声律的限制。其次要应景，适宜当时景致、场合、整体气氛。另外，写作目的在于娱帝王、颂升平、美风俗。最重要的是，宫廷是讲究尊卑的地方，诗语一定要切合身份。广宣精通内外之学，陪皇帝游毕安国寺又驾幸兴唐观。他先赞颂皇帝此游是宗"有道"，接下来又巧妙运用佛语、佛典和道教话语中的"长生"、"金刚不坏身"抚慰帝王，表明佛道二家都为皇帝祈福修"天上事"。既切合场合，又符合自己方外之人的身份，且谀事得不着痕迹。

与其七言应制诗的气象壮大不同，广宣的五言诗颇为清新雅洁。《九月菊花咏应制》云：

可讶东篱菊，能知节候芳。细枝青玉润，繁蕊碎金香。
爽气浮朝露，浓姿带夜霜。泛杯传寿酒，应共乐时康。

唐宋人诗文有以应制为标题的，皆为应皇帝之命而作，内容多半是歌功颂德，蹈袭陈言，四平八稳，佳作确实不多。广宣这首应制诗清新流利，雍容雅致，深得诗人之旨。

广宣诗虽存不多，却在诗僧中别具一格，气象壮大，语言华美，尤其是应制诗创作上有独到之处。当时文人对其评价颇高。文士评价诗僧，常以汤惠休喻之，而从称广宣："人人道胜惠休师"、"何人更咏惠休文"来看，高于一般对诗僧的评价。

四　其他诗僧

（一）冷然

冷然，一作泠然，中唐宪宗元和时诗僧，曾驻锡九华山。与费冠卿交往。费冠卿，屡试不第。元和中，登第而母卒，"归不及于荣养，恨每积于永怀，遂乃屏迹邱园，绝踪仕进"[1]，遂隐池州九华山。长庆中，殿院李行修举其孝，召拜右拾遗，不赴。姚合与他早年即有交往，在听闻他辞诏后有寄赠之作《寄九华费冠卿》。其《秋日与冷然上人寺庄观

---

[1] （唐）王定保：《唐摭言》，上海古籍出版社1978年版，第92页。

稼》云：

> 世人从扰扰，独自爱身闲。美景当新霁，随僧过远山。
> 村桥出秋稼，空翠落澄湾。唯有中林犬，犹应望我还。

——《全唐诗》卷四百九十五

抒写摒弃荣名之后，怡然自得的山居情趣，完全是一副隐士的情怀。泠然存诗一首：《宿九华化成寺庄》云：

> 佛寺孤庄千嶂间，我来诗境强相关。
> 岩边树动猿下涧，云里锡鸣僧上山。
> 松月影寒生碧落，石泉声乱喷潺湲。
> 明朝更蹑层霄去，誓共烟霞到老闲。

——《全唐书》卷八百二十五

泠然诗意境清寂，动静相宜，抒写山林之趣、携手隐居之情。

（二）善生

善生，贞元时僧，《唐诗纪事》卷七十七录其诗四首。《赠卢逸人》云："高眠岩野间，至艺敌应难。诗苦无多首，药灵惟一丸"，善生酷爱诗作，游走各处寺院参禅悟道，行踪无定，"飘然无定迹，迥与律乘违。……洞了曹溪旨，宁输俗者机。"（《送玉禅师》）《旅中答喻军事问客情》曰：

> 一自游他国，相逢少故人。纵然为客乐，争似在家贫。
> 畜恨霜侵鬓，搜诗病入神。若非怜片善，谁肯问风尘。

苦吟成癖，倾吐出诗僧生活的清苦和无奈，也揭示出世态的薄凉和伪善。

（三）含曦

含曦，元和、大和间洛阳长寿寺僧，与卢仝为友。卢仝有《访含曦上人》、《寄赠含曦上人》，前一首云："三入寺，曦未来。辘轳无人井百尺，渴心归去生尘埃。"（《全唐诗》卷三百八十七）《寄赠含曦上人》则是一首长达34联的长诗，诗中历数含曦精通内外之学，且"随钟嚼宫商，满口文字美"，两人往来频繁，"访余十数度，相去三五里。见时心亦喜，不见心亦喜。见时谈谑乐，四座尽角嘴。不见养天和，无人聒人耳"（《全唐诗》卷三百八十九）。二人既是道教，又是诗友。含曦今存诗一首，《酬卢仝见访不遇题壁》曰：

长寿寺石壁，卢公一首诗。渴读即不渴，饥读即不饥。
鲸吞海水尽，露出珊瑚枝。海神知贵不知价，留向人间光照夜。

——《全唐诗》卷八百二十三

卢仝诗云："近来爱作诗，新奇颇烦委。忽忽造七格，削尽俗绮靡。"（《寄赠含曦上人》）二人诗风类似，语言俚俗夸饰，想象出奇，比喻荒怪，颇有豪宕之气。当是相互影响的结果。

第二节 元和诗僧——无可

无可是中唐主要活动在长安的一位诗僧，诗工五律，书善楷体。为贾岛从弟，与姚合、贾岛、马戴、顾非熊等交往密切，多有诗歌酬唱，是姚贾诗派的主要成员。

一 生平思想

无可，生卒年不可考。《唐书》无传，僧传灯录亦无记载。《直斋书录解题》卷十九称"岛从弟"，《唐才子传》卷六谓其为长安人，"呼岛为从兄"。无可亦有诗称贾岛为从兄。[1] 吴企明先生考证后，又称其为范阳（今河北涿县）人，[2] 与贾岛间里吻合。《唐才子传》曰："初，贾岛

---

[1] （清）《全唐诗》卷813载无可诗《秋寄从兄贾岛》，卷814有《吊从兄岛》、《客中闻从兄岛游蒲绛因寄》。
[2] 周祖譔：《中国文学家大辞典·唐五代卷》，中华书局1992年版，第69页。

弃俗时，同居青龙寺。"贾岛僧名"无本"，时人多有提及，但诸书皆不载其出家年月，故无法考知。从姚合《送无可上人游越》："清晨相访立门前，麻履方袍一少年"（《全唐诗》卷四百九十六），可知无可出家时年尚少。居青龙寺，二人诗中均提及。无可诗中有《秋夜寄青龙寺空贞二上人》："未得同居止，萧然自寂寥。"确曾在青龙寺居住。青龙寺，唐时在长安城延兴门内新昌坊，地处地势高峻、风景幽雅的乐游原上，极盛于唐代中期。无可又驻锡终南白阁寺。清代毕沅《关中胜迹图志》卷二云："紫阁峰、白阁峰、黄阁峰，三峰俱在户县东南三十里。《雍胜略》：'紫阁峰，旭日射之，烂然而紫，其形上耸，若楼阁然。白阁阴森，积雪弗融。'"① 喻凫《冬日题无可上人院》："阁北长河气，窗东一桧声"（《全唐诗》卷五百四十三）；贾岛《送无可上人》诗中称："圭峰雾色新，送此草堂人"（《全唐诗》卷五百七十二）；贾岛《寄无可上人》："磬过沟水尽，月入草堂秋"（《全唐诗》卷五百七十二），圭峰为终南山山峰名，在紫阁东，其下有著名的草堂寺。无可似曾在草堂寺驻锡。

无可曾在兴善寺居住，《寄兴善寺崔律师》："沐浴前朝像，深秋白发师。从来居此寺，未省有东池。幽石丛圭片，孤松动雪枝。顷曾听道话，别起远山思。"从"从来"、"未省"，来看，无可曾在此驻锡，不知寺后有东池。郑谷（约851—910）《题兴善寺》："寺在帝城阴，清虚胜二林。藓侵隋画暗，茶助越瓯深。巢鹤和钟唳，诗僧倚锡吟。烟莎后池水，前迹杳难寻。"（《全唐诗》卷六百七十六）兴善寺后似有东池，何也？据《酉阳杂俎》载："（大兴善）寺后先有曲池，不空临终时忽然涸竭，至惟宽禅师止住，因潦通泉，白莲藻自生，今复成陆矣。"② 不空大历八年（774）卒，惟宽禅师贞元间居止嵩山少林寺，元和四年（809）宪宗诏至阙下，元和十二年（817）就化。③ 无可当是在元和四年前居止此寺。

无可又曾居长安先天寺，方干《寒食宿先天寺无可上人房》："双扉桧下开，寄宿石房苔。幡北灯花动，城西雪霰来。收棋想云梦，罢茗议

---

① （清）毕沅撰：《关中胜迹图志》卷二，《景印文渊阁四库全书》第588册，台湾商务印书馆发行1985年版，第501页。
② （唐）段成式：《酉阳杂俎续集》卷五，丛书集成初编，中华书局1985年版，第213页。
③ （宋）普济编：《五灯会元》卷三，《景印文渊阁四库全书》第1053册，台湾商务印书馆发行1985年版，第122页。

天台。同忆前年腊,师初白阁回。"(《全唐诗》卷六百四十九)先天寺"次南居德坊,汉圆丘余址,东南隅"①。可知先天寺在长安城西的居德坊。现藏咸阳博物馆的"安国寺寂照和上碑"上注唐开成六年刻。碑后题名"少华山树谷僧无可书"。唐文宗开成年号(836—840),只有5年时间,开成六年当是会昌元年,无可躲避法难隐居在少华山树谷。无可一生,寻山访寺,行踪难定。贾岛《喜无可上人游山回》:"一食复何如,寻山无定居。相逢新夏满,不见半年余。"(《全唐诗》卷五百七十三)无可以长安为主,居无定址,遍游越州、湖湘、庐山等地。

  无可皈依的佛教宗系没有史料交代,不知道他何时、何地又是从谁受戒。只能从其驻锡的寺院和诗歌中,探寻无可宗系踪迹。无可曾驻锡的青龙寺,是密宗在长安仅次于兴善寺的中心道场,是密宗大师惠果(637—735)长期驻锡之地。惠果是密宗创始人不空的承法弟子。20岁在青龙寺剃染,在慈恩寺受具足戒。之后"从善无畏弟子玄超受胎藏法、诸尊瑜伽,及苏悉地大瑜伽法。同时,从不空受金刚界密法"②。故惠果学兼金刚界和胎藏界之长,建立"金胎不二"的思想。继不空为青龙寺东塔院灌顶国师,为密宗"六哲"之一,曾任代宗、德宗、顺宗三朝"国师"。大历十一年(776),惠果被请入为代宗治病,之后又为华阳公主治病,深得代宗赏识。贞元五年(789)、贞元十四年(798)分别奉敕祈雨,声势显赫一时,惠果通显密内外经,弘扬密宗,慕学之士多达千人,包含不少国外来唐求法者。当时在青龙寺学习的有日本真言宗著名高僧空海和尚,建中年间新罗国僧惠日、悟真,诃陵(今印度尼西亚爪哇岛)僧辩弘,后来的日僧圆珍、圆载、真如、宗睿等曾在青龙寺学修佛法。唐顺宗永贞元年(805),惠果在青龙寺圆寂。日僧空海受唐宪宗之命为惠果写碑文。贾岛、无可当时正居住青龙寺,③ 应当受到密宗浸润。无可《题青龙

---

  ① 徐松撰,李健超增订:《增订唐两京城坊考》,三秦出版社1996年版,第223页。
  ② 夏广兴:《密教传持与唐代社会》2008年版,第85页。
  ③ 《唐才子传》卷五谓贾岛"来东都,旋往京,居青龙寺",卷六云:"无可……初,贾岛弃俗时,同居青龙寺。"又据《贾岛年谱新编》,贞元十七年(801)冬十一月,贾岛随韩愈入长安。贾岛至长安居青龙寺。详见齐文榜《贾岛研究》,人民文学出版社2007年版,第280页。

寺纵公房》："从谁得法印，不离上方传。"密宗又称秘密教，在大乘佛教中，密宗是相对显宗而言，显者浅显也，显教教义是应神佛释迦牟尼公开宣说之教。而密者深秘也。显宗教显义著，教徒但善观经典，即可如法修行。密宗教义潜藏法海，非经师传不可。是法身佛大日如来所说的金刚界、胎藏界两部教法方为佛自内证境界，深奥秘密，不经阿阇梨（导师）灌顶、传授，不得任意传习及显示别人。明智旭《阅藏知律》言："但密坛仪轨须有师承，设或辄自结印持明，便名盗法，招愆不小。"[1] 而无可曾驻锡的长安先天寺，在大历四年（769）含光把五台山佛教密宗势力扩展到此，并专门把寺院东塔辟为金阁寺下院，他和青龙寺惠果都是密宗创始人不空的弟子。密宗在唐代盛极一时，"会昌法难"后呈现衰颓。现存之大和六年（832）《僧无可书幢》中，无可书《佛顶尊胜陀罗尼经》，此经今收在《大正新修大藏经》中第十九卷密教部经典之列。此经最大特色是兼济生灵与亡者，尤其特别强调"尊胜陀罗尼"的破地狱功能。

密宗认为世界万物、诸佛、众生皆由地、水、火、风、空、识"六大"所造。前"五大"是"色法"，属胎藏界；识为"心法"，属"金刚界"。"色"、"心"不二，"金"、"胎"为一。二者包容世界万物，同时又俱生心中。这个"心"即"大日如来"，六大为宇宙之本体，为佛与众生所依，故众生与佛平等。众生只要依法修"三密加持"，即手结印契（特定手势），口诵真言（咒语），心观佛尊，就能使身、口、意"三业"清净，与佛的身、口、意相应，便就即身成佛了。密宗成佛途径也是比较简约的。

密宗对诗歌有很大的影响。对中唐韩孟诗派影响的研究自沈曾植始。他提出："吾曾论诗人兴象与画家景物感触相通。密宗神秘于中唐，吴、卢画皆依为蓝本，读昌黎、昌谷诗，皆当以此意会之。"[2] 认为韩愈、李贺诗与中唐密宗曼陀罗画像有相通之处。此后陈允吉先生及

---

[1] 高振农选辑：《佛藏要籍选刊》，上海古籍出版社1994年影印本，第2册，第974页。

[2] （清）沈曾植撰，钱仲联辑：《海日楼札丛》卷七，辽宁教育出版社1998年版，第264页。

其弟子，均对此现象进行了深入研究。① 密宗与中唐诗人韩、孟、李、卢的"怪奇"诗风的关系被深入论证。但是由于没有确切的证据证明这些诗人接触、修习过密宗，所以只能推测他们在欣赏佛教壁画或讲唱艺术时受到潜在影响。而这一连接的关键人物无可，却无人谈及。无可与贾岛为僧时，在密教祖庭驻锡，必然对密宗思想和观想方式十分熟悉。而事实上密宗的观想方式确实对无可的创作影响很大。"修习密宗于修本尊时，通常都先观空性，然后在空性中出现地基、莲座，再在莲座上观种子字生起，于是放光，变为本尊，此即种子字生起本尊之意。作此种种观想，其理论根据却在唯识，因一切外境皆由心识变幻而成，是故便能通过这些修习来清净内识的污染。但与此同时，却必须了解一切现象的空性，种子字以及本尊，亦不例外，若执为实有，便陷入法执的泥沼，徒然在内识中又加上一重污染。"② 密宗从外境出发，层层观想，着重想象和联想，这种观想方式及过程，对无可创作影响至深。无可诗的重意、多用喻体等特点，均可见密宗观想之痕。

无可交往的高僧中，有著名高僧、华严宗第五祖宗密。宗密，俗姓何，果州西充（今属四川省）人，出家后先后师从道圆、澄观等高僧，继承发扬华严宗教义，著有《华严经行愿品别行疏钞》、《注华严法界观门》、《华严原人论》等二百余卷。宗密常住终南山圭峰草堂寺，世称"圭峰大师"。大和年中，唐文宗曾召入内殿咨询佛法，赐紫方袍，敕号"大德"。后又累次召入内殿问法。朝臣及士庶归崇者甚多，特别是宰相裴休常受其教旨，深入堂奥。卒后，唐宣宗追谥其为"定慧禅

---

① 陈允吉：《论唐代寺院壁画对韩愈诗歌的影响》（载《唐音佛教辨思录》，上海古籍出版社1998年版）、《牛鬼蛇神与中唐韩孟卢李诗的荒幻意象》（《复旦学报》（社会科学版）1996年第3期）、《韩愈〈南山诗〉与密宗"曼陀罗画"》（王元化主编《学术集林》第10集，上海远东出版社1997年版）；其弟子李小荣《敦煌密教文献论稿》设有一节《韩孟怪奇之诗与密教》，从怪奇意象与曼陀罗画、意象构成与坛场观想、怒张之力和怖厉之美三个方面，谈密宗与韩孟怪奇之诗的关系。他认为韩孟诗歌意象的组合方式与密教观想的暗合，并非是说他们有过亲身的宗教实践，而可能是他们在欣赏佛教壁画或讲唱艺术时所受的潜在影响。详见李小荣《敦煌密教文献论稿》，人民文学出版社2003年版，第341页。夏广兴《密教传持与唐代社会》设专章《密教与唐五代文学创作》之一节谈《密教与唐五代诗歌创作》，着重论述"密教月轮观与唐五代诗歌创作"。详见夏广兴《密教传持与唐代社会》，上海人民出版社2008年版。

② 谈锡永：《密宗名相》，华夏出版社2008年版，第74页。

师"。无可也曾在此寺驻锡，亦在距此不远的白阁寺为僧。无可集中有《赠圭峰禅师》。宗密既是华严五祖，又是荷泽宗的传人，双重身份，使得他对禅教持有一种融通的观点，主张禅教一体，无可亦是如此。

  无可寻山访寺，对禅宗各派多有涉猎。无可诗中有北禅宗的影响。《暮秋宿友人居》："翻嫌坐禅石，不在此松阴"，"敛屦入寒竹，安禅过漏声"（《寄青龙寺原上人（一作冬日寄僧友)》）。"坐禅"、"安禅"显然是北宗禅法。神秀教人凝心入定，住心看净，起心外照，摄心内证，这种方法以坐为禅。坐禅，是常坐不动，从禅宗初祖达摩八年面壁，到五祖弘忍，坚持坐禅习定。坐禅可摄取心念，息妄除染。神秀的北宗禅法注重"息妄修心"，循序渐进，比较规范化和程式化。无疑，这是一种强调渐修的禅。而南禅讲究戒、定、慧三学一行三昧，定慧等学，不偏于坐，不偏于静，只要于一切法上心不染，行住坐卧都是禅。慧能独具慧眼，重视东山法门一行三昧与"禅定"的实际意义，而不着于形状、事相。

  无可主要思想是南宗思想。无可友雍陶《同贾岛宿无可上人院》有句云："还因爱闲客，始得见南能"（《全唐诗》卷五百十八），慧能接受弘忍衣钵传教于岭南故称南能。诗句中以"南能"指无可，足见南宗慧能对无可的影响。无可《春晚喜悟禅师自琉璃上方见过》曰："琉璃师到城，谈性外诸经。下岭雪霜在，近人林木清。苔痕深草履，瀑布滴铜瓶。乐问山中事，宵言彻晓星。""草履"、"滴铜瓶"来自对普寂禅法要旨的阐述：

  其始也，摄心一处，息虑万缘，或刹那便通，或岁月渐证。总明佛体，曾是闻传；直指法身，自然获念。滴水满器，履霜坚冰。故能开方便门，示真宝相；入深固藏，了清净因；耳目无根，声色亡境，三空圆启，二深洞明。[①]

  普寂在禅法上继承神秀，开元以来，被视作北宗嫡传，号称七祖。

---

  ① （唐）李邕：《大照禅师塔铭》，（清）董诰等：《全唐文》卷二六二，中华书局1983年版，第2659页。

他的禅法是神秀思想的延续。摄心一处，息虑万缘，对境不起，经此"磨拂"、"看净"的功夫，自可"刹那便通"，亦可"岁月渐证"，既可先渐修而后顿悟，也可先顿悟后渐修，而证悟者的顿渐之别，全凭众生不同的根机。经过学习经论，总明佛体之所在，便可自识本性，六根不为诸境惑，了知佛体在心中。这一修习过程，正如"滴水满器，履霜坚冰"。这一思想所显示的是地道的北宗禅系风格。而无可却说"苔痕深草履，瀑布滴铜瓶"，正反其意，阐明成佛无须经过念佛、坐禅的修习，如同草鞋染上苔痕，瀑布滴瓶一样，"不用'看心'，也不用'看净'，直接从见闻觉识（语默动静）中去悟入，见性称佛"。这正是慧能曹溪禅的顿门直指。无可《送僧》："四海无拘系，行心兴自浓。"《晚秋酬姚合见寄》云：

新命起高眠，江湖空浩然。木衰犹有菊，燕去即无蝉。
分察千官内，孤怀远岳边。萧条人外寺，暌阻又经年。

当时，禅宗马祖道一住在江西。各地学禅的人，都风起云涌到江西去访道。湖南石头和尚——希迁，曹洞宗的创始人，在海内外享有极高声誉，两人都是当时众望所归的大禅师。天下僧侣不是到江西参访马祖道一，就是赴湖南请益石头希迁，当时称之为"走江湖"。诗中揭示出当时曹溪门下洪州、石头两系的繁盛局面。洪州道一，是慧能弟子怀让的法嗣，道一俗姓马，后世称"马祖道一"。道一大历年间在洪州开元寺弘法，被称"洪州宗"。石头希迁起初在曹溪会下做沙弥，后依止青原行思，行思曾是曹溪会下"上座"。行思和怀让当时并未公开开法传禅，到了希迁与道一，禅风才大盛起来。[①]《宋高僧传》卷九"希迁传"引刘轲碑（820年作）说："自江西主大寂，湖南主石头，往来憧憧，不见二大士为无知矣！"[②] 无可这两句诗，印证了洪州禅和石头禅的兴盛。从无可的踪迹来看，他游方过此二宗。"木衰犹有菊，燕去即

[①] 印顺：《中国禅宗史》，江西人民出版社1999年版，第260页。
[②] 《宋高僧传习禅篇》，蓝吉富主编：《禅宗全集》第二十九册，北京图书馆出版社2004年版，第279页。

无蝉。"正是体现南禅宗"无相为体,无住为本,无念为宗"修行法。无相,就是舍离因执著而产生的实在之相,回归万法本有的无相之相。因此,无相并不是否定事物各式各样的外在之相,而是否定因无明而有的实在之相与本体之相。无住,人的"本性"是念念不住的,从本来不住的自性,起一切法,一切法在自在,也是法法不到的。就如同"木衰犹有菊,燕去即无蝉",物质处于不息的运动当中,此刻之物不同于下一刻之物,今日之我亦并非昨日之我,我之肉身时时更新,我之意识念念不断,何来一时一刻一定之我?又何来一时一刻一定之见。所以要"无念","于自念上离境,不于法上念生",见闻觉知,不受外境侵染和干扰,悟入"空寂自性",而"见性成佛"。说"无心",神秀说"离念",神会说"无念",牛头认为:道本虚空,一切如幻如化,心也如幻如化,本来无一物。所以用心不合于道,无心可用——忘情,才泯绝无寄而契合于道。洪州主张直指人心,即心即佛当体现成,所以说"触类是道而任心"①。无可深得洪州禅三昧。

无可思想颇为通达,对佛教各宗都有涉猎,以禅宗最为根本。对外学也颇为精通。在交往、接引士大夫、士子时,外学知识广博,酷爱诗歌创作,颇擅长适时应用外学语境。

二 交游活动

无可"与马戴、姚合、厉玄多有酬唱。"② 姚合与贾岛交往甚密,诗风亦相近,时人谓之"姚贾"。"姚贾"周围聚集着一大群与之趣味相投的诗人。无可是其中重要一员。他们酷爱作诗,定期举行诗会,相互切磋与激赏诗艺,并逐渐形成了大致相近的风格,被称之为"姚贾诗派"③。

(一)姚贾诗派的诗歌酬唱

姚贾诗派的诗会唱和活动,从姚合任武功县主簿时开始。姚合在此

---

① 印顺:《中国禅宗史》,江西人民出版社1999年版,第329页。
② (元)辛文房:《唐才子传》,辽宁教育出版社1998年版,第76页。
③ 将姚贾联系在一起的,最早是张为的《诗人主客图》,但是目前学界认为首次确认姚贾诗派是南宋的"永嘉四灵"之一的赵师秀通过编选《众妙集》与《二妙集》完成的。"四灵"有着明确的流派意识。他们奉贾岛、姚合为宗。

期间作《武功县中作三十首》组诗后,声名鹊起,被称为"武功体"①。姚合性格宽厚达观,喜以诗会友,又好奖掖资助后进,故而在身边逐渐聚集起一大批与之趣味相投的诗人,他们定期聚会,相互赠答酬唱,形成诗歌创作群体。从他们的诗中可看出,姚贾诗会的组织者、领袖是姚合,核心人物是贾岛、无可。无可与姚合的寄赠酬唱诗最多,有12首,其次寄赠贾岛3首,厉玄3首,马戴1首、薛能1首、段成式3首。姚合寄赠酬唱无可8首、贾岛7首,马戴3首,刘得仁2首、顾非熊1首、薛能1首、雍陶2首、喻凫1首、方干1首、刘沧1首。

姚贾诗会,大致从姚合任武功县主簿时开始,常以姚合的历官之地或者住宅作为地点。无可与姚合的结识当是通过贾岛。无可多数寄赠送别诗是诗会的产物,尤其以与姚合、贾岛同题之作居多。与其说这个诗派的诗友是共同的,不如说其群体交往多以诗会的组织者和核心人物的社会关系为范围展开的。

首先,对无可首次参与的姚贾诗派群体性唱和活动作简要叙述。

从现有资料来看,无可首次参与姚贾诗派聚会是在穆宗长庆三年(823),姚合担任万年县尉时期。秋冬之际,贾岛、朱庆馀、顾非熊、厉玄、无可等诗人会聚于姚合宅第,切磋诗艺。姚合《万年县中雨夜会宿寄皇甫甸》,贾岛《宿姚少府北斋》、《酬姚少府》、《重酬姚少府》、《雨夜同厉玄怀皇甫荀》,朱庆馀《与贾岛顾非熊无可上人宿万年姚少府宅》,无可无诗流传。

长庆三年冬,韩愈侄孙韩湘进士登第前往江西崔君幕,姚合、贾岛、无可、朱庆馀、马戴、沈亚之预别宴,沈亚之撰《送韩北渚赴江西序》云:"……今年春,进士得第,冬则宾仕于江西府,且有行日,

---

① "武功体"之名称,载自欧阳修、宋祁《新唐书》卷一二四《姚崇传》:"(姚)合,元和中进士及第,调武功尉,善诗,世号姚武功者。"宋·晁公武《郡斋读书志》卷十九:"又唐姚合也,崇曾孙,以诗闻,世号姚武功云。"元·方回《瀛奎律髓》亦多以"武功"代其人。然而真正确立"武功体"一名者为纪昀。按纪昀《四库全书总目提要》卷一五一《姚少监集》十卷提要云:"(姚)合……然诗家皆习而不能改也。合选《极玄集》,去取至为精审,自称为诗家射雕手,论者以为不诬。其自作则刻意苦吟,冥搜物象,务求古人体貌所未到。"详见清·纪昀等《四库全书总目提要》,卷一五一《姚少监集》提要,中华书局1965年版,第1269页。

其友追诗以为别。"① 姚合有《送韩湘赴江西从事》、贾岛有《送韩湘》，无可有《送韩校书赴江西》，马戴有《送韩校书江西从事》，朱庆馀有《送韩校书赴江西幕》，这些诗皆用上平部真韵，为依韵唱和之作。韩愈亦有五古《示爽》（又名《示爽时之宣城》）有句云："座中悉亲故，谁肯舍汝眠。……今从府公召，府公又时贤。"爽，即韩湘乳名。② 可知是韩愈设宴饯别，姚贾诗派参与唱和。

这一年，无可又与贾岛、张籍、顾非熊、雍陶等数会于驸马都尉崔杞宅中。无可诗中有《题崔驸马林亭》，姚合集中有《题大理崔少卿驸马林亭》，朱庆馀《题崔驸马林亭》，崔驸马为崔杞，顺宗女东阳公主始封信安郡主，下嫁崔杞。《全唐文》卷七三二载，崔杞，穆宗朝官大理少卿，喜养鹭、鹤。姚合又有《崔少卿鹤》。顾非熊《崔卿双白鹭》、雍陶《咏双白鹭》、张籍《崔驸马养鹤》、贾岛《崔卿池上鹤》，当为聚会时赠崔之作。

敬宗宝历二年（826），姚合由京兆府富平尉迁授监察御史，③ 先在京师任职，后分司东都。马戴、无可等曾专程来访，聚会于洛阳。姚合有《洛下夜会寄贾岛》，马戴《洛中寒夜姚侍御宅怀贾岛》、无可《冬夜姚侍御宅送李廓少府》。

大和二年（828），姚合入朝，转为殿中侍御史。贾岛、马戴夜集姚合宅，无可期而未至。姚合《喜马戴冬夜见过期无可上人不至》、马戴《集宿姚殿中宅期僧无可不至》、贾岛《夜集姚合宅期可公不至》。在此期间，姚合宅似又有文会。无可《冬中与诸公会宿姚端公宅，怀永乐殷侍御》、《秋暮与诸文士集宿姚端公所居》，李肇《因话录》卷五载："御史台三院，一曰台院，其僚曰侍御史，众呼为端公。"④

文宗大和六年（832），姚合由户部员外郎授金州刺史。赴任前曾造访无可，有诗《过无可上人院》，无可次韵酬之《酬姚员外见过林下》。姚合在金州任上时，无可拜谒，从春至夏，一同游宴，两人皆有诗作。其后无可离开金州，有诗留别姚合。后姚合返长安，授刑部郎

---

① （清）董诰等编：《全唐文》卷七百三十五，中华书局1983年版，第7596页。
② 张清华：《韩学研究》，江苏教育出版社1998年版，第441页。
③ 详见《唐五代文学编年史·中唐卷》，辽海出版社1998年版，第878页。
④ 《景印文渊阁四库全书》第1035册，台湾商务印书馆发行，第492页。

中。姚合有《送少府田中丞入西蕃》，无可亦有《送田中丞使西戎》。田中丞，当为田群。《旧唐书·田弘正传》载："子群，大和八年为少府少监，充入吐蕃使。"① 为大和八年同时所赋。

开成二年（837）丁巳，无可《冬晚姚谏议宅会送元绪上人》、《寄姚谏议》，姚合时为谏议大夫。姚合选唐21位诗人诗作百首，编成《极玄集》。此书与高仲武之《中兴间气集》同为大历诗人之诗选，但是，姚合更具姚贾诗派的品鉴眼光与审美趣味。开成年间，姚合升迁给事中，出为陕虢观察使，② 时加御史中丞，无可有《送姚中丞赴陕州》。

武宗会昌元年（841）辛酉，姚合迁秘书少监。春，喻凫解褐受校书郎，归毗陵省亲，姚合、无可、顾非熊等送之。姚合有《送喻凫校书归毗陵》、顾非熊有《送喻凫春归江南》、无可有《送喻凫及第归阳羡》。会昌中，田群为蔡州刺史，田群翻修汉代蒋亭赋诗。贾岛、姚合、无可有唱和诗寄赠。

会昌三年（843）七月二十八日，贾岛卒于普州官舍③，姚合有《哭贾岛二首》、无可《吊从兄岛》。

大中初，卢简辞转兵部侍郎，兼工部尚书，许州刺史、御史大夫，忠武军节度使。无可作《寄羽林卢大夫将军》寄贺，姚合亦有诗《赠卢大夫将军》。兄弟简能、弘正、简球，为名诗人卢纶之后，颇得文宗赏识④。从姚诗"酿酒邀闲客"得知，姚合当于是年致仕，闲居长安，无可似不在长安。此后，姚贾诗派交往极少，无可活动亦不见记载。

其次，姚贾诗派诗会表现出独特之处。

在聚会形式上，不同于以往其他诗会。姚贾诗会当是定期举行。无可《冬晚与诸公士会太仆田卿宅》："此后思良集，须期月再圆。""宵清月复圆，共集侍臣筵。……此会东西去，堪愁又隔年。"（无可《秋

---

① （后晋）刘昫等：《旧唐书》卷一四一，《二十五史》第5册，上海古籍出版社1986年版，第3941页。
② （后晋）刘昫等：《旧唐书》卷十七，《二十五史》第5册，上海古籍出版社1986年版，第3553页。
③ （唐）苏绛：《贾公墓志铭》，（清）董诰等编：《全唐文》卷七百六十三，中华书局1982年版，第7937页。
④ （后晋）刘昫等撰：《旧唐书》卷一百六十三，《景印文渊阁四库全书》第271册，台湾商务印书馆发行，第112页。

暮与诸文士集宿姚端公所居》）聚会似在每年的圆月之夜。在诗会聚会地点的选择上，与浙东、浙西诗会多选名胜之地不同，姚贾诗派聚会多选择在姚合官所、住宅或者僧院。时间多是在晚上，以冬天居多。诗会成员经常寒夜苦吟，通宵达旦。"眠迟消漏水，吟苦堕寒涎"①，"中宵吟有雪，空屋语无灯"②，"沟西吟苦客，中夕话兼思"③，姚贾诗派诗人多是沉于下僚的低级官吏，或者多年出入举场的士子，他们生活贫困却酷爱作诗，执著于苦吟，非常珍惜这样的聚会。"莫厌通宵坐，贫中会聚难。堂虚雪气入，灯在漏声残。役思因生病，当禅岂觉寒。开门各有事，非不惜余欢。"④"雨里难逢客，闲吟不复眠。"⑤

姚贾诗派的诗歌酬唱，并没有出现之前浙东、浙西诗会的联句形式，多是同题次韵、依韵唱和。宋刘攽《中山诗话》曰："唐诗赓和，有次韵（先后无易），有依韵（同在一韵），有用韵（用彼韵，不必次）。"⑥ 所谓"次韵"，亦称步韵，就是依次用原韵、原字按原次序相和。依韵，亦称同韵，和诗与被和诗同属一韵，但不必用其原字。据卞孝萱《唐代次韵诗为元稹首创考》考证，次韵诗系元稹首创，并云创始时间为元和五年（810），创始之作为元稹在江陵府所作《酬乐天书怀见寄》等五首。⑦ 傅璇琮《卢纶考》则认为，贞元中卢纶、李益之间便有次韵相酬之作。⑧ 在姚贾诗派唱和中，常常出现多人依韵、次韵之作。长庆三年（823），饯别韩湘，姚合、贾岛、无可、马戴、朱庆馀5人皆用上平部真韵依韵唱和，这是之前没有过的。姚合与无可也有次韵

---

① （唐）姚合：《和厉玄侍御、无可上人会宿见寄》，（清）彭定求等：《全唐诗》卷五百一，中华书局1960年版，第5696页。

② （唐）雍陶：《同贾岛宿无可上人院》，（清）彭定求等：《全唐诗》卷五百十八，中华书局1960年版，第5912页。

③ （唐）贾岛：《雨夜同厉玄怀皇甫荀》，（清）彭定求等：《全唐诗》卷五百七十二，中华书局1960年版，第6638页。

④ （唐）朱庆馀：《与贾岛、顾非熊、无可上人宿万年姚少府宅》，（清）彭定求等：《全唐诗》卷五百五十四，中华书局1960年版，第5868页。

⑤ （唐）姚合：《喜贾岛雨中访宿》，（清）彭定求等：《全唐诗》卷五百一，中华书局1960年版，第5702页。

⑥ （宋）刘攽：《中山诗话》，《景印文渊阁四库全书》第1478册，台湾商务印书馆发行，第269页。

⑦ 参见卞孝萱《唐代次韵诗为元稹首创考》，《晋阳学刊》1986年第4期。

⑧ 参见傅璇琮《唐代诗人丛考》，中华书局2003年版。

唱和之作。

姚贾诗会亦有分题之作。无可《冬晚姚谏议宅会送元绪上人归南山》诗云："分题回谏笔，留偈在商关。"分题，是聚会中常用的诗体，大抵是以各物为题，共赋一事。严羽《沧浪诗话·诗体》："古人分题，或各赋一物，如云送某人分题得物也。"[①] 分题有时分韵，但不限制。无可有诗《赋得望远山送客归》。这些酬唱形式，更具有诗歌竞技的因素在，也更能促进成员创新出奇。

（二）无可与姚合

无可与姚合寄赠酬唱诗最多。姚合（781？—854？），郡望吴兴，陕州硖石（今河南陕县南）人，开元名相姚崇曾侄孙，唐宪宗元和十一年（816）进士及第，在魏博节度使田弘正幕府任魏州从事，后任秘书省校书郎、武功主簿、万年尉，在御史台任监察御史、殿中侍御史、御史中丞，后任户部员外郎、金州（今陕西省安康市）刺史，刑部郎中，唐文宗大和九年（835）出任杭州刺史，后入朝任谏议大夫、户部郎中、给事中，开成四年（839）八月初任陕虢观察使，终于秘书省少监位。

无可结识姚合是通过贾岛，姚、贾结识当在元和八年前后[②]，贾岛还俗后，二人在长安同为举子。无可与姚合结识大约也在此时。姚合《送无可上人游越（一作送无可住越州）》："清晨相访立门前，麻履方袍一少年。懒读经文求作佛，愿攻诗句觅升仙。芳春山影花连寺，独夜潮声月满船。今日送行偏惜别，共师文字有因缘。"[③] 此时，姚合32岁左右，贾岛33岁，无可则当是20岁左右的青年。《唐才子传》谓姚合："性嗜酒爱花，颓废自放，人事生理，略不介意，有达人之大观。"[④] 姚合性情豁达、淡泊。无可集中寄赠酬答姚合诗有12首之多，姚合与无可往来诗也有8首。无可多次到姚合的官所去探访，姚合也多次去无可的僧房拜访，二人迎来送往结下很深的友谊。二人关系用姚合

---

① （宋）严羽著，郭绍虞校释：《沧浪诗话校释》，人民文学出版社1961年版，第74页。
② 齐文榜：《贾岛研究》，人民文学出版社2007年版，第125页。
③ （清）彭定求等：《全唐诗》卷四百九十六，中华书局1960年版，第5623页。
④ （元）辛文房著，徐明霞校点：《唐才子传》，辽宁教育出版社1998年版，第79页。

的诗语概括,一是"求作佛",一是"文字因缘"。姚合寄赠无可诗中多宣说佛理、抒发感慨,或者表达对佛理禅意之感悟与体验。姚合《过无可上人院》云:

寥寥听不尽,孤磬与疏钟。烦恼师长别,清凉我暂逢。
蚁行经古藓,鹤毳落深松。自想归时路,尘埃复几重。
——《全唐诗》卷四百九十九

姚合久沉下僚,心中烦恼忧闷,倾心佛教、寺院,以求得心理慰藉。在姚合看来,寺院清幽的环境能清净人心。而无可是长别烦恼的法师,自己这个长期为尘苦折磨的人,今天得以拜见,总算是接近"清凉"了。"清凉"是指的佛教所追求的一种精神境界。它远离罪恶与烦恼,断绝一切尘念,无限清净、冷寂与愉悦。对此,诗人觉得无限快慰,大有不虚此行之感。无可是姚合的方外道侣,无论是从其"修禅观"、还是"修来生",姚合最终不过是想在复杂、坎坷的仕宦生涯之余,寻找片刻的心灵宁静和安慰。二人更多的是因文字结缘。无可《寄姚谏议》:"箧多临水作,窗宿卧云人。危坐开寒纸,灯前起草频"(《全唐诗》卷八百十三);姚合《谢秦校书与无可上人见访》:"客吟多绕竹,僧饭只凭钟。""眠迟消漏水,吟苦堕寒涎。异日来寻我,沧江有钓船。"(《全唐诗》卷五百一)二人均爱诗成痴,又有众多苦吟不辍的诗友,因而有不少同题酬唱之作。无可对姚合诗有过评价,"日暮题诗去,空知雅调重"(《酬姚员外见过林下》,《全唐诗》卷八一三),认为姚合诗歌合乎雅正之道。"雅"是从《诗经》发展而来的中国传统的诗歌写作范式。要求诗歌关注现实,反映生活,兼用比兴手法,营造含蓄委婉,温柔敦厚的美学规范。无可与姚合诗风相似,晚唐张为《诗人主客图》以无可、姚合为"清奇雅正"之"上入室者"。胡震亨亦云:"文、宣之代,可公以雅正接绪。"[①]诗调雅正,正是二人诗歌的相通之处。姚合诗擅长捕捉日常事物中的幽微至理,"道从会解唯求

---

① (唐)胡震亨:《唐音癸签》,上海古籍出版社1981年版,第83页。

静,诗造玄微不趁新"①,语言清新洁净,明丽自然。胡震亨《唐音癸签》云:"姚秘监诗洗濯既净,挺拔欲高。"② 大和七年(833)正月姚合赴授金州刺史任前造访无可,有诗《过无可上人院》,无可次韵酬和。无可《酬姚员外见过林下》云:

> 扫苔迎五马,苻药过申钟。鹤共林僧见,云随野客逢。
> 入楼山隔水,滴筛露垂松。日暮题诗去,空知雅调重。
> ——《全唐诗》卷八百十三

二人诗语雅淡,节奏徐缓,均追求字外余韵。姚诗捕捉物象深细,无可意象倒错出奇,既相互影响又各具特色。

(三)无可与贾岛

贾岛号无本。元和五年(810)冬,至长安,见张籍。次年春,至长安,始谒韩愈,以诗深得赏识。后还俗,屡举进士不第。文宗时,因诽谤,贬长江(今四川蓬溪)主簿。武宗会昌三年(843)在普州去世。无可是贾岛堂弟,曾一同出家为僧,后贾岛还俗。二人感情深厚,诗信往还,时相过从。贾岛《洛阳道中寄弟》云:"趋走迫流年,惭经此路偏。密云埋二室,积雪度三川。生类梗萍泛,悲无金石坚。翻鸿有归翼,极目仰联翩。"(《全唐诗》卷五百七十二)生如浮萍,漂泊异乡,仕路坎坷难行,奔走趋竞空无一获,极感疲惫苦闷的贾岛回忆起与无可同游时的快乐时光:"僻寺多高树,凉天忆重游。……名山思遍往,早晚到嵩丘"③,"静语终灯焰,余生许峤云。由来多抱疾,声不达明君"④。贾岛由僧入俗,世路难行,又生隐退之意。这种矛盾反复的心理,也只得向亲人吐露。无可《秋寄从兄贾岛(一作秋夜宿西林寄贾岛)》:

---

① (唐)周贺:《酬姚合郎中》,(清)彭定求等:《全唐诗》卷五百三,中华书局1960年,第5731页。
② (唐)胡震亨:《唐音癸签》,上海古籍出版社1981年版,第71页。
③ (唐)贾岛:《寄无可上人》,(清)彭定求等:《全唐诗》卷五百七十二,中华书局1960年版,第6634页。
④ 同上书,第6630页。

  暝虫喧暮色，默思坐西林。听雨寒更彻，开门落叶深。
  昔因京邑病，并起洞庭心。亦是吾兄事，迟回共至今。
——《全唐诗》卷八百十三

  西林寺在庐山香炉峰西南风景绝佳处。东晋高僧慧远居东林寺，其弟慧永居西林寺，恰巧他们亦俗姓贾。无可长居西林寺，深念贾岛，以诗代柬寄给贾岛。昔日，二人同在京城时，贾岛屡试不第，生计维艰，积忧成疾，曾与无可相约皈依佛门。无可离京时，贾岛《送无可上人》诗亦云："独行潭底影，数息树边身。终有烟霞约，天台作近邻。"（《全唐诗》卷五百七十二）可是，贾岛最终浮沉宦海、迷航不悟。因而无可说："亦是吾兄事，迟回共至今。"贾岛虽举场屡受挫折，却尘心未泯，苦苦干禄，只做了个长江主簿。这在无可看来，太"迟回"了。他期望兄长早日放弃名禄烦扰，共赴"烟霞"之约。会昌三年（843）贾岛卒于普州司仓参军任。无可《吊从兄岛》：

  尽日叹沉沦，孤高碣石人。诗名从盖代，谪宦竟终身。
  蜀集重编否，巴仪薄葬新。青门临旧卷，欲见永无因。
——《全唐诗》卷八百十四

  在这首悼念诗中，无可惋惜堂兄贾岛怀才不遇、困顿终生的不幸遭遇，称赞其诗名盖世，哀叹其身后凄凉，兄弟生死永诀，无缘再见。全诗感情深挚，颇为感人。
  无可与贾岛齐名，诗风亦类似。无可存诗不多，就目前存诗来看，题材范围比贾岛狭窄，但是其诗亦有独到之处。
  （四）无可与其他诗人的交往
  1. 马戴
  马戴，字虞臣，曲阳（唐时海州东海县，今江苏连云港市西南）人。武宗会昌四年（844）登进士第，与项斯、赵嘏同榜，具有盛名。宣宗大中初，为太原李司空掌书记，以直言获罪，贬朗州龙阳尉。后官至太学博士。马戴是姚贾诗派成员，与姚合、贾岛、无可酬唱甚密。马戴有3首寄赠无可诗，无可有1首。马戴早年屡试落第，蹭蹬科场30

年，中举后又久历下僚，心中凄苦自不必言。《旅次寄贾岛兼简无可上人》："壮年看即改，羸病计多同。倘宿林中寺，深凭问远公。"① 他的遭遇与贾岛相似，贫病交加中，内心仕与隐的矛盾也更加激烈。只有在"息心侣"无可处，才能得到片刻的安慰。在大和年间未中举前，马戴曾在华山短期居住。② 无可《寄华州马戴（一作秋中闻马戴游华山因寄）》云："三峰待秋上，鸟外挂衣巾。犹见无穷景，应非暂往身。水寒仙掌路，山远华阳人。欲问坛边月，寻思阙复新。"（《全唐诗》卷八百十三）。贾岛亦有《马戴居华山因寄》云："玉女洗头盆，孤高不可言。"（《全唐诗》卷五百七十三）《唐才子传》本传云："早耽幽趣，既乡里当名山，秦川一望，黄埃赤日，增起凌云之操。结茅堂玉女洗头盆下，轩窗甚僻，对悬瀑三十仞，往还多隐人。谁谓白头从宦，俸不医贫，徒兴猿鹤之诮，不能无也。"③ 马戴由隐入世，前路多艰，遂又起凌云之志。在《怀故山寄贾岛》云："自从来阙下，未胜在山中。"（《全唐诗》卷五百五十五）招致辛文房的讥消。其实，马戴思想更为通透达观，在《宿无可上人房》上："稀逢息心侣，细话远山期。河汉秋深夜，杉梧露滴时。风传林磬响，月掩草堂迟。坐卧禅心在，浮生皆不知。"（《全唐诗》卷五百五十五）何处尘外？在心而已。只要有一颗排除俗念、清空安宁之禅心，又何必拘泥出处行止。马戴与无可交流的是南禅宗思想。诗中间两联写景颇为雕琢细腻，贺裳《载酒园诗话又编》云："'风传林磬久，月掩草堂迟'，此联上句一意贯串，下句'月'字下又有一转折。大率体涩而思苦，致极清幽，亦近于岛也。"④ 马戴亦属苦吟一宗，诗风近似无可，均善锤炼动词。《诗人主客图》以其为"清奇雅正"之"升堂"。马戴很为时人及后世所推崇，严羽云："马戴在晚唐诸人之上。"⑤《石洲诗话》卷二称其五律，"直可与盛唐诸贤侪伍"。

---

① （清）彭定求等：《全唐诗》卷五百五十六，中华书局1960年版，第6441页。
② 傅璇琮：《唐才子传校笺》第五册，中华书局1995年版，第379页。
③ （元）辛文房撰，徐明霞校点：《唐才子传》，辽宁教育出版社1998年版，第94页。
④ 郭绍虞选编，富寿荪校点：《清诗话续编》，上海古籍出版社1983年版，第379页。
⑤ （宋）严羽著，郭绍虞校释：《沧浪诗话校释》，人民文学出版社1961年版，第161页。

2. 厉玄

厉玄，婺州（今浙江金华）人。大和二年（828）登进士第。开成、会昌中，历监察御史、员外郎、万年令。大中六年（852），官睦州刺史。与姚合、无可、刘得仁等结友酬唱。贾岛有《酬厉玄》云："白发初相识，秋山拟共登。……未报见贻作，耿然中夜兴。"（《全唐诗》卷五百七十三）可见厉玄是文学后辈，曾呈诗请教。无可有3首寄赠酬答之作。《秋日寄厉玄先辈》、《书事寄万年厉员外》、《酬厉侍御秋中思归树石所居见寄》。前一首云："杨柳起秋色，故人犹未还。别离俱自苦，少壮岂能闲。夜雨吟残烛，秋城忆远山。何当一相见，语默此林间。"（《全唐诗》卷八百十三）唐张为《诗人主客图》列其为"清奇雅正"入室，《全唐诗》存其诗六首。

3. 喻凫

喻凫，毗陵（今江苏常州）人。累应进士举，开成五年（840）方登第，无可《送喻凫及第归阳羡》："姓字载科名，无过子最荣"（《全唐诗》卷八百十三），授校书郎。官至乌程令（一作尉）。时人论及喻凫时，大多认定喻凫师承贾岛，得其"奇僻"。唐张为《诗人主客图》列其为"清奇雅正主"李益之及门者。多作五律，不事藻绘，务去陈言。明胡震亨《唐音癸签》评为"闲远朗秀，选句功深"[①]。然伤于小巧，无高古之气。《全唐诗》存其诗一卷，共65首。喻凫《冬日题无可上人院》云："入户道心生，茶间踏叶行。泻风瓶水涩，承露鹤巢轻。阁北长河气，窗东一桧声。诗言与禅味，语默此皆清。"[②] "泻风瓶水涩，承露鹤巢轻"之句深得贾岛、无可之三昧。

4. 朱庆馀

朱庆馀，名可久，以字行。越州（治今浙江绍兴）人。长庆中应举入京，以长安为中心，以科举为目的展开广泛的交游。约在长庆年间，已与当时著名诗人贾岛、姚合、无可、顾非熊等交游唱和。与贾岛、顾非熊、无可上人宿万年姚少府宅，感慨"贫中会聚难"。宝历二年（826）登进士第。授秘书省校书郎，迁协律郎。大和中卒。朱庆馀

---

① （明）胡震亨：《唐音癸签》，上海古籍出版社1981年版，第76页。
② （清）彭定求等：《全唐诗》卷五百四十三，中华书局1960年版，第6270页。

多次参与贾岛、姚合、无可、顾非熊等交游唱和，与无可有多首同题酬唱之作。长于七绝、五律，元辛文房《唐才子传》谓其"得张水部诗旨，气平意绝"①。唐张为《诗人主客图》将其与张籍同列为"清奇雅正主"李益之及门者。《全唐诗》存其诗二卷。

5. 刘得仁

唐皇室公主子。长庆中以诗名，苦心为诗，出入举场20余年，终无所成。光化三年（900），韦庄奏请追赠及第。学贾岛为诗，尚苦吟，工五律，多清苦穷愁之词。刘得仁有2首寄赠酬唱诗。《寄无可上人》云："省学为诗日，宵吟每达晨。十年期是梦，一事未成身。枉别山中客，殊非世上人。今来已如此，须得桂荣新。"② 他曾向无可学诗，作诗甚苦，想在科举折桂，曾立志"必不获科第，不愿儋人之爵也。"③ 如此十余年而矢志不改。《冬夜与蔡校书宿无可上人院》云：

儒释偶同宿，夜窗寒更清。忘机于世久，晤语到天明。
月倒高松影，风旋一磬声。真门犹是幻，不用觉浮生。

——《全唐诗》卷五百四十四

无可《同刘秀才宿见赠》云：

浮云流水心，只是爱山林。共恨多年别，相逢一夜吟。
既能持苦节，勿谓少知音。忆就西池宿，月圆松竹深。

——《全唐诗》卷八百十四

无可在诗中鼓励其坚持节操，必能得到知音赏识。及卒，栖白《哭刘得仁》曰："为爱诗名吟至死，风魂雪魄去难招。直须桂子落坟上，生得一枝冤始消。"④ 唐张为《诗人主客图》列其为"清奇僻苦主"孟郊之及门者。元辛文房《唐才子传》赞其"怨而不怒，哀而不

---

① （元）辛文房撰，徐明霞校点：《唐才子传》，辽宁教育出版社1998年版，第84页。
② （清）彭定求等：《全唐诗》卷五百四十四，中华书局1960年版，第6296页。
③ 傅璇琮：《唐才子传校笺》第三册，中华书局1995年版，第184页。
④ （清）彭定求等：《全唐诗》卷八百二十三，中华书局1960年版，第9278页。

伤……而不厌于磨淬，端能碓守格律，揣治声病"①。在这一点上不似贾岛，与无可相似。

6. 雍陶

雍陶，字国钧。成都人。大和八年（834）登进士第。大中中，授国子毛诗博士。与贾岛、殷尧藩、无可、徐凝、章孝标友善。大中八年（854），出刺简州。后辞官闲居以终。工诗能赋，尝自比谢朓、柳恽。雍陶有《同贾岛宿无可上人院》、《怀无可上人》两首，前一首有"何处销愁宿，携囊就远僧。中宵吟有雪，空屋语无灯"句，今存无可集中未见有赠雍陶之作。贾岛称其"不唯诗著籍，兼又赋知名。议论于题称，春秋对问精"（《送雍陶及第归成都宁亲》，《全唐诗》卷五百七十三）。唐张为《诗人主客图》列其为"瑰奇美丽主"武元衡之及门者。

7. 方干

方干，字雄飞，门人私谥玄英先生。睦州桐庐（今属浙江）人。幼师徐凝为诗。大和中，怀诗投谒金州刺史姚合，为合所赏。后举进士不第，遂隐居越州，渔于镜湖，琴诗自娱，与郑元规、陶详、李频为友。咸通末，浙东观察使王龟表荐之，会龟卒，事竟未成。光化三年（900），韦庄奏请追赠及第。工律诗，尤长五言。与姚合、无可、段成式、李群玉、喻凫、郑谷等唱和。有《寒食宿先天寺无可上人房》诗。吴融称其"句满天下口，名聒众人耳"②。李频、孙郃师事之。诗多投赠唱和之作，或咏山林景色，以苦吟为工，不事藻绘，颇能体物。唐张为《诗人主客图》列其为"清奇雅正"之升堂者。

8. 薛能

薛能，字太拙。汾州（治今山西汾阳）人。会昌六年（846）登进士第。大中中，补周至尉，历太原、陕虢、河阳从事。后迁侍御史，历都官、刑部员外郎。出为西川节度副使，咸通中摄嘉州刺史。入朝，累迁京兆尹。出为感化军节度，入为工部尚书，复授感化军节度，兵乱，流落汉南，卒。好为诗，勤于写作，《自讽》云："千题万咏过三旬，

---

① （元）辛文房撰，徐明霞校点：《唐才子传》，辽宁教育出版社1998年版，第84页。
② （清）彭定求等：《全唐诗》卷六百八十七，中华书局1960年版，第7898页。

忘食贪魔作瘦人。行处便吟君莫笑，就中诗病不任春"①，爱诗成魔。曾向无可请教学诗，《秋晚送无可上人》云：

> 半夜觉松雨，照书灯悄然。河声才淅沥，旧业近潺湲。
> 坐滴寒更尽，吟惊宿鹤迁。相思不相见，日短复愁牵。
> ——《全唐诗》卷五百六十

在其科举未中前，无可曾为其延誉，在《送薛秀才游河中兼投任郎中留后》盛赞其"诗古赋纵横，令人畏后生。"在其为官后，无可有《寄殿院薛侍御》。薛能《夏日青龙寺寻僧二首》："得官殊未喜，失计是忘愁。不是无心速，焉能有自由。凉风盈夏扇，蜀茗半形瓯。笑向权门客，应难见道流。"（《全唐诗》卷五百六十）性倨傲，多轻忽前人。胡震亨《唐音癸签》许其为"末季名手"，然病其"洗剥过净，邻乎孤子"②。诗平易，但伤于刻露。

9. 顾非熊

顾非熊，姑苏（苏州）人，顾况子。困举场30年，会昌五年（845）武宗亲放及第。累佐使府。大中中，授盱眙尉。不乐吏事，弃官归隐茅山。长庆至会昌中与姚贾游从，与无可有多首同题酬唱之作，有《与无可宿辉公院》。诗长于五律。胡震亨称其"近体俊婉可讽，至削功似多于真逸翁（顾况）"③。《全唐诗》存其诗一卷。

10. 段成式

段成式，字柯古。临淄（今山东淄博）人，段文昌子。开成初年，因父亲关系任职集贤殿。会昌三年（843）为秘书省校书郎。大中初出为吉州刺史。终太常少卿。"博学强记，多奇篇秘籍。"④ 文章冠于一时，尤工于曲文。与李商隐、温庭筠齐名。所著以《酉阳杂俎》最为著名。又著《庐陵官下记》，已散佚。《全唐诗》收录其诗11篇、联句

---

① （清）彭定求等：《全唐诗》卷五百六十一，中华书局1960年版，第6510页。
② （明）胡震亨：《唐音癸签》，上海古籍出版社1981年版，第78页。
③ （明）胡震亨：《唐音癸签》，上海古籍出版社1981年版，第71页。
④ （宋）欧阳修、宋祁等撰：《新唐书》卷九十，《二十五史》第6册，上海古籍出版社1986年版，第4506页。

若干。会昌间无可曾与游从。约会昌元年（841），段成式撰文，无可正书为安国寺寂照和尚立碑。无可有《奉和段著作山居呈诸同志三首次本韵》，段原作今佚。段成式喜好联句唱和，无可曾与唱和。《酉阳杂俎》载："予在城时，常与客连句，初无虚日。小酌求押，或穷韵相角，或押恶韵，或煎茗一椀，为八韵诗，谓之杂连。若志于不朽，则汰拣稳韵，无所得辄已，谓之苦连。连时共押平声好韵不僻者，出于竹简，谓之韵牒。出城悉携行，坐客句挟韵牒之语，必为好事者所传矣。……予因请坐客各吟近日为诗者佳句，有吟贾岛'旧国别多日，故人无少年'，马戴'猿啼洞庭树，人在木兰舟'，又'骨销金镞在'。有吟僧无可'河来当塞断（一曰尽），山（一曰岸）远与沙平'，又'开门落叶深'。"① 可见晚唐诗人联唱对姚贾诗派诗歌的接受与传播。

（五）与韩愈门下交游

无可是贾岛从弟，而且曾同居青龙寺，和韩愈必有交往，但目前仅有其参与韩愈为侄孙韩湘举行宴饯酬唱的记载。无可与韩愈门下的诗人，如张籍、李贺等人均有诗往来。

1. 无可与张籍

无可与张籍结交，当缘于贾岛的引见。元和十五年（820），唐名将李晟之子李听为灵州大都督府长史、灵盐节度使，其子前去觐省，贾岛、无可、姚合、张籍赋诗相送。无可《送威武李骑曹之灵武宁省》、张籍《送李骑曹灵州归觐》是依韵之作，当是同时之作。另无可有《送颢法师往太原讲兼呈李司徒（一作空）》、张籍有《送僧游五台兼谒李司空、朱庆馀《送僧往太原谒李司空》、贾岛《送慈恩寺霄韵法师谒太原李司空》，李司空，即李听，长庆二年（822）二月至宝历元年（825）闰七月为太原尹、河东节度使。这些诗均五律，且诗中均为冬景，亦是同时宴饯之作。张籍去世后，无可曾赋诗《哭张籍司业》悼之。诗云：

先生抱衰疾，不起茂陵间。夕临诸孤少，荒居吊客还。
遗文禅东岳，留语葬乡山。多雨铭旌故，残灯素帐闲。

---

① （宋）计有功：《唐诗纪事》卷五十七，中华书局1965年版，第874页。

乐章谁与集，垄树即堪攀。神理今难问，予将叫帝关。

——《全唐诗》卷八百十四

足见，无可与张籍感情深厚。无可与张籍交往时，张籍已至晚年，乐府之外，多写近体，语言凝练而平易自然，对无可亦有影响。

2. 无可与李贺

李贺，字长吉，唐宗室郑王之孙。居于福昌县（今河南宜阳）之昌谷。元和初，游江南。北归洛阳，以诗谒韩愈，大得赏誉。元和五年（810），以父名讳晋肃，不得应进士举，韩愈为作《讳辩》。元和六年，拜为奉礼郎，郁郁不得志，以病辞官东归。约元和九年（814），李贺取道宜阳、洛阳、经河阳，入太行，过长平、高平，于深秋到达潞州（今山西长治市），经张彻荐举做幕僚，为昭义军节度使郗士美帮办公文。无可有《送李长吉之任东井》，当是此时所作。曰：

江盘栈转虚，候吏拜行车。家世维城后，官资宰邑初。
市饶黄犊卖，田蹋白云锄。万里千山路，何因欲寄书。

——《全唐诗》卷八百十四

元和十一年（816），因北方藩镇跋扈，分裂势力猖獗，郗士美讨叛无功，告病于洛阳休养，友人张彻也抽身回长安。李贺无路可走，只得强撑病躯，回到昌谷故居，整理所存诗作，不久病卒。年仅二十七。为诗苦吟，惨淡经营。李贺诗想象诙诡，意象密集，色彩斑斓，善笔补造化。在好苦吟，重主观，求新奇上，与无可有相通之处。

三　诗歌创作

《全唐诗》收无可诗两卷，100 首，除重出他人名下外，目前尚可确定的有九十首。[①] 多为唱和诗。唱和诗作为是一种传统的创作活动，由来已久，是文人间带有竞技性的一种应酬方式，在中唐得到极大的发展。酬唱规模不但扩大，而且群体意识也增强了，从唱和结盟造势以至

---

① 李俊标：《诗僧无可的诗歌创作》，《中国韵文学刊》2004 年第 2 期，第 34—35 页。

于发展成为诗风相近的诗歌流派。

（一）无可诗的群体特征

无可诗绝大多数是寄赠酬答诗，而其这类诗作又多是同时、同题的酬唱之作。虽然学者对唱和诗颇多诟病，[1] 但也有持支持意见者。白居易喜好唱和，与刘禹锡、元稹等多有唱和。他在《与元九书》列举了诗歌唱和的功能："小通则以诗相戒，小穷则以诗相勉，索居则以诗相慰，同处则以诗相娱。"[2] 从人际关系角度道出唱和诗的社交功能，在人生顺境时，唱和诗可以用来娱乐、博取声名，失意时可互相安慰，自我排遣。他又说："得隽之句，警策之篇，多因彼此唱和中得之，他人未尝能发也，所以辄自爱重。"[3] 从诗歌创作的角度，唱和可以推陈出新、激发灵感，发现彼长己短，以提高诗艺。唱和者为了得到对方的认同、赞许，往往会相互模仿靠近，从而促进群体诗歌美学风格的一致。在一个群体中，模仿对象往往是群体领袖或者核心人物。姚贾诗派正是如此。如长庆三年冬，姚合、贾岛、无可、朱庆馀、马戴等宴饯韩愈侄孙韩湘，作用韵酬别诗。

无可《送韩校书赴江西》曰：

> 车马东门别，扬帆过楚津。花繁期到幕，雪在已离秦。
> 吟落江沙月，行飞驿骑尘。猿声孤岛雨，草色五湖春。
> 折苇鸣风岸，遥烟起暮苹。鄱江连郡府，高兴寄何人。
>
> ——《全唐诗》卷百十四

贾岛《送韩湘》曰：

> 挂席从古路，长风起广津。楚城花未发，上苑蝶来新。

---

[1] 如严羽说："和韵最害人诗。"（详见严羽《沧浪诗话·诗评》）王世贞说："和韵联句，皆易为诗害而无大益。"（王世贞《艺苑卮言》卷一）袁枚则曰："余作诗雅不喜叠韵、和韵及用古人韵。以为诗写兴情，惟吾所适……何得以一二韵约束为之？"（详见袁枚《随园诗话》卷一）。

[2] （唐）白居易：《白居易集》三卷四十五，中华书局1979年版，第965页。

[3] （唐）白居易：《与刘苏州书》，同上注，卷六十八，第1445页。

半没湖波月，初生岛草春。孤霞临石镜，极浦映村神。
细响吟干苇，余馨动远苹。欲凭将一札，寄与沃洲人。

——《全唐诗》卷五百七十二

马戴《送韩校书江西从事》曰：

出关寒色尽，云梦草生新。雁背岳阳雨，客行江上春。
遥程随水阔，枉路倒帆频。夕阳临孤馆，朝霞发广津。
湖山潮半隔，郡壁岸斜邻。自此钟陵道，裁书有故人。

——《全唐诗》卷五百五十六

姚合《送韩湘赴江西从事》曰：

年少登科客，从军诏命新。行装有兵器，祖席尽诗人。
细雨湘城暮，微风楚水春。浔阳应足雁，梦泽岂无尘。
猿叫来山顶，潮痕在树身。从容多暇日，佳句寄须频。

——《全唐诗》卷四百九十六

朱庆馀《送韩校书赴江西幕》曰：

从军五湖外，终是称诗人。酒后愁将别，涂中过却春。
山桥檞叶暗，水馆燕巢新。驿舫迎应远，京书寄自频。
野情随到处，公务日关身。久共趋名利，龙钟独滞秦。

——《全唐诗》卷五百十四

五首诗押的是上平声十一真韵里的"春、新、津、频、神、人、萍、尘、邻、身、秦"十一字。冬天送友离开长安赴江西，却要用"春、人"等韵字，是有难度的。五人几乎采用相同的结构，以离人行踪为线索，从送别离秦写起，想象行旅途中景致，到江西幕后的情况以及别后寄语。但是，却各具特色。无可、贾岛、马戴诗均一句切入主题,直接描写旅途风物,以地名或者地标性景致的转换暗写行人踪迹。姚合、朱庆馀则从韩湘的身份、别宴写起,从"诗人"、"从军"稍带悖谬的行为立意。姚合娓娓道来,从容不迫。由于景色并非实历,而是来自经验和想象,因而对于旅途物象的捕捉也有差别。即便如此,无可和贾岛诗中,意象却有惊人的相似之处。均用了"风、花、月、草、湖、水、苇、蘋"意象。如此高的默契度,来自两人自幼以来如影随行生活、经历,共同的交往圈、共同创作好尚。但是,毕竟二人的个性不同,气质有别,所以创作风格仍有明显的差异。无可意象繁密,善于锤炼和使用动词,诗歌意脉流动,景中有意,重主观观想,常主观裁夺物象。同样写"月",无可云"吟落江沙月",贾岛诗"半没湖波月";同样写春草,无可诗:"草色五湖春",贾岛:"初生岛草春";同样写"芦苇",无可诗:"折苇鸣风岸,遥烟起暮蘋。"贾岛:"细响吟干苇,余馨动远蘋。"在写法上,两人都善于倒错逻辑语序。《载酒园诗话又编》云:"(贾岛)又生平好用倒句,如'细响吟干苇','枝重集猿枫'虽纤曲而犹能达其意。"① 倒错句法的使用来自杜甫。杜甫之前,逻辑语序颠倒或错综的诗句是极少见的。但是,贾岛、无可对于倒错句的使用比杜甫更多,成了一种自觉的追求。倒错句使语意多曲,造成奇警生新的艺术魅力。贾岛有时有意用拙拗的倒错突出奇峭瘦硬之美,贾岛写芦苇,突出"干苇"、"细响",善于在细节上渲染求新。又如贾岛"步随青山影,坐学白塔骨"(《赠智朗禅师》,《全唐诗》卷五百七十一),无可"步步入山影,房房闻水声"(《游山寺》,《全唐诗》八百十三)。贾岛诗句对僧侣日常生活作夸张描绘,突出了其刻板的生命轨迹和价值。无可则是重山寺清幽的环境印象性抒写。贾岛倒错句追求的是奇惊生新,无可的倒错句则更奇巧爽丽。

(二)意象清幽,苦吟取境

无可诗多写僧侣生活,喜好描绘山林寺院的景象,偏好选用感情色彩清冷的意象,造成孤清幽僻的艺术境界。如:

寒浦鸿相叫,风窗月欲沈。

---

① 郭绍虞选编,富寿荪校点:《清诗话续编》,上海古籍出版社1983年版,第363页。

——《暮秋宿友人居》(《全唐诗》卷八百十三)

夜雨吟残烛,秋城忆远山。
——《秋日寄厉玄先辈》(《全唐诗》卷八百十三)

绝尘苔积地,栖竹鸟惊灯。语默俱忘寐,残窗半月棱。
——《寒夜过睿川师院》(《全唐诗》卷八百十三)

夕磬城霜下,寒房竹月圆。烟残衰木畔,客住积云边。
——《题青龙寺纵公房》(《全唐诗》卷八百十三)

高杉残子落,深井冻痕生。罢磬风枝动,悬灯雪屋明。
——《寄青龙寺原上人(一作冬日寄僧友)》(《全唐诗》卷八百十三)

极写山林僧寺的幽静、清寂。意境凄清幽冷。方回在《瀛奎律髓》中评无可《寄青龙寺原上人》时就说,"三四极天下之清苦"[①]。这显然是无可清苦孤寂的僧侣生活的写照。无可在抒写熟悉的山林寺院及僧侣生活时,能够抓住本质和精髓。因而,无可诗中之景,常常融汇着自己的生活体验和体悟。如:"绝顶晴多去,幽泉冻不闻"(《金州冬月陪太守游池,一作林下对雪送僧归草堂寺》,《全唐诗》卷八百十三),"精舍池边古,秋山树下遥。磬寒彻几里,云白已经宵"(《秋夜寄青龙寺空贞二上人》,《全唐诗》卷八百十三),突出主观感受,语言也更为清雅流丽。

无可尚"苦吟",诗思亦苦。他的诗中多次提到"苦吟"二字。

苦吟行迥野,投迹向寒云。
——《金州冬月陪太守游池》(《全唐诗》卷八百十三)

---

① (元)方回选评,李庆甲集评校点:《瀛奎律髓汇评》,上海古籍出版社1986年版,第475页。

招我郊居宿，开门但苦吟。
——《暮秋宿友人居》(《全唐诗》卷八百十三)

春来诗更苦，松韵亦含凄。
——《奉和裴舍人春日杜城旧事》(《全唐诗》卷八百十四)

无可的"苦吟"与其诗歌艺术上的追求相关，无可身为方外之人，日夕与山峰松泉为邻，有限的生活范围决定了他表现空间的狭窄，诗歌取材的单一使他无法充分释放出自己的创作热力，只能走向人迹罕至的迥野，追寻他人极少企及的意象，苦思奇巧的构思，推敲精准的表达，苦吟成为一种创作习惯。春天来了，要获得出奇的意象更难，诗思更苦。正所谓"欢愉之辞难工，穷苦之言易好"。从此可见，无可是常以清冷孤寒的意象入诗，并不一定全是再现自己的生活，也是一种艺术旨趣。皎然在《诗式》卷一"取境"中说：

评曰：或云，诗不假修饰，任其丑朴，但风韵正、天真全，即名上等。予曰：不然。无盐缺容而有德，曷若文王太姒有容而有德乎？又云，不要苦思，苦思则丧自然之质。此亦不然。夫不入虎穴，焉得虎子？取境之时，须至难至险，始见奇句。成篇之后，观其气貌，有似等闲，不思而得，此高手也。有时意静神王，佳句纵横，若不可遏，宛如神助。不然，盖由先积精思，因神王而得乎！

正如皎然所言，无可取境时"至难至险"，意图出奇制胜。这点上与贾岛相似，无可与贾岛过从甚密，又经常参与诗会酬唱，两人有些诗从取象、句法到风格都极为相似。无可虽求奇，但并不着重于入僻。在意象的组合安排上追求象外之旨，又有些姚合"求味"之风。无可诗风介于贾岛和姚合之间，少了贾岛诗之奇崛，多了些流丽；又比姚合诗雅致凝练些。

(三) 诗意深微曲折，味之不尽

无可善用"象外句"，历来为人所推崇。宋释惠洪《冷斋夜话》云："唐僧多佳句，其琢句法比物以意，而不指言某物，谓之象外句。

如无可上人诗曰：'听雨寒更尽，开门落叶深。'是以落叶比雨声也。又曰：'微阳下乔木，远烧入深山。'是以微阳比远烧也。"① 在惠洪看来，无可以意连缀物象而不指明，是一种比喻的手法，更确切地说是暗喻。此种手法在后世不断获得好评，《唐才子传》卷六云无可："律调谨严，属兴清越，比物以意，谓之'象外句'。……凡此等新奇，当时翕然称尚，妙在言用而不失其名耳。"② 若单是运用暗喻手法，何以不断为人称奇？仔细考察，此诗之妙不单在暗喻的运用，其妙处在上下两句的物象并不是以常规的并列、顺承的逻辑关系连缀，而是一种转折关系。而这种出人意料的转折，使诗白描式写景成为类似情节性的叙事，造成这种效果的原因是由于视觉错觉或者视觉与听觉的误差形成的，使得诗意深微曲折，兴味盎然。元代方回《瀛奎律髓》说："听雨彻夜，既而开门，乃是落叶如雨，此体极少而绝佳。"③ 吴乔《围炉诗话》卷一认为："比物以意而不指其物，谓之象外句，非苦吟者不能也。"④ 无可"象外句"并非必由苦吟，亦有兴会所至。

无可诗很注重明用或者暗用典故，从上组诗对比中可明显发现这点。"楚津"暗引自南朝梁元帝《登江州百花亭怀荆楚》诗："极目缱千里，何由望楚津"⑤；用"行飞"代称大雁，暗用杜甫《杜鹃》："鸿雁及羔羊，有礼太古前。行飞与跪乳，识序如知恩。"（《全唐诗》卷二百二十一）引用典故是酬唱诗中常用的手法，用得好，既显出诗人博学，又能扩充诗歌的容量。无可诗用典颇多，不仅用得恰切自然，而且含蓄委婉。

四 无可的评价与影响

（一）无可与贾岛齐名

晚唐五代，常有人将无可与贾岛相提并论。李郢《伤贾岛无可》云：

---

① （宋）惠洪：《冷斋夜话》卷六，影印文渊阁四库全书本，台湾商务印书馆1983年版，第863册，第263页。
② （元）辛文房撰，傅璇琮主编：《唐才子传校笺》卷六，第三册，中华书局1995年版，第75页。
③ （元）方回选评，李庆甲集评校点：《瀛奎律髓》，上海古籍出版社1986年版，第436页。
④ 郭绍虞选编，富寿荪校点：《清诗话续编》，上海古籍出版社1983年版，第507页。
⑤ 丁福保：《全汉三国晋南北朝诗》，中华书局1959年版，第957页。

"却到京师事事伤，惠休归寂贾生亡。"① 刘沧《经无可旧居兼伤贾岛》："书空萧寺一僧去，雪满巴山孤客寒。"② 贯休《读贾区、贾岛集》云：

> 区终不下岛，岛亦不多区。冷格俱无敌，贫根亦似愚。
> 青云终叹命，白阁久围炉。今日成名者，还堪为尔吁。
>
> ——《全唐诗》卷八百三十三

从行文来看，疑贾区即无可③，不知贯休何以以俗名称无可，拟或当时有无可俗名集存在。齐己《酬西蜀广济大师见寄》亦云："应怜无可同无本，终向风骚作弟兄。"（《全唐诗》卷八百四十四）唐张为《诗人主客图》清奇雅正一系，"入室"十人，无可列第九，姚合第十，升堂七人，贾岛为第四。对无可的评价略高于姚合、贾岛。司空图《与王驾评诗书》云："阆仙、无可、刘得仁辈，时得佳致，亦足涤烦。"④《唐摭言》卷十《海叙不遇》条云："周贺，少从浮图，法名清塞，遇姚合而反初，诗格清雅，与贾长江、无可上人齐名。"⑤ 韦庄编选的《又玄集》三卷，选录了唐代150位诗人的300篇作品，所选诗歌都是所谓"华林之珠树"、"辟寒之宝"、"瑚琏之珍"⑥。其中卷收录贾岛诗五首，无可《金州陪姚员外游南池》、《夏日送田中丞赴蔡州》两首。

历来也有在诗僧序列中评价无可者。严羽《沧浪诗话·诗评》言"释皎然之诗，在唐诸僧之上。唐诗僧有法震、法照、无可、护国、灵一、清江、无本、齐己、贯休"⑦。明胡震亨《唐音癸签》曰："诸衲大历间独吴兴昼公能备众体，缀六义清英，首冠方外；文、宣之代，可

---

① （清）彭定求等：《全唐诗》卷五百九十，中华书局1960年版，第6853页。
② （清）彭定求等：《全唐诗》卷五百八十六，中华书局1960年版，第6798页。
③ 唐会昌时诗人于武陵有诗《宿友生林居因怀贾区》（《全唐诗》卷五百九十五）中有"多栖紫阁禽"句。《唐才子传》卷八称其为杜曲人，少与时辈交游。疑其与无可曾游从。
④ （唐）司空图撰，祖保泉、陶礼天笺校：《司空表圣诗文集笺校》，安徽大学出版社2002年版，第190页。
⑤ （唐）王定保撰：《唐摭言》卷十，上海古籍出版社1978年版，第111页。
⑥ （唐）元结、殷璠等选：《唐人选唐诗十种》，上海古籍出版社1978年版，第348页。
⑦ （宋）严羽著，郭绍虞校释：《沧浪诗话校释》，人民文学出版社1961年版，第188页。

公以雅正接绪。"① 清贺贻孙在《诗筏》中也说:"唐释子以诗传者数十家,然皎然外,应推无可、清塞、齐己、贯休数人为最。"②

(二)无可促进了贾岛诗在晚唐的传播

首先,无可为贾岛编订诗集。无可《吊从兄岛》云:"蜀集重编否,巴仪薄葬新。青门临旧卷,欲见永无因"(《全唐诗》卷八百十四),贾岛去世前曾编订过诗集。龚鼎《贾浪仙祠堂记》云:"浪仙由长江徙官安岳,而卒于会昌三年,凡为编次其诗者二人,许彬者谓之《小集》,天仙寺浮屠无可,谓之《天仙集》。当时之人,有可名者,岛(疑是无可)俱请之赞。"③ 无可重新编订了贾岛诗集,称之为《天仙集》。并且到处请名人为之写颂扬性文字"赞"。《天仙集》后佚失,被宋人重新编订为《长江集》。汲古阁刊《唐人八家诗》本《长江集》10卷,卷后附有《题浪仙赞》二首,当是《天仙集》中残留。其一云:"唯可与岛,交情合道,吟水望月,不知其老。岛可兴清,句句诗精,流行此集,四时代成。世不得失,人不得平。大哉浪仙,云山是营。"赞语中,写赞者对贾岛其人其诗评价甚高,且提及无可与贾岛的交情,可见是无可促成此事。这种请类似舆论领袖评价的做法,显然对贾岛诗集的传播起到推介作用。

其次,当时士子、后学多有与之游从、请益者,这些人不少成为晚唐五代诗坛的中坚力量。李嘉言认为晚唐学贾岛者有 22 人:马戴、周贺、张祜、刘得仁、方干、李频、张乔、郑谷、林宽、张蠙、姚合、顾非熊、喻凫、许棠、唐求、李洞、司空图、尚颜、曹松、于邺、裴说、李中。④ 将姚合也算在学贾岛者之列确实不当,除此外大抵公允。这当中大多数人有过向无可请教和诗歌酬唱行为。无可亦曰:"来谒吾曹者,呈诗问否臧。"(《赠诗僧》)无可为后生学习写诗而作的,则无疑成为宣教姚贾诗派诗歌主张的教科书。因而晚唐五代学贾岛者众多,与无可的传播、推广不无关系。

---

① (明)胡震亨:《唐音癸签》,上海古籍出版社1981年版,第82页。
② 郭绍虞编选,富寿荪校点:《清诗话续编》,上海古籍出版社1983年版,第192页。
③ (明)曹学佺著,刘知渐点校:《蜀中名胜记》卷三〇,重庆出版社1984年版,第431页。
④ (唐)贾岛著,李嘉言新校:《长江集新校》,上海古籍出版社1983年版,第209页。

结　　语

　　在行文即将结束之时，诗僧的形象在我的脑海中愈来愈清晰。中唐诗僧与后代的诗僧相比，有鲜明的时代特征。中唐诗僧自我意识极强，性格行为亦多放达不拘。这种性格行为，一方面表现出不与世谐的任诞性格，另一方面恰恰相反，体现出不拘佛法、自由地出入僧俗两界的旷达之风。而这两种作风精神核心是一致的，完整地体现在中唐诗僧的性格之中。

　　这首先与禅风的演变有关。值得注意的是中唐诗僧多是律宗出身。国内外学者对这种现象均有表述。河内昭圆云："律学是极富智性的教理积累，它要求良好的教养和持久的实践，治律学者因而有着潜在的应付智性活动的能力，而士大夫因其修养、智力，也容易对律学发生兴趣，成为真正的求道者。"① 蒋寅先生对此另有看法，它认为律学与诗学的关系不如禅宗切近，说律学有助于诗学无异于说佛学皆与诗学通。"事实上当时佛学中真正影响到诗学的只是禅学与天台宗止观学说。我以为大历诗僧辈出的原因可以从三个方面来考虑：一是僧人与士大夫的关系，二是佛门内部戒律的严格程度，三是禅与诗的兼容性。"② 这确实是一个值得玩味的问题。律学在盛唐、大历时盛行一时。翻检大历诗僧的宗系，确是如此，但是继而考察元和、长庆诗僧，却不尽然如此。无可受禅宗和密宗影响更大。实际上，中唐诗僧宗风都比较开放，皎然师守真、灵一师法慎、清江师昙一、灵澈师神邕等虽为律师，但是修习并不局限于一家，于诸宗均有所涉猎。他们又极重视外学修养，善于社

---

① ［日］河内昭圆：《〈澈上人文集序〉管窥》，《大谷大学研究年报》1974 年第 26 期。
② 蒋寅：《大历诗人研究》，中华书局 1995 年版，第 326 页。

交，直接影响了中唐诗僧的思想和行为。律宗的系统修习使他们有良好的教养和认真的证悟功夫，而禅宗忠于自心和自由的禅风则完全将储存的学养激活，内化成一种自省的功夫。李华对此颇为赞赏，曰："夫沙门奉律，犹世间行礼。若备中和易直之心，而无升降周旋之节，于为义非，为义非为半人。恭惟世间，皆归佛性，体无分别，俱会一乘。胜妙法蠡，爰倾海水，明彻宝器，方贮醍醐。禅律二门，如左右翼。"[①] 禅宗彻底改变了诗僧的行为，他们无论是优游林下，还是处于闹市，都保持着一颗纯净的心性，如皎然所言"市隐何妨道"，佳人陪伴亦是禅。洪州马祖禅讲究"任心直行"，打开了诗僧徘徊于僧俗两途矛盾的心结。至此，他们的行为更加奔放不拘，创作主体的自性得到充分发挥，诗歌亦随意赋形，属词命意更加放逸不羁。这是诗僧诗在清雅之外的又一特性，亦是中唐诗僧与他有别的独特品性。

---

① （唐）李华：《扬州龙兴寺经律院和尚碑》，《李遐叔文集》卷二，《景印文渊阁四库全书》第1072册，台湾商务印书馆发行，第393页。

参考文献

[日]高楠顺次郎等：《大正藏》，台湾新文丰出版公司影印本，1972年版。

《卍续藏》，台湾新文丰出版公司影印1983年版。

（梁）释慧皎撰，汤用彤校注：《高僧传》，中华书局1992年版。

《景印文渊阁四库全书》，台湾商务印书馆1986年版。

（唐）释道宣：《广弘明集》上海涵芬楼，1914年版。

（宋）赞宁：《宋高僧传》，中华书局1984年版。

（宋）释道元：《景德传灯录》，成都古籍书店出版2000年版。

（宋）释普济：《五灯会元》，中华书局1984年版。

蓝吉富主编：《禅宗全书》，北京图书馆出版社2004年版。

（唐）慧能撰，郭朋校释：《坛经校释》，中华书局1983年版。

杨曾文：《神会和尚禅话录》，中华书局1996年版。

高振农选辑：《佛藏要籍选刊》，上海古籍出版社1994年影印本。

沈玉成、印继梁等编：《中国历代僧诗全集》，当代中国出版社1997年版。

丁福保：《佛教大词典》，文物出版社1984年版。

（汉）班固：《汉书》，中华书局1962年版。

（唐）魏徵等：《隋书》，中华书局1973年版。

（唐）姚思廉：《梁书》，中华书局1973年版。

（唐）杜佑：《通典》，中华书局1988年版。

（宋）王溥：《唐会要》，中文出版社1978年版。

（唐）李延寿：《北史》中华书局1974年版。

（后晋）刘昫等：《旧唐书》，中华书局2000年版。

（宋）欧阳修、宋祁撰：《新唐书》，中华书局1975年版。

（宋）司马光撰，胡三省音注：《资治通鉴》，上海古籍出版社1987年版。

（元）脱脱等修：《宋史》，中华书局1985年版。

（宋）敏求：《唐大诏令集》，商务印书馆1959年版。

（唐）段成式：《酉阳杂俎·丛书集成初编》，中华书局1985年版。

（唐）范摅：《云溪友议》，世界书局1978年版。

（宋）李昉：《太平广记》，中华书局1961年版。

（明）曹学佺：《蜀中名胜记》，重庆出版社1984年版。

（清）严可均校辑：《全上古三代秦汉三国六朝文》，中华书局1958年版。

丁福保编：《全汉三国晋南北朝诗》，中华书局1959年版。

（清）永瑢等：《四库全书总目》，中华书局1965年版。

（梁）萧统编，李善注：《文选》，上海古籍出版社1986年版。

（梁）徐陵编，吴兆宜注，程琰删补：《玉台新咏笺注》，中华书局1985年版。

沈玉成、印继梁等编：《中国历代僧诗全集》，当代中国出版社1997年版。

（唐）元结、殷璠等选：《唐人选唐诗十种》，上海古籍出版社1978年版。

（宋）计有功：《唐诗纪事》，中华书局1965年版。

（宋）郭茂倩：《乐府诗集》，中华书局1979年版。

（清）彭定求等：《全唐诗》，中华书局1960年版。

（清）董诰等编：《全唐文》，中华书局1983年版。

南开大学古籍与文化研究所编：《清文海》，国家图书馆出版社2010年版。

吴宗慈等编：《庐山诗文金石广存》，江西人民出版社1996年版。

周祖譔：《中国文学家大辞典》，中华书局1992年版。

施蛰存、袁行霈等撰：《唐五代诗鉴赏》，上海古籍出版社1998年版。

傅璇琮：《唐五代文学编年史》，辽海出版社1998年版。

（南朝梁）钟嵘：《诗品序》，何文焕：《历代诗话》，中华书局1981

年版。

徐震堮撰：《世说新语校笺》，中华书局 1984 年版。

（唐）皎然著，李壮鹰校注：《诗式校注》，人民文学出版社 2003 年版。

程毅中：《宋人诗话外编》，国际文化出版公司 1996 年版。

［日］遍照金刚撰，王利器校注：《文镜秘府论校注》，中国社会科学出版社 1983 年版。

（宋）严羽著，郭绍虞校释：《沧浪诗话校释》，人民文学出版社 1982 年版。

（宋）惠洪：《冷斋夜话》，《影印文渊阁四库全书本》，台湾商务印书馆 1983 年版。

（元）辛文房撰，傅璇琮等校笺：《唐才子传校笺》，中华书局 1990 年版。

（元）辛文房撰，徐明霞校点：《唐才子传》，辽宁教育出版社 1998 年版。

（元）方回选评，李庆甲集评校点：《瀛奎律髓汇评》，上海古籍出版社 1986 年版。

（清）何文焕：《历代诗话》，中华书局 1981 年版。

（清）李怀民：《重订中晚唐诗主客图》，清咸丰间刻本。

丁福保辑：《历代诗话续编》，中华书局 1983 年版。

郭绍虞编选，富寿荪校点：《清诗话续编》，上海古籍出版社 1983 年版。

郭绍虞编：《中国历代文论选》，上海古籍出版社 1979 年版。

周维德：《全明诗话》，齐鲁出版社 2005 年版。

郭绍虞编：《四溟诗话·姜斋诗话》，人民文学出版社 1961 年版。

陈伯海编：《唐诗汇评》，浙江教育出版社 1995 年版。

（宋）刘克庄：《后村诗话续集》，中华书局 1983 年版。

（清）翁方纲：《石洲诗话》，中华书局 1985 年版。

（明）胡应麟：《诗薮》，上海古籍出版社 1958 年版。

（宋）王应麟：《困学纪闻》，辽宁教育出版社 1998 年版。

（宋）胡仔纂集，廖德明校点：《苕溪渔隐丛话》，人民文学出版社 1981 年版。

（宋）陈善：《扪虱新话》，中华书局1985年版。

（晋）陆机：《陆机集》，中华书局1982年版。

（南朝宋）陶渊明著，逯钦立校注：《陶渊明集》，中华书局1979年版。

（唐）王维撰，陈铁民校注：《王维集校注》，中华书局1997年版。

（唐）李白著，王琦注：《李太白全集》中华书局1977年版。

项楚：《王梵志诗校注》，上海古籍出版社1991年版。

黄山轩：《寒山诗笺注》，台湾善言文摘社1970年版。

曾普信：《寒山诗解》，台湾光华书局1971年版。

李谊：《禅家寒山诗注》，台湾正中书局1972年版。

钱学烈：《寒山拾得诗校评》，天津古籍出版社1998年版。

钱学烈：《寒山诗校注》，广东高等教育出版社1991年版。

徐光大：《寒山子诗校注》，陕西人民出版社1991年版。

郭鹏：《寒山诗注释》，长春出版社1995年版。

项楚：《寒山诗注附拾得诗注》，中华书局2000年版。

（唐）权德舆撰，郭广伟校点：《权德舆诗文集》，上海古籍出版社2008年版。

（唐）元结撰，孙望校：《元次山集》，中华书局1960年版。

（唐）颜真卿：《颜鲁公集》，文渊阁《四库全书》本。

（唐）张籍撰，徐礼节、余恕诚校注：《张籍集系年校注》，中华书局2011年版。

（清）方世举撰，郝润华、丁俊丽整理：《韩昌黎诗集编年笺注》，中华书局2012年版。

（唐）白居易著，顾学颉校点：《白居易集笺校》，中华书局1979年版。

（唐）刘禹锡著，卞孝萱校订：《刘禹锡集》，中华书局1990年版。

（唐）刘禹锡著，瞿蜕园校笺：《刘禹锡集笺证》，上海古籍出版社1989年版。

（唐）独孤及：《毗陵集》，四部丛刊初编本。

（唐）柳宗元撰：《柳宗元集》，中华书局1979年版。

（唐）杜甫撰，仇兆鳌注：《杜诗详注》，中华书局1979年版。

（唐）司空图撰，祖保泉、陶礼天笺校：《司空表圣诗文集笺校》，安徽大学出版社2002年版。

（宋）王安石：《临川先生文集》，《四部丛刊初编本》，商务印书馆1926年版。

（宋）刘克庄：《后村先生大全集》、《四部丛刊初编本》，商务印书馆1926年版。

（宋）苏轼撰，（清）冯应榴辑注，黄任轲，朱怀春校点：《苏轼诗集合注》，上海古籍出版社2001年版。

（宋）苏轼著，孔凡礼点校：《苏轼文集》，中华书局1986年版。

（宋）陆游撰，钱仲联校注：《剑南诗稿校注》，上海古籍出版社1985年版。

（宋）朱熹：《朱子语类》，中华书局1986年版。

（明）黄宗羲：《黄梨洲文集》，中华书局1959年版。

（清）沈曾植：《海日楼题跋》，中华书局1962年版。

（清）沈曾植：《澨湖遗老集》，民国戊辰刻本。

（清）纪晓岚：《纪晓岚评文心雕龙》，江苏广陵古籍刻印社1997年版。

余嘉锡：《四库提要辨证》，中华书局1980年版。

［德］马克思、恩格斯：《马克思恩格斯选集》，人民出版社1972年版。

梁启超：《佛学研究十八篇》，辽宁教育出版社1998年版。

郑振铎：《插图本中国文学史》，人民文学出版社1982年版。

汤用彤：《隋唐佛教史稿》，中华书局1982年版。

钱钟书：《谈艺录》，中华书局1984年版。

［日］内田泉之助：《唐诗的鉴赏与解说》，东京诚文堂新光社版1938年版。

［法］戴密微著，王希辉译：《汉学论著选读》，1973年版。

吕澂：《中国佛学史略讲》，中华书局1979年版。

［日］菊地英夫著，徐东琴译：《敦煌的社会》，日本大东出版社1980年版。

［德］叔本华：《作为意志和表象的世界》，商务印书馆1982年版。

陈慧剑：《寒山子研究》，东大图书公司1984年版。

郑临川：《闻一多论古典文学》，重庆出版社1984年版。

汤用彤：《汉魏两晋南北朝佛教史》，中华书局1989年版。

吴汝钧：《印度佛学的现代诠释》，台北文津出版社1994年版。

李泽厚：《中国古代思想史论》，人民出版社1986年版。
傅璇琮：《唐代科举与文学》，陕西人民出版社1986年版。
葛兆光：《禅宗与中国文化》，上海人民出版社1986年版。
陈允吉：《唐音佛教辨思录》，上海古籍出版社1988年版。
孙昌武：《佛教与中国文学》，上海人民出版社1988年版。
葛晓音：《汉唐文学的嬗变》，北京大学出版社1991年版。
贾晋华：《皎然年谱》，厦门大学出版社1992年版。
周裕锴：《中国禅宗与诗歌》，上海人民出版社1992年版。
严耕望：《严耕望史学论文选集》，台北联经出版社1991年版。
覃召文：《禅月诗魂——中国诗僧纵横谈》，三联书店1994年版。
王运熙、杨明：《隋唐五代文学批评史》，上海古籍出版社1994年版。
钱穆：《中国文化史导论》，商务印书馆1994年版。
谢和耐：《中国社会史》，江苏人民出版社1995年版。
蒋寅：《大历诗人研究》，中华书局1995年版。
徐松撰，李健超增订：《增订唐两京城坊考》，三秦出版社1996年版。
孙昌武：《禅思与诗情》，中华书局1997年版。
张弓：《汉唐佛寺文化史》，中国社会科学出版社1997年版。
葛兆光：《七世纪前中国的知识思想与信仰世界》，复旦大学出版社1998年版。
刘师培著，劳舒编，雪克校：《刘师培学术论著》，浙江人民出版社1998年版。
赵昌平：《赵昌平自选集》，广西师范大学出版社1997年版。
[前苏联]巴赫金：《巴赫金全集》，河北教育出版社1998年版。
萧萐父：《吹沙纪程》，上海文艺出版社1998年版。
张清华：《韩学研究》，江苏教育出版社1998年版。
印顺：《中国禅宗史》，江西人民出版社1999年版。
郁贤皓：《唐刺史考全编》，安徽大学出版社2000年版。
严耀中：《江南佛教史》，上海人民出版社2000年版。
孙昌武：《道教与唐代文学》，人民文学出版社2001年版。
孙昌武：《文坛佛影》，中华书局2001年版。
陈良运：《中国诗学批评史》，江西人民出版社2001年版。

贾晋华：《唐代集会总集与诗人群研究》，北京大学出版社2001年版。
张伯伟：《全唐五代诗格汇考》，凤凰出版社2002年版。
刘绪贻主编：《战后美国史1945—2000》，人民出版社2002年版。
傅璇琮：《唐代诗人丛考》，中华书局2003年版。
李小荣：《敦煌密教文献论稿》，人民文学出版社2003年版。
[美] 宇文所安著，贾晋华译：《盛唐诗》，三联书店2004年版。
查屏球：《汉唐士风与文学论稿——从游士到儒士》，复旦大学出版社2005年版。
萧驰：《佛法与诗境》，中华书局2005年版。
齐文榜：《贾岛研究》，人民文学出版社2007年版。
夏广兴：《密教传持与唐代社会》，上海人民出版社2008年版。
王秀林：《晚唐五代诗僧群体研究》，中华书局2008年版。
[日] 市原亨吉：《中唐初期江左的诗僧》，《东方学报》1958年第28期。
[日] 入矢义高：《寒山诗管窥》，《东方学报》1958年第28期。
钟玲：《寒山在东方与西方文学界的地位》，《中国诗季刊》1972年第4季。
[日] 河内昭圆：《〈澈上人文集序〉管窥——诗僧灵澈的生涯》，《大谷大学研究年报》1973年第26卷。
[日] 河内昭圆：《关于诗僧灵一》，《文艺论丛》1975—1976年第5、6期。
姚垚：《皎然年谱稿》，《中国书目季刊》1979年。
刘曾遂：《唐诗僧皎然卒年考辨》，《杭州大学学报》1980年第4期。
林立平：《唐后期的人口南迁及其影响》，《江汉论坛》1983年第9期。
程裕祯：《唐代的诗僧和僧诗》，《南京大学学报》1984年第1期。
申建中：《中国传统诗学的一座里程碑——皎然意境说初探》，《文艺理论研究》1985年第1期。
佟培基：《唐代僧诗重出甄辨》，《中华文史论丛》1985年第3期。
汤贵仁：《唐代僧人诗和唐代佛教的世俗化》，《唐代文学论丛》总第七辑。
孙昌武：《论皎然〈诗式〉》，《文学评论》1986年第1期。

赵昌平：《从王维到皎然》，《中华文史论丛》1987年第2—3期。
肖占鹏：《皎然交游考》，《江海学刊》1987年第6期。
徐庭筠：《唐五代诗僧及其诗歌》，《唐代文学研究》1988年第1期。
贾晋华：《皎然出家时间及佛门宗系考述》，《厦门大学学报》1990年第1期。
陈金泽、毕万忱：《论皎然的诗歌艺术思想》，《社会科学战线》1991年第3期。
漆邦绪：《皎然生平及交游考》，《北京社会科学》1991年第3期。
蒋寅：《大历诗僧灵一、灵澈述评》，《宁波大学学报》1992年第1期。
齐文榜：《试论慧远对山水诗歌的贡献》，《汕头大学学报》1992年第3期。
[日] 河内昭圆：《〈皎然集〉与赞宁》，《大谷学报》1993年第1期。
[日] 河内昭圆：《诗僧皎然的佛教》，《文艺论丛》1994年总第42期。
陈允吉：《关于王梵志传说的探源与分析》，《复旦学报》（社会科学版），1994年第6期。
仪平策：《中国诗僧现象的文化解释》，《山东大学学报》1994年第2期。
谢思炜：《唐代通俗诗研究》，《中国社会科学》1995年第2期。
许总：《论元结及〈箧中集〉诗人的人生态度、文学思想与创作倾向》，《徐州师范学院学报（哲学社会科学版）》1996年第1期。
刘长东：《试论唐代的诗僧与僧诗》，《闽南佛学院学报》，1997年第1期。
张德中：《试论美国的"寒山热"》，《东南文化》1998年增刊第一期。
李映辉：《唐代佛教寺院的地理分布》，《湘潭师范学院学报》1998年第4期。
诸祖煜：《灵一丛考》，《扬州教育学院学报》1999年第1期。
田道英：《贯休生平系年》，《四川师范学院学报（哲学社会科学版）》1999年第4期。
曹小云：《王梵志诗词法特点初探》，《社会科学战线》1999年第6期。
朱学东：《经论传缁侣，文章遍墨卿——论灵一诗僧在唐代诗禅文学史上的禅地位及创作》，《湘潭大学社会科学学报》2001年第2期。

依空法师：《谢灵运山水诗的佛学思想》，《普门学报》2001 年第 2 期。
景遐东：《唐五代江南地区诗歌创作基本状况述论》，《学术月刊》2001 年第 8 期。
陆永峰：《唐代僧诗概论》，《淮阴师范学院学报》2002 年第 3 期。
章启群：《支遁与玄学》，《普门学报》2002 年第 12 期。
贾晋华：《世传〈寒山诗集〉中禅诗作者考辨》，《中国文哲研究集刊》2003 年第 22 期。
李俊标：《诗僧无可的诗歌创作》，《中国韵文学刊》2004 年第 2 期。
张海明：《皎然〈诗式〉与盛唐诗学思想》，《文学评论》2005 年第 2 期。
杨芬霞：《唐代通俗诗派的文化阐释》，《社会科学家》2006 年第 2 期。
伍先林：《慧能与马祖禅教学精神之比较研究》，《中国哲学史》2006 年第 3 期。
杨芬霞：《论释皎然的世俗诗和中唐佛教的世俗化》，《宗教学研究》2006 年第 4 季。
胡大浚：《唐代诗僧与唐僧诗述略》，《兰州交通大学学报》2009 年第 5 期。
王早娟：《唐代诗僧广宣诗名论析》，《求索》2011 年第 8 期。

后　　记

此书即将付梓，掩卷长思，六年来常常盼望的这一时刻终于来临，却没有给我带来解脱的轻松，反而使我生出诚惶诚恐之感。担心的是还有尚未说清、没有说透和遗留之处，害怕的是学术视野狭小、研究功力不够会贻笑大方。从编辑冯斌先生确定出版后，我一直在不断添加、修改、校注。新增了"第五章贞元、元和长庆诗僧"，将广宣、无可，还有些存诗仅几首的中唐诗僧全纳入其中，这样结构上才更完整。搁笔几年重新拿起非常不易，许多资料从头再翻，虽费时费力，但是用新视野去审视也有新发现。添添改改，拖拖拉拉至今已近半年，在此对冯斌先生说声抱歉。

三年读书，六年打磨筑就的书稿并未给我带来喜悦，学问的殿堂是那样的深奥、浩渺，而自己是那么的渺小与粗疏。幸运的是，在求学期间遇到两位正直、严谨的导师阎琦先生和马歌东先生。博士导师马歌东先生的勤勉和律己，使我时时惊醒，检省自己，克服懒散与浮躁，静下心来做事情；硕士导师阎琦先生严谨端肃的治学精神、精益求精的治学态度也深深地影响了我；两位老师细心的引导、精辟的指点让我受益良多。在书稿完成过程中，陕西师范大学张学忠先生、曾志华先生、王志武先生也提出宝贵的意见和建议。在此书成稿之际，有幸作为骨干访问学者师从中国人民大学喻国明教授学习传播学理论。喻老师高远的学术视野、对于专业前沿的精深把握、深刻而生动的讲课艺术，使我常有醍醐灌顶之感。中国人民大学丰富的藏书成为此书完成的有力保障。

读博期间，付兴林兄、徐宇春学妹给予我良多的帮助和鼓励，还有师母的默默关怀都令人难忘。访学期间同寝室曾伟坚老师也给我以理解和安慰，还有我的家人，尤其是我的母亲，七十岁高龄还帮我照顾年幼的女儿。这份关怀、理解与支持，最终促成我完成学业和此书的撰写。此书的出版也受到西北政法大学博士科研启动金的资助。在此向那些帮助过支持过此书完成的人们表示感谢。对我已过世的父亲表示深切的悼念。

  这本书既是对我以往所学知识的一次总结，又是我学术生涯的新开端。其中存在欠缺或疏漏，祈请各位专家学者予以批评指正。

杨芬霞

2018 年 11 月于政法园